LA VIE PARISIENNE AU XIXᵉ SIECLE

LES
CENTENNALES
PARISIENNES

1800-1900

LIBRAIRIE PLON RUE GARANCIÈRE 8 PARIS

LES
CENTENNALES PARISIENNES

PARIS. — TYP. PLON-NOURRIT ET Cie, 8, RUE GARANCIÈRE. — 3272.

PARIS DE 1800 A 1900

LES
CENTENNALES PARISIENNES

PANORAMA DE LA VIE DE PARIS A TRAVERS LE XIXᵉ SIÈCLE

PUBLIÉ SOUS LA DIRECTION DE

CHARLES SIMOND

*Ouvrage illustré de plus de 400 gravures reproduites en fac-similé, d'après les documents
des bibliothèques publiques, musées, collections particulières.*

MÉDAILLES, PORTRAITS, ESTAMPES, DÉCORS DE THÉATRE,
MODÈLES D'AMEUBLEMENT, DE TAPISSERIE, DE BIJOUTERIE, D'ORFÈVRERIE; MONUMENTS
TABLEAUX, SCÈNES DE LA RUE, PHOTOGRAPHIES INSTANTANÉES, ETC.

PARIS
LIBRAIRIE PLON

PLON-NOURRIT ET Cᴵᴱ, IMPRIMEURS-ÉDITEURS
8, RUE GARANCIÈRE — 6ᵉ

1903

AVANT-PROPOS

Après avoir évoqué dans *Paris de 1800 à 1900* la vie parisienne d'année en année et de jour en jour, il était nécessaire de faire la synthèse de ce travail. C'est l'objet des *Centennales parisiennes*. Les deux ouvrages se complètent, sans que l'un soit la répétition de l'autre. Celui que nous offrons aujourd'hui au public a pour caractère distinctif de faire connaître en ses différents et multiples rouages ce mécanisme unique au monde qu'est la capitale de la France, avec, au cours du dix-neuvième siècle, ses transformations successives et ses indéniables progrès.

La tâche à remplir n'était ici ni moins complexe ni moins difficile que la première. Il a fallu de très longues et très patientes recherches pour mettre à exécution le plan adopté, aussi nouveau que celui suivi dans les trois volumes déjà parus. Ce plan, nous l'avons toutefois restreint aux parties les plus importantes à traiter, en omettant à dessein ce qui, comme la centennale littéraire par exemple, a déjà été étudié dans *Paris de 1800 à 1900*.

Les *Centennales parisiennes* attestent l'activité prodigieuse et incontestablement admirable de Paris pendant cette période séculaire qui vient de s'achever et qui aura été, dans notre histoire, une des plus fécondes à tant d'égards. Les faits démontrent combien d'efforts indémentis se sont unis dans les différentes voies du développement matériel, administratif, intellectuel, moral, industriel, économique, durant ces cent années, pour atteindre aux résultats dont on est témoin aujourd'hui.

Il y avait autant d'utilité que d'intérêt à dresser ce bilan remarquable. Les documents échappent peu à peu aux investigations les plus persévérantes et les plus sagaces. Il en est qui disparaissent irrémédiablement et dont le prix devient très grand par suite de leur rareté. Nous avons pensé qu'il était prudent de rassembler tous ceux qui présentaient une valeur réelle et qui en acquerront une plus appréciable encore, à mesure que l'on s'éloignera des temps auxquels ils se rapportent. De même que *Paris de 1800 à 1900*, ces *Centennales parisiennes* auront, nous l'espérons, leur place dans les bibliothèques publiques et privées, où tout ce qui sert de référence est indispensable. On les consultera sans doute souvent, mais nous pensons qu'on les lira aussi de page en page avec curiosité et qu'on les relira avec plaisir.

Charles Simond.

Transformations
de
PARIS
de 1800 à 1900

Les voies ouvertes de 1800 à 1900
sont représentées par un fait double
trace.

LE PALAIS DU CORPS LÉGISLATIF SOUS LA RESTAURATION
(Collection G. Hartmann.)

LES
CENTENNALES PARISIENNES

I. — La vie politique de Paris au dix-neuvième siècle

I

MÉDAILLE DE NAPOLÉON Ier
(Musée des Médailles de la Monnaie.)

EN France le siècle ne commence jamais à sa date exacte. Il y a toujours défaut de concordance entre la chronologie et l'histoire. Toutes les grandes époques qui inaugurent une ère nouvelle chevauchent sur deux centennales. Telles les périodes de Charlemagne, de Philippe-Auguste, de Philippe-le-Bel, de la guerre de Cent ans, des guerres d'Italie, de Henri IV, de Louis XIV, de la Révolution. Cette dernière, tout en n'étant plus qu'un souvenir à partir du 18 Brumaire, ne prend réellement fin qu'à l'avènement de l'Empire. Le Consulat va de l'an VIII, qui appartient encore au dix-huitième siècle, à l'an XII, qui est déjà du dix-neuvième. Cependant la démarcation entre l'ancien régime et le nouveau coïncide presque avec ce changement d'espace séculaire. Pour quelques-uns même cette coïncidence est absolue. Lucien Bonaparte la proclame et personne ne le contredit, sauf peut-être Lalande qui a la tête dans les astres.

Les mœurs concourent du reste à donner raison à l'ancien président du conseil des Cinq-

Cents. Elles se modifient tout à coup si complètement que le lendemain de la chute du Directoire n'a plus aucun lien avec la veille. Pour la première fois depuis les temps les plus lointains, le siècle qui naît n'a pas d'enchaînement avec le siècle qui vient d'expirer. Et Paris, vieux de quinze cents ans, rajeunit soudainement, brûlant tout ce qu'il avait adoré pour suivre la voie jusqu'alors inconnue de la liberté, où l'on marchera d'un pas tantôt lent, tantôt délibéré, entraînant peu à peu toute l'Europe à imiter l'exemple.

Ces cent ans de Paris politique qui s'écoulèrent de 1800 à 1900 forment en réalité un tout dont les parties intégrantes, à les étudier de près, sont bien de même nature. A travers les successions de gouvernements qui ne se ressemblent pas, l'esprit parisien demeure en définitive identique. Des maîtres différents impriment, de règne en règne, leur effigie sur la monnaie mise en circulation, mais cette monnaie a sans interruption la même valeur, l'effigie seule est tour à tour remplacée par une autre; la monnaie garde sa dénomination; peu importe que son titre soit plus ou moins altéré, elle reste un signe représentatif invariable, égal pour tous, accepté également par tous.

Il n'en va pas autrement des principes de Paris au cours de tout le dix-neuvième siècle. Celui qui ne considère les choses qu'à la surface croit apercevoir des courants distincts, quelquefois nombreux, et que l'on appelle les partis, souvent opposés, souvent aussi s'associant pour atteindre un résultat, quitte à se séparer quelque temps après. Un examen plus attentif, plus perspicace fait découvrir que sous ces divergences d'orientation il y a cependant une préoccupation commune : la volonté de vivre, et quelle que soit l'autorité au pouvoir, de vivre libre, car la liberté est désormais promise par tous ces programmes, même les plus rétrogrades, parce qu'elle est dans toutes les aspirations.

Avec cette volonté de Paris, ouvertement affirmée à certaines heures par les manifestations populaires qui vont

MÉDAILLE FRAPPÉE A L'OCCASION DU SACRE
DE NAPOLÉON Iᵉʳ
(Musée de la Monnaie.)

MÉDAILLE FRAPPÉE A L'OCCASION DU SACRE
(Musée de la Monnaie.)

MÉDAILLE FRAPPÉE A L'OCCASION DU SACRE
Médaille frappée à l'occasion de la visite de
Pie VII à l'Institution des sourds-muets.
(Musée de la Monnaie.)

parfois jusqu'à l'insurrection victorieuse, le pouvoir, libéral ou non, doit inéluctablement compter, car la chaudière où la vapeur est comprimée éclate dès que la pression excède la mesure permise au manomètre.

Ce Parisien, d'aspect en général pacifique par tempérament ou par calcul, aux dehors bon enfant, fréquemment badaud ou prudhommesque, quand il est la foule, ayant en général l'air de lâcher la bride à ceux qui dirigent les affaires du pays ou de la Ville, et qu'il appelle avec un geste d'orgueil ou de confiance ses élus et ses mandataires, se ressaisit subitement quand son intérêt et son caractère, au fond très indépendant, sont lésés ou menacés de l'être.

C'est que la capitale dont il est l'élément actif constitue au vrai le cerveau du monde, et que ce cerveau est constamment en travail. Le Parisien en ressent un légitime amour-propre et, fort de sa supériorité, il entend ne pas abdiquer le privilège qui le place à l'avant-garde du pays. Instruit ou ignorant, il vit dans une atmosphère d'idées qu'il respire en quelque sorte malgré lui. Qu'il le veuille ou non, tout ce qui s'agite dans cette enceinte, successivement agrandie, où il s'est fixé, parfois depuis plusieurs générations, a une part déterminante dans son existence. Il en émane des influences qu'il subit et qui, diversement exercées, élaborent ce que l'on a nommé l'opinion.

L'opinion de Paris entre à tout moment dans la vie de la France et surtout dans la vie de Paris. Latente chez la majorité de la population parisienne, qui paraît souvent moutonnière, indifférente ou encline à l'abstention, elle est remuante, bruyante, explosive chez certains qui disent hautement ce qu'ils pensent et l'affichent à l'occasion; mais, qu'elle se renferme ou se manifeste, elle est esssentielle à tous, parce que Paris est plus en contact immédiat que les autres villes avec tous les rouages du gouvernement et de l'administration qui fonctionne sous ses yeux. On voit, on observe, on compare, on juge, on commente, on discute, on blâme, on loue, et

LA DÉFENSE DE PARIS EN 1814

Les travaux de fortification à l'entrée de la capitale. — D'après une ancienne estampe.

(Collection Hartmann.)

tout naturellement, dès qu'on a le droit d'intervenir ou qu'on se l'arroge, on intervient.

De là dans la physionomie de Paris un trait particulier qui lui est bien propre et qui s'est marqué surtout depuis les toutes premières années du XIXᵉ siècle. Bismarck disait : « Savez-vous à quoi entre mille individus je reconnais immédiatement un Parisien ? C'est qu'au bout de cinq minutes de conversation il blague le gouvernement. » Et il ajoutait : « Otez à Paris la politique, vous aurez un poisson sorti de l'eau. »

Paris ne peut donc se comprendre sans la vie politique de Paris. Elle fut fertile en soubresauts, en enthousiasmes, en découragements comme en rebondissements, en fièvres d'angoisses comme en admirables élans d'énergie et de relèvement. Elle n'a pas, que nous sachions, été racontée. La tâche n'est, à vrai dire, pas facile, parce qu'il n'en est point de plus complexe, même pour la période du XIXᵉ siècle, dont les témoins capables d'écrire leurs impressions n'ont pourtant pas manqué. Il faut espérer que le sujet, d'un si vif intérêt, tentera un historien. Pour nous, réduit ici à quelques pages, nous ne pouvons offrir au lecteur qu'un tableau très sommaire, une synthèse où il y aura forcément beaucoup d'omissions.

II

Le 18 Brumaire ne fut pas une surprise pour Paris. Le Directoire, avec son étalage d'immoralité intentionnellement éhontée, de luxure autant que de luxe, de folies renouvelées des pires orgies romaines, ne pouvait durer qu'un temps très court. Tout le monde en était convaincu, et ceux mêmes qui, dans l'engouement des plaisirs effrénés, épuisaient avidement tout ce qu'offrait la licence, ne se dissimulaient point que l'écœurement devait venir bientôt. Il suffit d'un homme et d'un coup de force pour nettoyer l'écurie d'Augias. Les tréteaux sur lesquels tout Paris dansait à l'exemple du dieu Vestris s'effondrèrent, le rideau s'abattit sur la comédie qui se jouait dans presque toutes les maisons, du grenier à la cave ; il y eut comme un vif rayonnement de soleil qui assainit la rue ; les ridicules des incroyables disparurent quand leur canne noueuse et tordue fut brisée dans leurs mains ; les femmes redevinrent pudiques ; la pluie d'argent jeté par les fenêtres cessa. Paris s'assagit.

Bonaparte avait d'un seul mouvement mis fin au désordre des esprits et des mœurs. Les yeux dessillés des Parisiens virent la situation telle qu'elle était : les dangers extérieurs et intérieurs, l'étranger coalisé avec l'émigration, la France en proie à l'anarchie et sur la pente de la corruption, encore plus funeste que les menaces d'invasion. Le premier consul eut — on le lui contesterait en vain — la vue nette des périls à conjurer et il fut le maître de l'heure. Il a le coup d'œil prompt et sûr du général qui sait comment, pour gagner la bataille, il doit établir ses positions et diriger ses manœuvres ; il entre en campagne avec un plan solidement arrêté. Et le Consulat, dont il a sans doute précisé d'avance les étapes, est pour lui une

MÉDAILLE FRAPPÉE A L'OCCASION DE LA
RENTRÉE A PARIS DE LOUIS XVIII
8 juillet 1815. — (Musée de la Monnaie.)

MÉDAILLE FRAPPÉE A L'OCCASION DE LA
RENTRÉE A PARIS DE LOUIS XVIII
(Musée de la Monnaie.)

expédition militaire, où il va mettre en œuvre toute la tactique et la stratégie d'un chef d'armée. Soldat, il emploiera les moyens avec lesquels on discipline le soldat. Contre ceux qui résistent, la loi martiale; contre ceux qui acceptent d'obéir, des précautions pour empêcher les retours d'insubordination. Puis, afin de frapper les imaginations, de les séduire, de les enflammer, la gloire des triomphes, l'éblouissement des parades, des panaches, le bruit des tambours qui couvrent les murmures, l'éclat des dignités militaires qui excitent les admirations et les ambitions; en même temps, afin de calmer les irritations bourgeoises, le retour à la religion par le Concordat, la réouverture des églises, la paix avec les croyances. Enfin, pour donner satisfaction aux idées, les discours où la liberté est à la fois un thème de beaux développements et un mirage.

Paris, qui se contente souvent du mot pourvu que celui-ci lui donne l'assurance que l'idée se réalisera, se laisse persuader. On lui

velle qui, avec la préfecture de la Seine, la préfecture de police, les douze mairies distribuées dans les arrondissements, forme un rempart contre les troubles et les révoltes. Sans doute l'opinion n'est pas exempte de critiques, même amères, dans ses jugements sur les édits consulaires. Toutes les oppositions qui n'oublient point que le Consulat a pour origine l'usurpation et pour but la dictature, ne désarment pas. Mais le consul est plus armé qu'elles. Il a la police, la troupe, les tribunaux, les prisons, la déportation, le peloton d'exécution et l'échafaud. Et quand il ne veut pas faire usage de la terreur, il a le prestige, les fanfares des vainqueurs de Marengo, les *Te Deum* de

MÉDAILLE FRAPPÉE A L'OCCASION DE L'INAUGURATION
DE LA CHAPELLE EXPIATOIRE (1826)
(Musée de la Monnaie.)

MÉDAILLE DE CHARLES X
(Musée de la Monnaie.)

démontre que la liberté ne peut être viable sans l'ordre, il devient partisan de l'ordre, surtout parce que l'ordre implique la prospérité. D'autre part, on lui prouve que l'ordre ne peut exister sans la régularité de l'administration, et il applaudit à la création d'une institution nou

MÉDAILLE FRAPPÉE A L'OCCASION DE LA
RECONSTRUCTION DE LA SALLE DES SÉANCES
DE LA CHAMBRE DES DÉPUTÉS (4 novembre 1829)
(Musée de la Monnaie.)

Notre-Dame, les messes solennelles, les actions de grâces qui célèbrent la paix d'Amiens, les fêtes qui exaltent, les embellissements de Paris qui donnent du travail. L'opposition lui tient tête jusqu'à la mort de Pichegru et de Georges, jusqu'à la condamnation de Moreau, mais elle perd chaque jour de ses partisans. La masse des Parisiens assiste à ces procès avec plus de curiosité que d'intérêt. On en parle beaucoup moins que de la fermeture de la barrière de l'Étoile par la police à la recherche des conspirateurs, et lorsque ceux-ci sont arrêtés, la barrière rouverte et le rétablissement de la promenade de Long-champs font les frais de tous les propos. C'était, pour un très grand nombre de Parisiens, une restitution de la liberté qu'on leur faisait ; ils l'attendaient et, une fois obtenue, ils n'en demandaient pas davantage. Paris était prêt pour l'Empire.

III

Si le Sacre et la présence du pape dans la capitale furent du goût de la foule parisienne qui se plaît avant tout au spectacle dans lequel figurent les grands de la terre, si les visites faites par Pie VII aux hospices et aux établissements charitables firent accourir sur son passage tout ce que Paris comptait de gens pieux, — et il y en avait des milliers malgré la propagande des idées jacobines, — ces démonstrations n'auraient cependant pas été accueillies par des acclamations populaires, sans l'accompagnement des nouvelles promesses d'octroi d'une plus grande liberté. Paris voyait, à la vérité, en ce moment dans Bonaparte,

LES QUATRE SERGENTS DE LA ROCHELLE

Médailles de David
(Collection L. Delabrousse.)

couronné par le chef de l'Église, une sorte de dieu à qui il vouait toute son admiration. Mais ce culte n'était profond que parce que l'on attendait de l'idole l'exaucement des vœux qu'on lui adressait. Or, de ces vœux, le premier, le plus tenace et le seul en réalité, contenant tous les autres, c'était l'idéal rêvé par tous, cet idéal que l'on avait espéré de la Révolution et qu'elle n'avait pas apporté, puisque ceux qui devaient le faire prévaloir s'étaient entr'égorgés pour laisser recueillir leur héritage par les thermidoriens.

Le peuple de Paris, livré à la misère et à l'ignorance dans les basses classes, n'avait, ni sous la Convention, ni sous le Directoire et pas davantage sous le Consulat, bénéficié de ces Droits de l'homme et du citoyen que l'on avait rédigés pour lui. Il avait vu la bourgeoisie, enrichie dans des spéculations financières et comblée des faveurs du pouvoir, faire dériver vers elle toutes les sources vives des satisfactions matérielles ; il s'était aperçu que l'ancien régime n'avait fait, sous beaucoup de rapports, que changer de nom, et il en était maintenant encore plus convaincu en assistant au rétablissement des largesses tombant d'en haut sur un petit nombre d'élus, dont on payait ainsi le dévouement. Cependant, toujours patient comme ceux que berce la chimère des espérances lointaines, il se disait que puisque l'empereur était désormais tout-puissant, sa pensée intime devait être de faire servir sa toute-puissance à l'intronisation définitive de cette liberté, qui se confondait avec le patrio-

LE DÉFILÉ DES CONDAMNÉS MILITAIRES DEVANT LA COLONNE VENDOME
AVANT LE DÉPART POUR LE BAGNE
D'après une gravure de la Restauration. — (Collection G. Hartmann.)

fices d'hommes et de souffrances, n'avait fait qu'exploiter sa crédulité; et Paris se détournait de l'idole, la laissant se briser elle-même sous le poids de ses défaites.

L'héroïsme parisien qui résista pendant douze heures sur les hauteurs de Belleville et dans la plaine de Saint-Denis n'était pas inspiré par un dernier attachement à l'Empire. L'indifférence avec laquelle on avait vu fuir l'impératrice régente, emportant le roi de Rome, qui ne devait plus être qu'un duc de Reichstadt, disait clairement que la dynastie impériale avec toutes ses attaches n'était plus rien pour la population de la capitale. Paris se battait aux barrières parce tisme et pour laquelle on allait se battre au delà de la frontière et, en beaucoup de cas, se faire tuer.

Paris vécut de cette illusion durant dix ans, de 1804 à 1814. Il s'y endormit, laissant reculer l'échéance des promesses impériales jusqu'à la victoire suprême qui devait paralyser toutes les forces de l'étranger. Le réveil fut cruel. Dès la première crainte de revers, dès la première certitude des échecs, le désenchantement se produisit. L'air de Paris se remplit d'effluves de colère : toutes les batailles gagnées, toutes les fêtes acclamées, tous les grands enthousiasmes qui avaient salué le mariage de Marie-Louise, la naissance du roi de Rome, tous les serments de fidélité aux aigles dont on avait suivi le vol superbe à travers l'Europe, toutes les protestations et tous les dévouements confondirent leurs souvenirs dans une même hostilité. La gloire excusait tout, la décadence ne faisait plus rien pardonner. Paris sentait que l'Empire, qui avait en toutes circonstances ranimé sa popularité au foyer des idées de liberté pour lesquelles on avait consenti à tous les sacri-

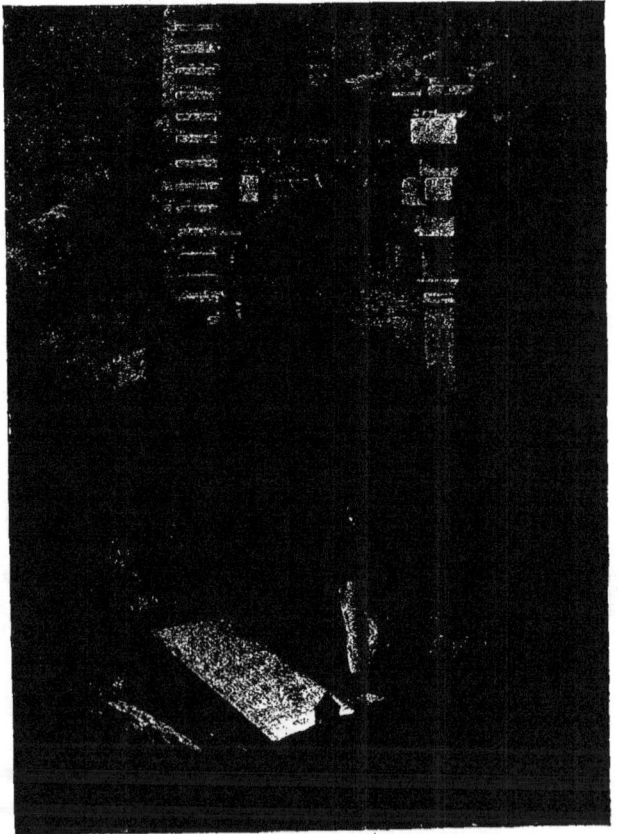

APRÈS LES TROIS GLORIEUSES. — LE DERNIER SOMMEIL DES HÉROS
D'après une gravure de 1830. — (Collection G. Hartmann.)

LE CORPS LÉGISLATIF GARDÉ PAR LA TROUPE PENDANT LES ÉMEUTES DE 1832
D'après une estampe du temps. — (Collection G. Hartmann.)

que les alliés escortant la Restauration, c'était la liberté en péril.

IV

La Charte constitutionnelle de Louis XVIII a pour assises les deux promesses dont Paris réclamait la réalisation. Les Bourbons, rentrés entre les baïonnettes étrangères, s'engagent à régner pacifiquement en s'appuyant sur des institutions libres. Paris, qui n'est à ce moment pas royaliste, mais qui n'est plus napoléonien, a peu de sympathies, en dehors des familles aristocratiques, pour le roi de Gand, mais ce roi offre des garanties que l'on se résigne à croire sincères. Le peuple et la bourgeoisie ne se montrent cependant pas confiants. Ils veulent voir le nouveau gouvernement à l'œuvre, et lorsque quelques mois après, le retour de Napoléon fait reconnaître l'impuissance de ce trône reconstruit par le tsar et ses cosaques, aucune tentative n'est faite pour retenir le souverain qui se dérobe effaré devant le spectre impérial. Les Cent-Jours, malgré la fête du Champ-de-Mars et l'acte additionnel aux Constitutions de l'Empire, ne rendent pas la foi à Paris. « Il y avait, dit un historien, comme un voile de deuil sur toutes les âmes. » Waterloo donna raison aux

inquiétudes et aux défiances.

Les médailles frappées à l'occasion du second retour de Louis XVIII sont des témoignages officiels du sentiment des Parisiens. Elles n'expriment pas ce qui était au fond des consciences. Les rondes dans les parterres du jardin des Tuileries, les chants de : « Vive Henri IV ! » ne partent point du cœur de Paris. A ceux qui se livrent à ces danses et à ces cris se mêlent des soldats étrangers, et ce n'est point le vrai peuple qui entonne les refrains. De même l'âme de Paris ne prend aucun

LES MASSACRES DE LA RUE TRANSNONNAIN
D'après une estampe de l'*Histoire de Paris*, de Dulaure.

rôle dans ces courses à la fortune qui, autour du Palais-Royal, dans le quartier Montmartre et dans la rue Saint-Denis, font rivaliser le commerce, ramassant l'or que jettent à pleines mains les officiers prussiens et anglais auxquels on a partagé la curée des milliards de la rançon.

Paris se recueille là où subsiste le respect des malheurs de la patrie, là où l'on n'oublie pas que l'invasion est l'insulte à la liberté. Plus tard, ou pour mieux dire bientôt, quand les Bourbons ont, à prix d'argent payé par le pays et surtout par la capitale, délivré le territoire de l'occupation euro-

LES ÉMEUTES DE 1832
D'après une estampe de l'époque. — (Collection G. Hartmann.)

MÉDAILLE FRAPPÉE A L'OCCASION DE L'INAUGURATION
DU MUSÉE DES MONNAIES (1833)

(Musée des Monnaies.)

RETOUR DES CENDRES DE NAPOLÉON Ier
A PARIS (1840)

Dessus de boîte. — (Collection Paul Le Roux.)

péenne, quand la presse commence à revendiquer les garanties libérales en résistant à la terreur blanche, quand la jeunesse des écoles donne son sang pour l'affirmation de la liberté, quand les sociétés secrètes, et entre toutes le carbonarisme, expient leur amour de cette liberté par la mort, quand les quatre sergents de la Rochelle montent sur l'échafaud pour leur opinion, Paris comprend que la Restauration ne veut que le rétablissement de l'absolutisme. Alors les idées voltairiennes et révolutionnaires en recrudescence se liguent contre le trône. Tout Paris chante les chansons de Béranger et lit *le Constitutionnel*. La garde nationale, à qui l'on enjoint d'empoigner Manuel dans la salle des séances du Palais-Bourbon, refuse. L'opposition grandit sous Charles X ; elle devient tellement croissante que l'issue du règne n'est pas douteuse. Les funérailles du général Foy, les illuminations après le retrait de la loi contre la presse, les démonstrations hostiles au roi et aux princesses sur le Champ-de-Mars, l'entrée au Parlement des libéraux Dupont (de l'Eure), Laffitte, Casimir Périer, Benjamin Constant, etc., les émeutes de la rue Saint-Denis prouvent à l'évidence que Paris ne veut pas d'un gouvernement qui va à l'encontre de sa liberté ; et lorsque ce gouvernement lance les Ordonnances, il sonne lui-même le glas du règne et de la dynastie.

UNE ÉMEUTE SOUS LOUIS-PHILIPPE

D'après une estampe du temps. (Collection G. Hartmann.)

V

Fondée par les polémistes issus de la bourgeoisie libérale, la monarchie de Juillet, dès ses premiers jours, n'a pas de racines dans l'âme de Paris. Louis-Philippe ne personnifie, pour les Parisiens, qui ne le connaissaient guère avant son avènement, aucun des vieux partis, et il n'est pas non plus, au sens strict du mot, un homme nouveau. Choisi par une poignée de politiciens pour faire le premier essai d'institutions constitutionnelles que l'on se figure avoir taillées sur le patron anglais, il entre en scène avec des qualités moyennes de caractère qui pourraient jusqu'à un certain point le faire réussir dans cette tentative, mais la politique de juste milieu qu'il prend pour programme lui sera fatale. En voulant se rapprocher des classes bourgeoises sans froisser l'aristocratie héréditaire et en s'efforçant de se rendre sympathique au peuple sans donner de gages à la démocratie, il ne fait en réalité qu'asseoir le trône sur un système d'équilibre n'offrant aucune stabilité et dépendant d'un lendemain toujours incertain.

Le volcan sur lequel Salvandy prétendait qu'on dansait peu de temps avant la chute de Charles X fut moins que jamais éteint de 1830 à 1848. Il était facile d'ailleurs de prévoir — Louis Blanc le fit dans les conclusions de son *Histoire de dix ans*, — qu'une nouvelle éruption aurait lieu, et il ne fallait pas être grand clerc pour dire d'avance que la royauté, sur quelque dynastie qu'elle eût tâché, depuis la Révolution, à s'appuyer, y périrait. Ce roi qui régnait sans gouverner, et qui espérait conjurer les orages en se contentant d'un rôle automatique substitué à l'absolutisme de l'ancien régime, paraissait devoir plaire à tous par sa médiocrité qui le rendait prisonnier de ses partisans, constituant une oligarchie dominante mais divisés entre eux. Il eut pendant un temps l'habileté de se confier à des pilotes intelligents et d'accepter l'effacement du principe monarchique devant le principe parlementaire, mais cette habileté même, dans laquelle on ne tarda pas à reconnaître un artifice pour dégager sa responsabilité propre, devait, en fin de compte, tourner contre lui. Paris, qui aiguillait la marche des idées du pays, ne savait aucun gré au souverain de cette abdication avant l'heure. La caricature, dont rien ne réussissait à contenir l'audace, criblait de traits

ARRESTATIONS LE 2 DÉCEMBRE 1851. — SCÈNES DU COUP D'ÉTAT
Croquis de l'époque redessiné par Renoult-Chesneau.
(Collection Charles Simond.)

acérés le chef de l'État en
le vouant au ridicule qui
tue infailliblement. La
bourgeoisie qui conduisait
le char se plaisait à l'em-
bourber, tout en profitant
de sa situation pour s'enrichir. Inconsciente de
cette méthode qui poussait
le manque de respect en-
vers la personne royale
jusqu'à la gausserie, elle
ne s'apercevait pas qu'elle
apprenait ainsi au peuple
à ne plus croire au pres-
tige, dernier étai de la
puissance monarchique de
plus en plus caduque.
Tandis qu'on se représen-
tait encore les rois de
France d'avant 1830, même
Louis XVI, malgré ses goûts
pour la serrurerie, même
Louis XVIII, malgré son
podagrisme, même Char-
les X, malgré son impopu-
larité, le sceptre en main
et la couronne au front,

LE DERNIER BANQUET DE LA GARDE NATIONALE
(D'après une photographie appartenant à M. Didelin.)

il ne venait à la pensée de personne de donner
ces attributs à Louis-Philippe, inséparable du
légendaire parapluie.

Il y avait au fond de ces railleries autre chose
que l'expression du penchant gaulois toujours

LES CANONS DE MONTMARTRE EN 1871
D'après un dessin de l'époque. — (Collection du Musée de la Préfecture de police.)

indévot à l'égard du maître, même quand il est
débonnaire par tempérament ou par calcul. Paris
était mécontent et le mécontentement était général. L'étranger le blessait dans sa fierté quand
Palmerston disait qu'il ferait passer le roi des
Français par le trou d'une ai-
guille, et le Parisien toujours
chatouilleux sur le point d'honneur, qui se tourne, comme dit
Fénelon, en déshonneur quand
il est mal soutenu, ne comprenait pas que l'on hésitât à faire
rentrer à l'Anglais ses paroles
dans la gorge. La camarilla des
Tuileries, qui n'admettait que
la fameuse « pensée immuable »
et la « conservation sociale »,
luttait contre le prudent ascen-
dant de la princesse Adélaïde
sur son frère et opposait à celle-
ci les conseils, souvent plus
écoutés, de la reine Marie-Amé-
lie, inclinant vers le retour à la
suprématie du parti religieux.
La haute bourgeoisie se parta-
geait en deux coteries : l'une,
ayant pour mot de ralliement
le cliché fréquemment employé
de la « prospérité croissante du
pays », ne songeait qu'à donner
au gouvernement dans la Chambre une majorité assez forte
pour favoriser les intérêts des
satisfaits, qui voulaient continuer à amasser, grâce à l'activité industrielle, à la spécu-
lation et à l'agiotage ; l'autre,

formant en politique le centre gauche avec Thiers pour conducteur, comme le centre droit avait à sa tête Guizot, ne pardonnait pas au roi d'avoir préféré, à propos des affaires d'Égypte en 1840, à la paix armée, seule digne de la France, la paix à tout prix, qui n'était qu'une reculade en face de l'Europe. Elle accusait Louis-Philippe de tout sacrifier à son souci personnel d'établir sa dynastie, et de traiter son ministère — il l'avait dit en termes propres — comme un fiacre qui se quitte comme il se prend au premier carrefour. Elle s'irritait surtout d'être évincée du gouvernement sans espoir apparent de le ressaisir.

En face de la haute bourgeoisie s'agitait la petite, qui, insuffisamment censitaire, pactisait avec les classes instruites et réclamait comme elles la réforme électorale avec l'abaissement du cens et l'admission des capacités pour assurer à la minorité les droits que s'arrogeaient les dirigeants

A
H. REGNAULT
...
LA JEUNESSE

MONUMENT ÉLEVÉ A LA MÉMOIRE DE HENRI REGNAULT

tué à Buzenval. — OEuvre de Chapu. (École des Beaux-Arts.)

et les libertés que la monarchie de Juillet avait promises sans tenir parole. A cette minorité bourgeoise s'associaient, dans le même but et avec, en outre, des visées démocratiques, les masses populaires, auxquelles le gouvernement, et derrière lui le roi, donnaient tort dans les conflits avec les patrons, en interdisant toute association des ouvriers, parce que l'on avait peur d'eux.

Paris, où l'ouvrier commençait à comprendre que le nombre fait la force dans les élections, se suspendait aux lèvres des grands orateurs, des poëtes et avocats tribuns dont l'éloquence, dans les banquets réformistes, électrisait les foules, en même temps que les toasts à la souveraineté nationale, les chants de la *Marseillaise* enthousiasmaient les esprits. Les discours libéraux d'Odilon Barrot, de Duvergier de Hauranne et de Rémusat, les harangues républicaines de Lamartine, les philippiques radicales de

Ledru-Rollin, ses réquisitoires enflammés contre l'improbité politique, le dédain du roi qui traitait les aspirations parisiennes de passions aveugles ou ennemies, l'appel à la revendication des libertés, y compris celle de la presse, le refus formel de Louis-Philippe d'accorder la réforme électorale, son obstination à ne consentir aucune transaction, l'ordre donné aux commissaires de police de disperser les réunions et les banquets, toutes ces causes déterminèrent une coalition et une collision comme en 1830. Lamartine avait prédit, en juillet 1847, que la royauté tomberait comme sous Charles X dans son piège. Les journées de février 1848 réalisèrent cette prédiction. Les Orléans partirent pour l'exil dix-huit ans après les Bourbons.

VI

Pour la seconde fois depuis un peu plus d'un demi-siècle, Paris, passant de la parole à l'action, reprenait possession des Droits de l'homme et du citoyen. Le moment était grave. Le peuple se trouvait maître de la situation. C'était bien lui qui avait fait cette nouvelle révolution et il entendait qu'on ne la lui escamotât point, comme en 1830. Énergiquement il avait déjoué tous les subtils accommodements offerts par la monarchie, démission trop tardive de Guizot et replâtrage ministériel, abdication de Louis-Philippe en faveur du comte de Paris, régence de la duchesse d'Orléans ; il se montrait intransigeant à son tour. Les artisans, qui avaient précipité du trône le roi citoyen, infidèle à son serment de civisme, avaient trouvé sur les barricades, à leurs côtés, les étudiants et les députés; la garde nationale, crosse en l'air, s'était déclarée pour eux.

Paris victorieux voulait user de sa victoire. Lamartine lui indiqua les résolutions à prendre : établir sur une base inébranlable l'empire de l'ordre et de la liberté, enlever à la bourgeoisie sa prétention à la tutelle de la société, fonder par le suffrage universel le gouvernement de tous par tous, faire ainsi peser dans la balance du pouvoir la voix du plus humble d'un poids égal à celle du plus riche ou du plus savant, et grâce à ce concours unanime, à cette égalité s'armant du bulletin de vote, ouvrir enfin l'ère réelle de la liberté.

Aucune aurore ne s'était levée plus belle sur la capitale et n'avait étendu avec plus de magnificence son rayonnement sur le pays tout entier. La royauté était si bien finie que Thiers avait dès la première heure envoyé son adhésion au gouvernement provisoire, ne voulant pas, disait-il, demeurer étranger aux nouvelles destinées de la France. Il restait à savoir ce qui allait sortir de ces urnes électorales où tous étaient appelés à déposer librement leurs suffrages, et si Lamartine n'avait pas inconsciemment, en poète épris d'idéal, mis entre les mains du peuple ce don fait par Jupiter à Épiméthée, grâce auquel se répandraient aussitôt tous les maux pour ne laisser au fond de l'avenir que l'espérance. La République de 1848 se créait avec d'excellentes et loyales intentions, mais comme on ensemence un champ qui

n'est pas préparé. Il ne suffisait pas de faire lire à tous les yeux sur tous les murs les mots de liberté, égalité, fraternité, et d'y ajouter sur les placards celui de solidarité. Il importait que pour chaque électeur ces mots fussent mieux que des mots, que chacun en eût la notion exacte, en connût la portée, sût à quoi ils engageaient, et comment, en mettant en pratique largement, sans réserves, sans ignorance surtout, tous les devoirs qu'ils impliquaient, on pouvait assurer le salut du pays et atteindre, par étapes progressives, la vérité sociale. Or, le terrain était, à ce moment, dépourvu de tout labour préparatoire. Les utopies — il y en avait dans le cas un grand nombre d'incontestablement généreuses — hantaient les cerveaux, sans exception des mieux équilibrés. Les rêves de bonheur, et pour beaucoup de bonheur matériel exclusivement, peuplaient les imaginations. On croyait sérieusement à la fin immédiate du prolétariat, à l'accession absolue et illimitée de tous à la fortune par le partage des richesses, à l'extinction du paupérisme par l'organisation du travail, par la nationalisation de la propriété, et les âmes naïves — les âmes ouvrières l'étaient en grande partie — se persuadaient que le désintéressement, la belle loi d'amour chrétien, serait l'inviolable règle de conduite de quiconque aurait charge des besoins et des légitimes espoirs de la France. Ledru-Rollin, que l'on accusa d'avoir été le Catilina de la République, dont Lamartine fut le Cicéron — l'appellation n'était du reste exacte ni pour l'un ni pour l'autre, — recommandait dans sa célèbre circulaire d'examiner sévèrement les titres des candidats à l'Assemblée nationale et de ne s'arrêter qu'à ceux qui paraissaient offrir le plus de garanties à l'opinion républicaine. La recommandation fut plus nuisible qu'utile. Les électeurs, pas plus à Paris qu'en province, n'étaient point d'accord sur la signification de l'idée et de l'opinion républicaines. Les opinions étaient, comme dit le proverbe, aussi diverses que les têtes. Les masses électorales se laissaient guider non par des convictions qu'elles ne pouvaient pas avoir, mais par des incitations, des professions de foi, vraies ou captieuses, qui eurent sur elles les effets du mirage. On allait tout naturellement à ceux qui promettaient le plus et se faisaient le plus forts d'introduire dans le mécanisme social le plus de réalisation prochaine d'améliorations. Comme toujours les plus belles paroles avaient le plus de succès, et les séductions étaient d'autant plus faciles que les crédulités étaient plus grandes. L'autorité des prépondérances antérieures n'abdiquait point ses influences ; la matière électorale, éminemment malléable à cette époque, était aisément pétrie par les politiciens experts en manœuvres, et ceux qui paraissaient les opposants acharnés de la république ne s'en faisaient pas faute. Les manifestations dans les sens les plus divergents se faisaient jour, parfois avec la plus extrême violence. Les chefs de clubs, Blanqui, Barbès, s'emparaient de la rue à Paris, menant cent mille hommes à leur suite. L'anarchie fermentait dans ces milieux. Lamartine, qui avait chevauché la tempête, perdait sa fascination des foules. Déjà on entendait ses adversaires, même ses admirateurs de naguère, s'écrier : « Assez de lyre comme ça ! » L'émeute du 15 mai fournit une première démonstration des dangers que l'ordre avait à redouter ; les journées de juin complétèrent la preuve. Cette insurrection portait un coup mortel à la République. La dictature d'Eugène Cavaignac ne fut qu'un prélude à une autre peu éloignée. Le pouvoir exécutif, entraîné par le courant à faire succéder à la sauvegarde des lois l'arbitraire, excitait les colères des démocrates, favorisait, sans le vouloir, les menées des réactionnaires, et faisait le jeu des bonapartistes, qui n'attendaient que l'occasion d'un nouveau brumaire. Ils n'en eurent pas besoin. Le peuple se jeta dans les bras de Louis-Napoléon. A vrai dire, il y fut poussé par bien des forces actives semblables à celles qui avaient fait réussir le coup d'État du 9 novembre 1799. La crainte inspirée par les rouges fit triompher ceux que Lafayette appelait jadis les furieux de modération. L'élection de l'homme de Strasbourg et de Boulogne à la présidence de la République signait l'arrêt de mort de celle-ci.

VII

Il n'y avait plus pour le nouveau chef de l'État qu'à franchir le pas du Consulat à l'Empire. L'héritier de la politique impériale avait bénéficié de tout ce qui, depuis 1815, avait fait, dans les villes et les chaumières, refleurir la légende napoléonienne. Les odes de Victor Hugo, les chansons de Béranger, les poésies de Casimir Delavigne, le soleil d'Austerlitz, les pleurs versés par les fidèles sur la tombe lointaine de Sainte-Hélène, le retour des cendres en 1840 et leur entrée triomphale dans l'immortalité aux Invalides, les brochures de Ham, enfin l'espoir que de cette présidence napoléonienne naîtrait, comme on s'y était engagé, « un gouvernement stable, intelligent, ferme, sage, pensant à guérir les maux de la société », toutes ces raisons et celles qui offraient de l'avenir aux ambitions des partis devaient rendre populaire à la majorité des Français, et des Parisiens tout d'abord, un nom qui avait déjà la valeur d'un drapeau. Louis-Napoléon, en prenant possession du pouvoir, avait déclaré qu'il suivrait sans s'inquiéter, sans s'arrêter, la voie qu'il s'était tracée. Il n'y faillit point et le coup d'État de 1851, suivi un an après de la proclamation du second Empire, ne laissa plus de doute à personne sur ce qu'il entendait par « le calme d'un homme résolu à faire son devoir ». Paris accepta le neveu comme il avait accepté l'oncle ; et quand la nouvelle ère impériale eut rouvert au commerce, à la finance, à l'industrie, à l'armée toutes les sources de satisfaction, quand des victoires eurent affirmé le resplendissement de la puissance française devant l'étranger, quand à l'ouvrier, dont la démocratie n'allait pas au delà des réclamations du pain et des jeux comme dans l'ancienne Rome, on eut donné des rues à abattre et à reconstruire plus larges, des boulevards à percer et à aligner, des moellons à transporter et à étager pour bâtir des édifices, quand Napoléon III eut crié bien haut

« l'Empire c'est la paix », on le crut, Paris ne discuta point la véracité de cette affirmation, et n'eut plus que le souvenir de cet engagement : « La France ne périra pas entre mes mains ». Lentement, pendant que Paris s'enfiévrait de cette rhétorique impériale, l'ombre de la Prusse s'allongeait sur la France et une main mystérieuse commençait à tracer les lettres d'un autre Pharès qui serait le signe fatidique du partage du territoire : Sedan tint en 1870 la promesse de cet impérissable empire.

VIII

Paris n'avait, pendant plus de vingt ans, eu confiance dans l'éclat impérial que parce qu'il se laissait bercer par la captieuse symphonie des discours où la liberté était le leitmotiv des morceaux d'éloquence gouvernementale toujours habilement orchestrés. Lorsque les défaites infligées par de Moltke à nos troupes eurent rompu le charme impérial, l'âme de Paris entra en révolte. Non seulement les pertes subies par nos généraux, mais la honte bue par l'amour-propre parisien quand les troupes allemandes passèrent victorieuses devant l'arc de l'Étoile, quand les milliards de l'épargne française durent être versés dans les coffres ennemis, quand la France fut contrainte de signer le traité de Francfort, l'incertitude d'un relèvement de tant d'affront allumèrent d'effroyables colères dans la ville vaincue, qui se jugeait alors déshonorée par la capitulation. Plusieurs — ils furent des milliers — se demandèrent avec le désespoir d'un pessimisme à outrance si cette liberté, trahie par tous les régimes, n'était pas, comme le proclamait Brutus, en vérité un vain mot et s'il y avait à attendre d'elle autre chose que les crimes commis en son nom. La république, réintégrée à l'Hôtel de Ville, paraissait à un grand nombre de Parisiens avoir peu de force de vie. La seule chance était de n'avoir en présence d'elle que des représentants de dynasties tombées et n'ayant chacun par eux-mêmes aucune de ces qualités personnelles qui imposent ou enthousiasment. Elle se savait si peu sûre de l'avenir que la nécessité de se donner une constitution l'effarait, et que bien que cette constitution fût votée, un déplacement d'une voix aurait suffi pour compromettre tout l'échafaudage républicain. Elle vécut cependant, et plus de trente ans se sont écoulés de 1870 à 1900 sans qu'elle ait péri dans les orages qui ne lui ont pas été épargnés. Ce long bail est pour elle une garantie de stabilité future, à la condition que le vieux lion parisien ne secoue plus sa crinière. Il en a parfois encore la velléité, et s'il ne se redresse pas sous les piqûres des partis qui s'agitent autour de lui, c'est qu'elles ne l'importunent d'ordinaire qu'à fleur de peau, et c'est aussi que, très assagi, devenu philosophe quelque peu schopenhauérien, il croit de moins en moins au surhomme messianique et que tout en étant persuadé que la volonté est le levier du monde, il n'en fait point usage. Paris laisse la troisième République évoluer, avec l'idée de derrière la tête peut-être de ne plus payer à ses dépens les frais pour faire de cette évolution une révolution.

CHARLES SIMOND.

LES PRÉFETS DE LA SEINE DE 1800 A 1900

1. FROCHOT.	6. Cte DE RAMBUTEAU.	11. CHEVREAU.	16. FLOQUET.
2. CHABROL DE VOLVIC.	7. TROUVÉ-CHAUVEL.	12. LÉON SAY.	17. OUSTRY.
3. DE BONDY.	8. RECURT.	13. CALMON.	18. POUBELLE.
4. Cte DELABORDE.	9. BERGER.	14. DUVAL.	19. DE SELVES.
5. ODILON BARROT.	10. HAUSSMANN.	15. HÉROLD.	

II. — PARIS ADMINISTRATIF AU XIXᵉ SIECLE

La préfecture de la Seine.

Avec l'ancienne monarchie s'était écroulée la séculaire administration municipale de Paris. Le dernier prévôt des marchands, Flesselles, avait été tué le 14 juillet 1789 et, en 1790, avait été installée la commune de Paris, composée des délégués des districts, ayant à leur tête un maire élu par tous les citoyens. Sous le Directoire, en 1795, le territoire de la ci-devant commune de Paris forma un canton et comprit douze municipalités à la tête desquelles était un bureau central; les membres des municipalités et du bureau étaient élus par le peuple. Après le 18 Brumaire, le

LE DÉJEUNER DE LA FRANCE

Caricature faite sous le premier Empire et figurant sur quelques pièces peut-être apocryphes de la Préfecture de la Seine.

D'après un document du temps. — (Collection Martin.)

Consulat supprima toute élection, même pour la désignation des membres des corps délibérants. Les conseillers généraux, d'arrondissement et municipaux furent nommés par le premier Consul ou par les préfets comme les fonctionnaires. Paris n'eut même pas de conseil municipal. Le conseil général de la Seine, composé de vingt-quatre membres, nommés par le premier Consul, était l'unique assemblée communale.

L'administration de la Ville était confiée à un magistrat appelé préfet, et dépendait du ministre de l'intérieur, dont il n'était qu'un fonctionnaire. Le premier préfet de la Seine fut Frochot. Il organisa l'administration de Paris sur des bases qui subsistent encore. Napoléon ne put lui pardonner de s'être laissé surprendre par la conspiration de Malet et, le 23 décembre 1812, il fut destitué et remplacé par Chabrol de Volvic.

Dans une époque troublée, Chabrol sut se maintenir sous trois maîtres différents : Napoléon, Louis XVIII et Charles X. Il commença la grande œuvre de transformation de Paris; son principal titre de gloire est la construction des canaux de l'Ourcq, de Saint-Denis et Saint-Martin.

Après la révolution de 1830, le comte de Laborde, qui avait succédé à Chabrol, conserva un mois à peine ses fonctions. Odilon Barrot, qui resta à l'Hôtel-de-Ville du 23 août 1830 au 22 février 1831, dut démissionner; sa politique libérale était en désaccord avec celle du ministre Guizot. Le comte de Bondy, qui avait déjà administré le département de la Seine pendant les Cent-Jours, ne sut faire face ni au choléra morbus ni aux désordres de la rue. Louis-Philippe cherchait un autre Chabrol. Il le trouva en la personne de Rambuteau qui, nommé préfet le 23 juin 1833, resta en fonctions tant que dura la monarchie de Juillet.

Rambuteau généralisa l'établissement de

MAIRIE DU 1ᵉʳ ARRONDISSEMENT (place du Louvre)

Construite de 1857 à 1859, d'après les dessins de Hittorf,
dans le style de la Renaissance italienne.

MAIRIE DU IIIᵉ ARRONDISSEMENT

Commencée par Calliat en 1864, achevée par E. Chat en 1867.

MAIRIE DU IVᵉ ARRONDISSEMENT

Construite de 1861 à 1866 par Bailly, style de la Renaissance
grecque.

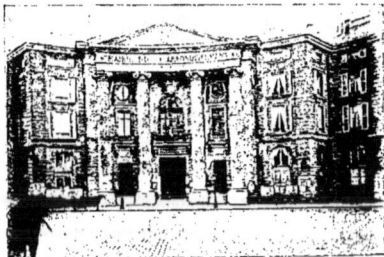

MAIRIE DU Vᵉ ARRONDISSEMENT

Construite par Calliat de 1844 à 1846.

toirs en y employant le bitume d'asphalte et commença la substitution de l'éclairage au gaz aux vieux quinquets fumeux. Un grand nombre d'écoles furent construites, les hôpitaux restaurés et agrandis, de vieilles rues tortueuses rendues praticables; les boulevards, quais et places aplanis et plantés d'arbres.

Le 24 février 1848, Garnier-Pagès fut proclamé maire de Paris; Armand Marrast lui succéda. Mais, après les journées de Juin, la mairie fut supprimée et, le 19 juillet, Trouvé-Chauvel passait de la préfecture de police à celle de la Seine. Il n'y resta que trois mois, ayant pris le 25 octobre le portefeuille des finances. Recurt, qui le remplaça, démissionna après l'élection du prince Louis-Napoléon à la présidence de la République.

J.-J. Berger, maire du 2ᵉ arrondissement, fut nommé préfet le 20 décembre 1848. Il collabora activement au coup d'État de décembre 1851.

Chabrol avait été le préfet de la Restauration, Rambuteau celui du régime de Juillet; Haussmann fut le préfet de l'Empire. Entré en fonctions le 22 janvier 1853, il n'en fut relevé que le 5 janvier 1870, lorsque le libéralisme arriva aux affaires avec Émile Ollivier. Il a attaché son nom à la création du Paris nouveau. Mais les travaux immenses qu'il entreprit nécessitèrent des opérations financières dont la régularité fut violemment attaquée.

Le successeur du « grand préfet » fut Henri Chevreau; il se consacra tout entier à la liquidation du passif de 600 millions dont la Ville était redevable en dehors de la dette constituée par les emprunts. Au mois d'août 1870, après les premiers désastres, Henri Chevreau devint ministre de l'intérieur dans le cabinet Palikao et la préfecture resta sans titulaire jusqu'au 4 septembre.

Le gouvernement de la Défense nationale rétablit la mairie de Paris. Arago, puis Jules Ferry portèrent l'écharpe municipale. Après la Commune, Léon Say fut nommé préfet de la Seine. Son administration (6 juin 1871-7 décembre 1872) fut consacrée à réparer les désastres de l'Année terrible. Son successeur, Calmon, démissionna au bout de six mois, le 28 mai 1873.

Ferdinand Duval fut le préfet du Septennat. Il continua l'exécution du programme de travaux publics commencé par Haussmann. Les trois années de l'administration de Herold (25 janvier 1879 au 5 janvier 1882) donnèrent le rare exemple d'un accord presque complet entre le préfet et le conseil municipal. Herold procéda à la laïcisation des écoles et des hôpitaux et créa dans chaque arrondissement des bibliothèques municipales.

Charles Floquet ne resta préfet de la Seine que jusqu'au 31 octobre 1882. L'échec à la Chambre d'un projet de rétablissement de la mairie centrale détermina sa retraite. L'administration préfectorale de M. Oustry (31 octobre 1882-15 octobre 1883) n'offrit aucun fait saillant. M. Poubelle prit ensuite la préfecture et la conserva jusqu'en mai 1896. Après lui le poste échut à M. de Selves, administrateur prudent, qui remplit avec zèle des fonctions devenues très délicates par suite des conflits entre les élus municipaux et le gouvernement.

HENRI LUCAS.

Les mairies de Paris

MAIRIE DU IIᵉ ARRONDISSEMENT
Construite dans le style néo-classique
par A. Girard en 1846 et 1847.

MAIRIE DU VIIᵉ ARRONDISSEMENT
Ancien hôtel de Brissac,
construit au XVIIIᵉ siècle par Lelion
et Boffrand.

MAIRIE DU VIIIᵉ ARRONDISSEMENT
Ancien hôtel de Contades (XVIIIᵉ siècle).

MAIRIE DU Xᵉ ARRONDISSEMENT
Construite par l'architecte Rouyer,
inaugurée en 1896.

MAIRIE DU XVIIᵉ ARRONDISSEMENT
Construite de 1847 à 1849 par Lequeux.

MAIRIE DU XVIIIᵉ ARRONDISSEMENT
Commencée en 1888 par Varcolier, continuée
et achevée en 1896 par son fils et par Claës.

LA division de Paris en municipalités distinctes ou arrondissements date de la Constitution de l'an III, c'est-à-dire de
l'établissement du Directoire. Le
Consulat la maintint, en substi-
tuant seulement le principe du
choix gouvernemental à celui de
l'élection populaire pour la désignation des fonctionnaires municipaux; sous tous les régimes, cette
division est restée la base de l'administration de la Ville de Paris.

Jusqu'en 1860, le nombre des
arrondissements était de douze:
chacun était formé de quatre quartiers.

Le *premier*, composé des quartiers des Tuileries, des Champs-
Élysées, de la place Vendôme et
du Roule, avait sa mairie au nº 14
du faubourg Saint-Honoré.

Le *deuxième* comprenait les quartiers Feydeau, de la Chaussée-
d'Antin, du Palais-Royal et du
Faubourg Montmartre; mairie:
nº 2, rue Pinon (depuis rue Rossini).

Le *troisième* comprenait les quar-
tiers du Faubourg-Poissonnière,
Montmartre, Saint-Eustache et
Mail; sa mairie était aux Petits-
Pères, près de la place des Vic-
toires.

Le *quatrième*, quartiers Saint-
Honoré, du Louvre, des Marchés
et de la Banque-de-France; mairie:
nº 4, place du Chevalier-du-Guet.
(Cette place était située entre la
rue des Lavandières et la rue Saint-
Denis, près la place du Châtelet).

Le *cinquième*, quartiers Bonne-
Nouvelle, Montorgueil, du Fau-
bourg-Saint-Denis et de la Porte
Saint-Martin; mairie: nº 20, rue
de Bondy.

Le *sixième*, quartiers des Lom-
bards, de Saint-Martin-des-
Champs, du Temple et de la Porte-
Saint-Denis; mairie: à l'abbaye
de Saint-Martin-des-Champs (de-
puis Conservatoire des Arts et
Métiers), nᵒˢ 208 et 210, rue Saint-
Martin.

Le *septième*, quartiers Sainte-
Avoye, du Mont-de-Piété, du Mar-
ché-Saint-Jean et des Arcis; mairie: nº 24, rue des Francs-Bour-
geois-Marais et nº 57, rue Sainte-
Avoye.

Le *huitième*, quartiers des Quinze-
Vingts, du Marais, de Popincourt

MAIRIE DU VIᵉ ARRONDISSEMENT
Construite en 1848 et 1849 par Rolland et Le Vicomte,
agrandie en 1888.

MAIRIE DU IXᵉ ARRONDISSEMENT
Ancien hôtel construit au commencement du xviiiᵉ siècle
pour le fermier général d'Augny sur les dessins de Briseux.

et du Faubourg-Saint-Antoine ; mairie : nᵒ 11, place Royale (aujourd'hui place des Vosges).

Le *neuvième*, quartiers de l'Hôtel-de-Ville, de la Cité, de l'Ile-Saint-Louis et de l'Arsenal ; mairie : nᵒ 25, rue Geoffroy-Lasnier.

Le *dixième*, quartiers du Faubourg-Saint-Germain, de la Monnaie, de Saint-Thomas-d'Aquin et des Invalides ; mairie : nᵒ 7, rue de Grenelle-Saint-Germain.

Le *onzième*, quartiers de la Sorbonne, du Luxembourg, de l'École-de-Médecine et du Palais-de-Justice ; mairie : nᵒ 10, rue Garancière.

Le *douzième*, quartiers Saint-Jacques, du Jardin-du-Roi (Jardin des Plantes), Saint-Marcel et de l'Observatoire ; mairie : nᵒ 262, rue Saint-Jacques.

Après l'annexion des communes de la banlieue, le nombre des mairies fut porté à 20 ; en même temps, les limites des anciennes divisions d'arrondissements et de quartiers furent modifiées. De plus, l'administration municipale se préoccupa d'embellir et de décorer les bâtiments des mairies. Dès le règne de Louis-Philippe on en avait entrepris la reconstruction. Elle fut continuée sous l'Empire et la troisième République. La plupart des vingt mairies de Paris sont de véritables

MAIRIE DU XIᵉ ARRONDISSEMENT
Construite par Gancel, de 1862 à 1863.

palais, dignes d'être le centre de la vie municipale des grandes villes que forment les arrondissements (le plus peuplé, le dix-huitième, atteignit en 1900 le chiffre de 230,000 habitants).

Le *Iᵉʳ arrondissement* (quartiers Saint-Germain-l'Auxerrois, des Halles, du Palais-Royal et de la Place-Vendôme), mairie : place du Louvre.

Le *IIᵉ arrondissement* (quartiers de Gaillon, Vivienne, du Mail et Bonne-Nouvelle), mairie : rue de la Banque.

Le *IIIᵉ arrondissement* (quartiers des Arts-et-Métiers, des Enfants-Rouges, des Archives et Sainte-Avoye), mairie : rue des Archives, en face le square du Temple.

Le *IVᵉ arrondissement* (Saint-Merri, Saint-Gervais, de l'Arsenal et Notre-Dame), mairie : place Beaudoyer.

Le *Vᵉ arrondissement* (quartiers de la Sorbonne, Saint-Victor, du Jardin-des-Plantes et du Val-de-Grâce), mairie : place du Panthéon.

Le *VIᵉ arrondissement* (quartiers de la Monnaie de l'Odéon, Saint-Germain-des-Prés et Notre-Dame-des-Champs), mairie : place Saint-Sulpice.

La mairie du *VIIᵉ arrondissement* (quartiers des Invalides, Saint-Thomas-d'Aquin, de l'École-Mili-

MAIRIE DU XIIᵉ ARRONDISSEMENT
Construite par Hénard, de 1874 à 1877.

MAIRIE DU XIIIᵉ ARRONDISSEMENT
Construite par Bonnet, de 1865 à 1867, agrandie de 1885 à 1893.

MAIRIE DU XIVᵉ ARRONDISSEMENT
Construite par Naissant, de 1851 à 1858.

MAIRIE DU XVᵉ ARRONDISSEMENT
Construite par Devrez de 1573 à 1876.

taire et du Gros-Caillou) est installée rue de Grenelle, nᵒ 116.

La mairie du *VIIIᵉ arrondissement* (quartiers de la Madeleine, des Champs-Elysées, du Roule et de l'Europe) est située 11, rue d'Anjou.

La mairie du *IXᵉ arrondissement* (quartiers du Faubourg-Montmartre, de la Chaussée-d'Antin, Saint-Georges et Rochechouart) est au nᵒ 6, rue Drouot.

La mairie du *Xᵉ arrondissement* (quartiers de la Porte-Saint-Denis, de la Porte-Saint-Martin, Saint-Vincent-de-Paul et de l'Hôpital-Saint-Louis), la plus récente de toutes, est rue du Faubourg-Saint-Martin.

La mairie du *XIᵉ arrondissement* (quartiers de la Folie-Méricourt, Saint-Ambroise, Popincourt et Sainte-Marguerite) est place Voltaire.

Celle du *XIIᵉ arrondissement* (quartiers de Bercy, des Quinze-Vingts, de Picpus et du Bel-Air) est à l'angle de l'avenue Daumesnil et de la rue de Charenton.

La mairie du *XIIIᵉ arrondissement* (quartiers de la Salpêtrière, de la Gare, de la Maison-Blanche et Croulebarbe) est place d'Italie.

Le *XIVᵉ arrondissement* (quartiers de Montparnasse, de la Santé, du Petit-Montrouge et de Plaisance) a sa mairie place de Montrouge.

La mairie du *XVᵉ arrondissement* (quartiers de

MAIRIE DU XXᵉ ARRONDISSEMENT
Construite par Salleron, de 1868 à 1877.

Grenelle, de Javel, Necker et Saint-Lambert) est rue l'Éclet.

La mairie du *XVIᵉ arrondissement* (quartiers d'Auteuil, de la Muette, de la Porte-Dauphine et Chaillot) a été bâtie avenue Henri-Martin.

Le *XVIIᵉ arrondissement* (quartiers des Ternes, de la Plaine-Monceau, des Batignolles et des Epinettes) a sa mairie rue des Batignolles.

Le *XVIIIᵉ arrondissement* (quartiers des Grandes-Carrières, de Clignancourt, de la Chapelle et de la Goutte-d'Or) avait le siège de sa municipalité dans l'ancienne mairie de Montmartre, place des Abbesses. Une nouvelle mairie fut construite rue Ordener, en 1888.

La mairie du *XIXᵉ arrondissement* (quartiers de la Villette, d'Amérique, du Pont-de-Flandre et du Combat) a été édifiée place Armand-Carrel.

Le *XXᵉ arrondissement* (quartiers de Belleville, Saint-Fargeau, Père-Lachaise et Charonne) a sa mairie place des Pyrénées.

Comme on le voit, les arrondissements actuels ne correspondent pas à ceux de l'ancienne subdivision. La remarque est très importante et il convient d'en tenir compte toutes les fois que l'on a sous les yeux un document sur l'histoire de Paris se rapportant à une date antérieure à 1860.

HENRI LUCAS.

MAIRIE DU XVIᵉ ARRONDISSEMENT
Construite par Godebœuf, de 1868 à 1877.

MAIRIE DU XIXᵉ ARRONDISSEMENT
Construite par Davioud, de 1876 à 1878.

LES PRÉFETS DE POLICE DE 1800 A 1848.

1. DUBOIS.
2. PASQUIER.
3. BEUGNOT.
4. D'ANDRÉ.
5. BOURRIENNE.
6. RÉAL.

7. CORUTBIS.
8. DECAZES.
9. ANGLÈS.
10. DEBELLEYME.
11. DELAVAU.
12. MANGIN.

13. BAVOUX.
14. GIROD DE L'AIN.
15. TREILHARD.
16. DAUDE.
17. VIVIEN.
18. SAULNIER.

19. GISQUET.
20. DELESSERT.
21. CAUSSIDIÈRE.
22. SOBRIER.
23. TROUVÉ-CHAUVEL.
24. DUCOUX.

25. COLONEL REBILLOT.

La Préfecture de police.

En même temps que la préfecture de la Seine, la loi de pluviôse an VIII instituait la préfecture de police[1].

Le gouvernement consulaire nomma préfet de police, en l'an 1800, un membre de l'ancien bureau central de police nommé Dubois. Malgré ses rigueurs contre les ennemis du nouveau régime, ce magistrat ne put prévenir les attentats dirigés contre le premier Consul.

Il fut remplacé le 14 octobre 1810 par Pasquier, qui se montra zélé serviteur de l'Empereur avant de devenir le ministre des Bourbons et le chancelier de la monarchie d'Orléans. Pasquier s'occupa surtout des grands travaux d'utilité générale.

La première Restauration supprima le ministère et la préfecture de police. Beugnot (13 mai), puis d'André (27 décembre 1814), portèrent le titre de directeurs généraux de la police.

La préfecture de police fut rétablie le 14 mars 1815, en faveur de Bourrienne, ancien secrétaire de l'Empereur et son condisciple à Brienne. Mais six jours après, Napoléon, revenu de l'île d'Elbe, arrivait aux Tuileries, et Bourrienne suivait à Gand Louis XVIII, son nouveau maître, pendant que l'Empereur installait à l'hôtel de la rue de Jérusalem Réal, qui y resta pendant les Cent-Jours. Courtris fit alors un court intérim.

Le 9 juillet, Decazes prenait la préfecture de police au nom de la Restauration. Il fit bientôt place au comte Anglès qui se maintint pendant six années, du 29 septembre 1815 au 20 décembre 1821. Delavau veilla ensuite sur la sécurité des Parisiens et surtout sur celle de la royauté, jusqu'au 6 janvier 1828. Ces deux préfets appliquèrent au service de la Terreur blanche les traditions despotiques de la police impériale.

Nommé par le ministre de Martignac, Debelleyme, plus libéral, ne resta en fonctions que dix-neuf mois, jusqu'au 15 août 1829. Jusqu'alors il n'y avait eu qu'un seul corps de police, la garde municipale, créée par arrêté de l'an VI et remplacée en 1813 par la gendarmerie impériale de Paris qui devint à la Restauration la gendarmerie

de Paris; sous Louis-Philippe elle devait reprendre son nom de garde municipale pour se transformer, après le 24 février, en garde républicaine, et enfin, le 2 avril 1849, passer sous la direction du ministère de la guerre en qualité de garde de Paris. Debelleyme institua le corps des sergents de ville et en fixa les attributions. C'est également pendant son administration que furent organisés les services de transports en commun par les voitures dites omnibus.

Le ministère réactionnaire de Polignac appela à la préfecture de police M. Mangin qui, peu après, accompagna les Bourbons dans leur exil.

La période troublée qui suivit la révolution de 1830 vit, en cinq mois, se succéder trois préfets : Girod (nommé le 16 août), Treilhard (le 7 novembre) et Baude (le 26 décembre). Vivien, qui, le 21 février 1831, avait remplacé Baude, ne put prévenir le sac du palais archiépiscopal. Le roi Louis-Philippe confia à Casimir Périer, nommé président du Conseil et ministre de l'intérieur, le soin de rétablir l'ordre. Il fallait à la préfecture de police un homme énergique. Ni Vivien, ni Saulnier, dont l'administration éphémère ne dura que deux mois (15 octobre - 17 décembre 1831), ne répondaient aux vues du roi et de son ministre.

Gisquet, leur successeur, mit à comprimer l'émeute un zèle qui lui valut les attaques passionnées des libéraux. Il n'en resta pas moins en fonctions jusqu'au 10 septembre 1836.

Le successeur de Gisquet, Gabriel Delessert, ne fut relevé de son poste que par la République, en 1848, et sut mériter l'estime de tous, même de ses adversaires politiques.

Caussidière, né d'une famille d'artisans, devenu avec Sobrier préfet par la grâce des barricades du 24 février, eut, suivant sa propre expression, à « faire de l'ordre avec du désordre ».

Trouvé-Chauvel, nommé le 18 mai, eut à réprimer l'insurrection de juin. Lorsque, le 19 juillet, il devint préfet de la Seine, ce fut au tour de Ducoux d'avoir à faire, comme il l'a dit lui-même, « de l'ordre avec de l'ordre. »

Le 14 octobre, Ducoux fut remplacé par Gervais.

Enfin, le 20 décembre, le prince Louis-Napoléon, devenu président, nomma le colonel Rebillot préfet de police. Ce brave soldat rendit aux agents leur nom de sergents de ville qu'ils avaient échangé, en mars 1848, contre celui de gardiens de Paris. Le 8 novembre 1849, Rebillot céda la place à Carlier.

Le 26 octobre 1851, de Maupas arrivait rue de Jérusalem avec la mission spéciale de préparer le coup d'État. L'opération terminée, il devint ministre de la police le 22 janvier 1852, laissant provisoirement la préfecture à Sylvain Blot ; quatre jours après, Pierre-Marie Pietri succédait à de Maupas.

Le nouveau préfet consacra toute son activité à la réorganisation de son administration. Le décret du 17 décembre 1854 donna à la police

---

[1] Le préfet de police a qualité de magistrat. Comme son collègue de l'Hôtel de Ville, il réunit les pouvoirs d'un fonctionnaire municipal et d'un représentant du gouvernement. Ses attributions comprennent la police judiciaire, la police générale (affaires politiques, cultes, prisons, chemins de fer) et la police municipale (ordre dans la rue, inspection des marchés, police des mœurs, des garnis, des théâtres, des fêtes publiques, surveillance des moyens de transport, etc.). Il a sous ses ordres le régiment des sapeurs-pompiers.

Avant la guerre de 1870, la préfecture de police était installée dans l'ancien hôtel des premiers présidents du parlement de Paris, rue de Jérusalem et quai des Orfèvres. Ces vieux bâtiments ayant été incendiés pendant la Commune, la préfecture occupe aujourd'hui une partie de la superbe caserne de la Cité. L'hôtel particulier du préfet a son entrée boulevard du Palais.

LES PRÉFETS DE POLICE DE 1848 A 1900.

1. GERVAIS.	3. BOITELLE.	11. CHOPPIN.	16. ANDRIEUX.
2. CARLIER.	7. ?. PIETRI.	12. VALENTIN.	17. CAMESCASSE.
3. MAUPAS.	8. KERATRY.	13. LÉON RENAULT.	18. GRAGNON.
4. SYLVAIN BLOT.	9. EDM. ADAM.	14. VOISIN.	19. LÉON BOURGEOIS.
5. P. PIETRI.	10. CRESSON.	15. GIGOT.	20. LOZÉ.

21. LÉPINE. — 22. CHARLES BLANC.

LA POLICE EN 1900
Brigade de réserve.

LA POLICE EN 1900
Brigade des voitures.

municipale son organisation actuelle. Les brigades centrales furent créées et la surveillance des rues basée sur la division des quartiers en flots de maisons.

L'attentat d'Orsini, qu'il n'avait pas su prévenir, entraîna la démission de P.-M. Pietri. Il fut remplacé par Boitelle, le 16 mars 1858, auquel suc-

céda, le 21 février 1866, Joseph-Marie Pietri, frère cadet de Pierre-Marie.

La façon dont J.-M. Pietri réprima les manifestations de la rue qui signalèrent les dernières années de l'Empire grava pour longtemps son nom dans la mémoire des Parisiens.

Le gouvernement du 4 Septembre donna la

LA POLICE EN 1900
Brigade cycliste.

LA POLICE EN 1900
Brigade fluviale.

PRISON DES MAGDELONNETTES

Ancienne maison d'arrêt en 1794 sous Robespierre.
D'après une estampe du temps. — (Collection G. Hartmann.)

PRISON DE LA FORCE
D'après une estampe de l'époque.
(Collection Hartmann.)

préfecture de police au comte de Kératry. Le service de la police politique fut supprimé, les sergents de ville licenciés et remplacés par des gardiens de la paix.

Edmond Adam (11 octobre), puis Ernest Cresson (2 novembre 1870) et Choppin intérimaire succédèrent tour à tour à Kératry. Le 16 mars 1871, le général Valentin prit la direction de la police en faisant fonctions de préfet. Il présida à la répression de l'insurrection communaliste.

Le 17 novembre 1871, le régime civil fut rétabli avec M. Léon Renault qui fut remplacé le 9 février 1876 par M. Félix Voisin. La chute du ministère de Broglie força M. Voisin à la retraite (17 décembre 1877).

Son successeur, M. Albert Gigot, pratiqua une politique libérale. Il tomba à la suite d'une campagne de presse menée dans *la Lanterne* par un *Vieux petit Employé* (M. Yves Guyot).

L'administration de M. Andrieux (4 mars 1879-16 juillet 1881) vit commencer les démêlés entre les préfets de police et le conseil municipal.

M. Camescasse, qui remplaça M. Andrieux, fit énergiquement la guerre aux cercles clandestins, aux maisons de jeu et aux tripots. M. Gragnon lui succéda le 23 avril 1885. C'est l'époque des premières manifestations en faveur du général Boulanger.

M. Léon Bourgeois passa seulement quatre mois à la préfecture, du 17 novembre 1887 au 10 mars 1888. Il eut à remplir la tâche difficile de maintenir l'ordre pendant les événements politiques qui précédèrent et suivirent la démission du président Jules Grévy. Élu député, M. Bourgeois fut remplacé par M. Lozé qui resta en fonctions pendant cinq années, jusqu'au 11 juillet 1893. Cette période fut troublée au début par la crise boulangiste, et dans les derniers jours par les émeutes sanglantes qui suivirent la fermeture de la Bourse du travail.

A M. Lozé succéda M. Lépine dont le premier séjour à l'hôtel du boulevard du Palais dura quatre ans, du 11 juillet 1893 au 14 octobre 1897, période dont une partie importante fut employée à la poursuite des anarchistes, à la suite des attentats de Vaillant, d'Émile Henry et de l'assassinat du président Carnot.

Pendant les vingt mois qu'il dirigea la police parisienne, M. Charles Blanc eut à réprimer les

L'ENTRÉE DE LA CONCIERGERIE
D'après une ancienne estampe.
(Collection G. Hartmann.)

désordres graves provoqués par l'affaire Dreyfus.

Le 23 juin 1899, M. Lépine reprit la préfecture de police, consacrant tous ses efforts à améliorer la situation de ses agents et à assurer d'une façon plus complète la sécurité de la rue. Il a jugé que, Paris se transformant, sa police devait se transformer en même temps.

Henri LUCAS.

LES GALERIES SOUTERRAINES DE LA CONCIERGERIE
D'après une gravure de l'époque.
(Collection G. Hartmann.)

L'armée de Paris et la garde municipale

LE début du dix-neuvième siècle nous apporte l'acte de naissance de la troupe spéciale destinée à la garde de la capitale.

Le premier consul n'avait qu'une confiance relative dans la légion de police, commandée par des officiers plus politiciens que militaires; il créa, par arrêté du 12 vendémiaire an XI (4 octobre 1802) la garde municipale de Paris. Le recrutement initial se composa, en majeure partie, de gendarmes de province.

Les deux régiments municipaux, de deux bataillons de cinq compagnies chacune, et l'escadron, à l'effectif total de 2,334 hommes, eurent dans leurs attributions la surveillance intérieure de la ville, celle des barrières et des ports, les patrouilles, les escortes d'honneur et d'estafette chez les préfets et les maires. Ils ne tardèrent pas, au surplus, à être admis à l'honneur de concourir au dehors à la grandeur de la Patrie; leurs uniformes parurent dans les plaines grises de la

Prusse et dans les sierras brûlantes d'Espagne.

Dès 1805, nous voyons la garde municipale représentée en Hollande; puis, l'année suivante, deux de ses bataillons concourir activement à la pacification de l'Allemagne, et se couvrir de gloire un peu plus tard au siège de Dantzig et à la bataille de Friedland. Deux autres bataillons s'illustrèrent en Espagne. Escorte d'honneur du prince Murat à Madrid en 1808, ils furent employés plus utilement peu après. Alcoléa, sur la route de Cordoue, fut le nom d'une victoire due à l'audace des gardes municipaux lancés à l'assaut d'un pont

GARDE RÉPUBLICAINE A CHEVAL (1848)
Lithogr. de Charpentier (Coll. Boussod-Valadon).

GARDE RÉPUBLICAINE A CHEVAL (1848)
Lithogr. de Charpentier (Coll. Boussod-Valadon).

formidablement défendu. Espinosa, Bilbao, Gamonal, Burgos, où, pendant trente-trois jours, 2,000 Français résistèrent à 50,000 Anglo-Portugais qui durent abandonner la partie; Cervera, Aguilar del Campo, sont autant de belles pages à l'actif du corps d'élite des Parisiens.

Les bataillons restés à Paris compromirent en 1812 l'existence de la garde municipale en se laissant naïvement duper lors de la conspiration Malet (le colonel Rabbe avait ajouté foi aux déclarations du général et l'avait suivi). Transformés en un régiment de ligne, le n° 134, envoyé

GARDE RÉPUBLICAINE EN 1848
Officier estafette.
Lithogr. de Charpentier (Coll. Boussod-Valadon).

GARDE NATIONALE DE 1848
Lithogr. de Charpentier (Coll. Boussod-Valadon).

GARDE NATIONALE DE 1848
Lithogr. de Charpentier (Coll. Boussod-Valadon).

GARDE NATIONALE DE 1848
Lithogr. de Charpentier (Coll. Boussod-Valadon).

en Allemagne, ils furent remplacés par une *gendarmerie impériale de la ville de Paris*. La Restauration reconstitua la *garde de Paris* qui devint un peu plus tard *garde royale de Paris*, pour, en 1816, prendre le titre de *gendarmerie royale de Paris*, conservé jusqu'en 1830. Le corps fit vaillamment son devoir au cours des émeutes survenues cette année. Il combattit pour son roi tant que celui-ci porta ce titre et perdit de nombreux tués et blessés.

Licencié, il fut reformé au mois de septembre 1830 et on lui rendit son premier nom de *garde municipale de Paris*.

GARDE NATIONALE DE 1848
Lithogr. de Charpentier (Coll. Boussod-Valadon).

GARDE NATIONALE DE 1848
Lithogr. de Charpentier (Coll. Boussod-Valadon).

L'ANCIENNE CASERNE DES CÉLESTINS
La musique de la garde républicaine.
Photographie communiquée par le lieutenant A. Michel.

Durant le règne de Louis-Philippe, les effectifs suivirent une progression ascendante, allant de 1,443 hommes à 3,244, formant 16 compagnies et 5 escadrons. Ce chiffre témoignait suffisamment de toute l'importance que l'on attachait aux services d'hommes éprouvés, lesquels, comme leurs prédécesseurs, s'appliquèrent à faire dans toutes les circonstances leur devoir, tout leur devoir, aussi bien pendant l'effrayante épidémie de choléra de 1831 et les terribles inondations de 1836, qu'au cours des troubles qui trop fréquemment se produisirent.

La garde municipale fit pendant les journées de février 1848 les efforts les plus louables pour empêcher l'effusion du sang français. quoique perdant elle-même un certain nombre d'hommes massacrés dans des postes isolés. Cela n'empêcha pas le gouvernement provisoire de la licencier par un de ses premiers actes.

On peut à peine intercaler ici l'histoire éphémère de la garde civique chargée désormais du service de la ville et composée de combattants de février. Ces militaires improvisés, dits familièrement « grenadiers de Caussidière », étaient vêtus de blouses bleues destinées à les rapprocher du peuple. Ils firent place au bout de six semaines à une garde républicaine parisienne, recrutée dans le même milieu et entièrement aux ordres du ministre de l'intérieur. Les deux corps se rendirent utiles en protégeant efficacement la propriété publique et privée; le second reçut même, à l'occasion des événements de juin, un hommage public de la Chambre qui décréta : « que la garde républicaine avait bien mérité de la Patrie! » On dut pourtant reconnaître que les éléments qui la composaient manquaient de solidité et d'esprit de discipline.

Cela amena les décrets de 1849

replaçant enfin la garde républicaine (sans l'épithète de parisienne) dans la gendarmerie, en la rendant en même temps au ministre de la guerre.

La nouvelle garde républicaine n'eut pas une longue existence, car les événements du 2 décembre, auxquels du reste elle ne prit aucune part, la firent une fois de plus changer de nom, l'empire amenant naturellement sa refonte.

Comme sous les d'Orléans, elle s'appela garde de Paris. N'ayant aucun rôle important à jouer, la garde se contenta de faire consciencieusement et brillamment son service ordinaire. Elle s'acquitta avec honneur des missions pénibles qui lui incombèrent à la fin du règne de Napoléon III.

En 1870, la garde de Paris redevint dès le 10 septembre garde républicaine. La Commune, avec son cortège de massacres, lui coûta de nombreuses victimes.

Paris rentré dans l'ordre, Thiers réorganisa la garde sur un pied formidable. Elle fut portée à 2 régiments d'infanterie, 8 escadrons et 2 batteries de six pièces de montagne, soit 6,110 hommes placés sous le commandement du général Valentin.

On ne laissa subsister, en 1873, qu'un seul régiment réunissant les deux tiers des anciens effectifs; l'artillerie fut supprimée. La garde républicaine a encore été diminuée en 1887. Elle compte depuis cette époque 3 bataillons à 4 compagnies et 4 escadrons, le tout formant un effectif de 3,048 hommes sous le commandement d'un colonel assisté d'un lieutenant-colonel pour chaque arme. Le corps a été doté en 1880 d'un drapeau et d'un étendard.

Lieutenant A. MICHEL,
de la Garde républicaine.

LA NOUVELLE CASERNE DES CÉLESTINS
D'après une photographie communiquée par le lieutenant Michel.

TABLEAU

indiquant les changements de dénominations et les variations dans la composition et les effectifs de la garde spéciale à Paris

de 1802 à 1900

DÉNOMINATIONS		COMPOSITION OU FORMATIONS		EFFECTIFS	
NOMS	PÉRIODE	INFANTERIE	CAVALERIE	ANNÉES	EFFEC-TIF TOTAL
Garde municipale de Paris	du 4 oct. 1802 au 30 déc. 1812	9 régiments ou 4 bataillons ou 20 compagnies	1 escadron	1802	2.334
—	—	—	—	1806	2.660
Gendarmerie impériale de Paris	du 30 avril 1813 au 31 mai 1814	1 régiment ou 2 bataillons ou 12 compagnies	1 escadron de 2 compagnies	1812	2.987
Garde de Paris	du 31 mai 1814 au 14 août 1814	—	4 compagnies mixtes	1813	853
Garde royale de Paris	du 14 août 1814 au 16 janv. 1816	—	—	1814	1.068
Gendarmerie royale de Paris	du 16 janv. 1816 au 16 août 1830	—	—	1814	1.068
—	—	—	—	1816	1.021
Garde municipale de Paris	du 16 août 1830 au 25 fév. 1848	2 bataillons ou 8 compagnies	6 compagnies mixtes formant 3 escadrons	1820	1.528
—	—	—	2 escadrons ou 4 compagnies	1830	1.443
—	—	8 compagnies	4 compagnies	1835	1.643
—	—	16 compagnies	plus 300 auxiliaires	1836	1.444
—	—	—	5 escadrons	1839	2.996
—	—	—	—	1841	3.944
(Garde civique)	du 26 mars 1848 au 16 mai 1848	3 groupes (Montagnards, Bat.on de l'Hôtel de Ville, Lyonnais)	1/6 de l'effectif total	1848	1.800
(Garde républicaine parisienne)	du 16 mai 1848 au 1er fév. 1849	3 bataillons ou 18 compagnies	4 escadrons	1848	2.600
Garde républicaine	du 1er fév. 1849 au 11 déc. 1852	2 bataillons ou 16 compagnies	3 escadrons	1849	2.400
Garde de Paris	du 11 déc. 1852 au 10 sept. 1870	2 bataillons ou 16 compagnies	2 escadrons	1852	2.441
—	—	—	4 escadrons	1856	2.483
Garde républicaine	depuis le 10 septembre 1870	2 régiments de 4 bataillons ou 32 compagnies	8 escadrons, 2 batteries	1871	6.110
—	—	1 légion ou 3 bataillons ou 24 compagnies	6 escadrons	1873	4.044
—	—	1 légion ou 3 bataillons ou 12 compagnies	4 escadrons	1887	3.048
—	—	—	—	1899	2.993

LA GARDE RÉPUBLICAINE DE PARIS EN 1900

Photographie communiquée par le lieutenant A. Michel.

MÉDAILLES ET INSIGNES DES CONSEILLERS MUNICIPAUX DE PARIS
ET DES CONSEILLERS GÉNÉRAUX DE LA SEINE

(Collection L. Delabrousse.)

Paris municipal

Nous nous bornerons à rappeler ici les noms de ceux des membres des assemblées municipales de Paris qui, de 1800 à 1900, ont marqué leur place dans la politique, dans la littérature, dans les sciences, dans les arts, dans la finance ou dans le commerce. Le siècle est divisé en quatre grandes périodes. La première s'étend de 1800 à 1834. Pendant ces trente-quatre années, les membres du Conseil général de la Seine, qui font fonction de conseillers municipaux de Paris, sont nommés par arrêtés, décrets ou ordonnances du gouvernement. La deuxième s'étend de 1834 à 1848. Pendant ces quatorze années, les trente-six membres du Conseil général de la Seine, élus par le suffrage censitaire des douze arrondissements de Paris, forment le Conseil municipal de la capitale. La troisième s'étend de 1848 à 1871. Pendant ces vingt-trois années, les membres de la commission municipale, faisant fonction du

Cliché Eug. Pirou.

M. BAUDIN
Président du Conseil municipal, élu le 3 juin 1896.

Conseil municipal de Paris, sont nommés par le gouvernement. La quatrième et dernière s'étend de 1871 à 1900. Pendant ces vingt-neuf années, les quatre-vingts membres du Conseil municipal de Paris sont élus par le suffrage universel.

PREMIÈRE PÉRIODE (1800 à 1834).

1) *Consulat et Empire (1800 à 1814)*. — Dans le Conseil général, composé de vingt-quatre membres, figurent : l'avocat Bellart, futur procureur général près la Cour royale de Paris sous la Restauration, et accusateur public du maréchal Ney en 1815; Daligre, que l'*Almanach royal de 1816* appellera le marquis d'Aligre; le bâtonnier du barreau de Paris Delamalle; d'Harcourt qui, en 1815, se fera appeler le marquis d'Harcourt;

de Lamoignon ; Lenormand ; le vice-président du tribunal de première instance, Lebeau ; Mallet, qui sous la Restauration, deviendra le baron Mallet ; le savant Quatremère de Quincy ; Radigeau, notaire du gouvernement de l'Empereur. Entraînés par Bellart, douze membres de ce Conseil, parmi lesquels le président Lebeau, alors conseiller à la Cour impériale de Paris, signèrent le 1er avril 1814, à l'Hôtel de Ville, la fameuse proclamation en faveur du retour des Bourbons, qui fut affichée sur les murs de Paris, et que, seul parmi les journaux, le *Journal des Débats* inséra dans ses colonnes. C'étaient : Badenier, Barthélemy, Bellart, Bonhomet, Boscheron, Delaître, d'Harcourt, Gauthier, Lebeau, Montamant, Pérignon et Vial.

2) *Restauration (1814 à 1830)*. — Le Conseil reste tel qu'il était sous l'Empire. Parmi les membres successivement nommés, de 1814 à 1830, nous citerons le comte Molé ; le célèbre avocat Bonnet, autrefois défenseur du général Moreau, et devenu plus tard conseiller à la Cour de cassation ; le comte de Pastoret, maître des requêtes, et bientôt après conseiller d'État ; Breton, notaire royal ; le baron de Nanteuil ; Jacquinot de Pampelune, conseiller d'État, procureur général près la Cour royale de Paris ; de Lapanousse et baron Le Roy, députés ; le marquis de Lévis-Mirepoix et le baron de Tourolle, gentilshommes de la Chambre du roi ; Trépier, autrefois avocat, alors conseiller à la Cour royale ; le baron de Vaux.

3) *Monarchie de Juillet (1830 à 1834)*. — Les nominations sont conformes à la politique du gouvernement de Louis-Philippe. Moins de gentilshommes, plus de négociants. Nous relevons les noms de Cochin, avocat ; Alexandre de La-

borde; François Delessert, banquier; Ganneron, président du tribunal de commerce; Gisquet, négociant; Lafaulotte, négociant; Parquin, avocat; Joseph Perier, banquier; Say, professeur d'économie politique au Conservatoire des arts et métiers; baron de Schonen, procureur général à la Cour des comptes; baron Séguier, premier président à la Cour royale; comte Tascher; baron Delaire, et baron de Fréville, conseillers d'État; Dupin aîné, procureur général près la Cour de cassation; Lahure, ancien notaire.

DEUXIÈME PÉRIODE (1834 à 1848).

Le nombre des conseillers est porté à trente-six. Le suffrage censitaire des douze arrondissements envoie à l'Hôtel-de-Ville : Arago, député; Boulay (de la Meurthe); Bouvattier; Cambacérès Ganneron, député; Jacques Laffitte, député; Lavocat, député; Frédéric Moreau; Orfila, professeur à l'École de médecine; Joseph Perier, député; Besson, pair de France; Horace Say; Mortimer-Ternaux; Galès, député; Lehon; Husson; Perret; Lambert-Sainte-Croix; Lanquetin; Cochin, député; Riant. On trouve pour la première fois, dans l'Almanach royal de 1842, la composition du bureau : Besson, pair de France, président; Ganneron, député, vice-président; Preschez, secrétaire. De 1843 à 1848, nous relevons les noms suivants : Victor Considérant; baron Armand Séguier; Thierry; Glandaz; Ségalas. A partir de 1846, il n'y a plus qu'un député dans le Conseil : Arago.

TROISIÈME PÉRIODE (1848 à 1870).

1) Deuxième République (1848 à 1852). — L'Almanach national des années 1848, 1849, 1850 donne les nominations suivantes faites par arrêté du pouvoir exécutif : Arago; d'Argout, gouverneur de la Banque de France; Bixio, représentant; Boissel; Bonjean; Boulatignier; Buchez; Paul Delaroche; Devinck; Moreau (de la Seine), représentant; Pelouze; Perier; Peupin; Riant; Horace Say; Mortimer-Ternaux, représentant; Ed. Thayer; Thierry; Vavin, représentant; Amboise-Firmin Didot est nommé en 1851. Le président, en 1851, est Lanquetin.

2) Présidence et second Empire (1852 à 1870). — La Commission municipale faisant fonction de Conseil municipal de Paris, nommée par décret du pouvoir exécutif, et composée de trente-six membres, comprend parmi eux entre autres MM. Ernest André; comte d'Argout, sénateur; Billaud; Boissel; Bonjean; Boulatignier; Chaix-d'Est-Ange; d'Eichtal; Delangle; le peintre Eugène Delacroix; Devinck; Ambroise-Firmin Didot; Frémyn; Moreau (de la Seine); Pelouze; Perier; Peupin; Riant; de Royer. Pendant les années 1852 et suivantes, le bureau est composé de MM. Delangle, président; Devinck et Perier, vice-présidents. Nous relevons, parmi les nominations faites par l'Empereur de 1854 à 1860, celles de Dumas, sénateur; Victor Fouché; Fouché-Lepelletier; comte de Breteuil, sénateur;

Cliché de Marius.

N. SAUTON

Président du Conseil municipal en 1892 et en 1897.

Eck, fondeur en bronzes ; Ferdinand Barrot; Denière; Dutilleul, plus tard procureur général à la Cour des comptes: Herman, sénateur; marquis de Pastoret, sénateur; Rouland: de Royer; Varin; Vaïsse; [Cochin: Cornudet; Flourens, de l'Institut; Monnin-Jappy.

En 1860, après l'annexion des communes comprises dans l'enceinte des fortifications, le nombre des membres de la Commission municipale est porté à soixante. De 1860 à 1863 sont nommés: Artaud, vice-recteur de l'Académie de Paris ; Caristie, de l'Institut; Cornudet, conseiller d'État; Gouin; Langlois, conseiller d'État; Gustave Lebaudy; Pécourt, conseiller à la Cour de cassation; Eugène Scribe, de l'Institut; Lenoir, ancien maire de Paris; Picart, ancien maire d'Ivry; Possoz, ancien maire de Passy; Kœnigswarter, député au Corps législatif; Merruau, conseiller d'État; baron Dubois, doyen honoraire de la Faculté de médecine. L'Almanach impérial de 1863 donne pour la première fois la composition du bureau : J.-B. Dumas, sénateur, président; Ferdinand Barrot et Chaix-d'Est-Ange, sénateurs, vice-présidents; Langlais, secrétaire; vice-secrétaires, Ernest Moreau et Denière; syndic, Germain Thibaut.

A partir de 1865, les soixante membres de la Commission sont distribués par arrondissements, à raison de quatre par arrondissement. De 1865 à 1870, nous relevons les nominations suivantes : Robert-Fleury, de l'Institut; Tardieu, doyen de la Faculté de médecine; Ducloux, notaire,

Cliché de M. Marman.

M. LE Dʳ NAVARRE
Président du Conseil municipal, élu le 4 mars 1898.

ancien président de la Chambre. Et, dans l'Almanach impérial de 1870, celles de Boucher, président de la chambre des avoués près le tribunal de première instance; Sébert, président de la chambre des notaires ; Gilbert, architecte, membre de l'Institut; Puteaux, propriétaire, vice-président de la société de secours mutuels du XVIIᵉ arrondissement. Le bureau de 1869-1870 est composé de J.-B. Dumas, sénateur, président; Ferdinand Barrot et Chaix-d'Est-Ange, sénateurs, vice-présidents: Merruau, secrétaire: Ernest Moreau et Denière. vice-secrétaires; Germain Thibaut, syndic.

QUATRIÈME PÉRIODE
(1871 à 1900).

Bien que, pendant le siège de 1870-1871, les maires et adjoints nommés par le gouvernement, puis élus par la population parisienne, aient plus d'une fois délibéré en commun, à l'Hôtel-de-Ville, sous la présidence du maire de Paris, Étienne Arago, ou sous celle du préfet de la Seine, Jules Ferry, nous ne parlerons pas d'eux ici.

1) Commune de Paris (du 26 mars au 26 mai 1871). — Parmi les membres de l'assemblée insurrectionnelle, dont plusieurs, du reste, ont refusé de siéger ou n'ont siégé que pendant quelques jours, nous citerons les noms de Adam; Méline; Rochard; Barré; Brelay; Loiseau; Tirard; Chéron; Murat; Arthur Arnould; Lefrançais; Régère; Jourde; Tridon; Albert Leroy; docteur Robinet; Beslay; Varlin; Ernest Lefèvre; Urbain; Raoul Rigault; Vaillant; Ranc; Ulysse

Parent; Desmarest; E. Ferry; Nast; Gambon; Félix Pyat; Delescluze; Assi; Protot; Léo Meillet; Duval; Frankel; Billioray; Vallès; Marmottan; de Bouteiller; Malon; Blanqui; Teisz; Dereure; Ferré; Vermorel; Paschal Grousset; Bergeret; Ranvier; Flourens; Vésinier; Cluseret; Courbet; Rogeart; Longuet; Trinquet.

2) *Conseils municipaux élus en vertu de la loi du 14 avril 1871.* — Ils ont été au nombre de neuf. Aux termes de cette loi, encore en vigueur aujourd'hui, les 20 arrondissements de Paris doivent nommer chacun 4 membres du Conseil municipal, élus au scrutin individuel, à raison d'un membre par quartier. Les président, vice-présidents et secrétaires sont nommés par le Conseil, au scrutin secret, au commencement de chaque session ordinaire. Un grand nombre de conseillers ont siégé ou siègent encore dans les Chambres législatives; plusieurs sont entrés au Conseil d'État ou dans l'administration.

Premier Conseil (du 23 juillet 1871 au 29 novembre 1874). — Ont siégé dans ce Conseil : entre autres MM. Prestat; Adam; Lamoureux; Bouruet-Aubertot; Martial Bernard; Thorel; Loiseau-Pinson; Murat; Bonvalet; Loiseau; Vautrain; Collin; Léveillé, de la Faculté de droit; Dubief, directeur du collège Sainte-Barbe; Hérisson; Beudant, de la Faculté de droit; Depaul; Tranchant; Frémyn; Frébault; Louis Binder; Watel; Riant; Prétct; Émile Perrin; Ohnet; Félix Dehaynin; Saglier; Christofle; Mottu; Charles Floquet; Lockroy; Ranc; Dumas; Trélat, ancien ministre en 1848; François Combes; Leneveux; Jacques; Jobbé-Duval; Dr Blanche; Albert Dehaynin; Dr Marmottan; de Heredia; Rigaut; Puteaux; Clemenceau; Vauthier; Cantagrel; Allain-Targé; Braleret; Métivier; Martin Nadaud; Hérold. Ce Conseil a été constamment présidé par M. Vautrain.

Deuxième Conseil (du 29 novembre 1874 au 6 janvier 1878). — Ont siégé avec les membres réélus du premier Conseil : MM. Tenaille-Saligny; Réty; Forest; Cléray; Yves Guyot; Harant; Talandier; Bourneville; Massol; Engelhard; Lauth; Germer-Baillière; Bixio; de Germiny; Dr Delpech; Viollet-le-Duc; Paul Dubois; Degouvé-Denuncques; Dr Clavel; Grimaud; Dujarrier; Cadet; Levraud; Mathé; Bonnet-Duverdier; Marsoulan; Sigismond Lacroix; Georges Martin; Louis Combes; Deberle; Louis Asseline; Castagnary; Dietz-Monnin; Dr Thulié; Deligny; Clamageran; Ernest Lefèvre; Lafont; Songeon; Mahet; Delattre; Hérisson. Ce Conseil a eu pour présidents MM. Thulié; Floquet; Clemenceau; Harant; Hérisson; Bonnet-Duverdier; Outin.

Troisième Conseil (du 6 janvier 1878 au 9 janvier 1881). — Parmi les nouveaux membres de ce Conseil, nous citerons : MM. Cusset; docteur Frère; Darlot; Yves Guyot; Caubet; Aristide Rey; de Lanessan; Delabrousse; Albert Liouville; Hovelacque; Morin; Vauzy; Narcisse Leven; Aristide Martin; Hattat; Ulysse Parent; Boué; Jules Roche; Ernest Hamel; le colonel Martin; Hubbard; Maillard; Cernesson; de Bouteiller; Henry Maret; Charles Quentin. Ce Conseil a été successivement présidé par MM. Hérisson; Thulié;

Castagnary; de Heredia; Cernesson; Thulié.

Quatrième Conseil (du 9 janvier 1881 au 4 mai 1884). — Les élections de 1884 ont fait entrer au Conseil de nouveaux membres, parmi lesquels nous mentionnerons : MM. Despatys; Mesureur; Rouzé; de Ménorval; Sauton; Gabriel Robinet; Hector Depasse; Denys Cochin; Tony-Révillon; Marius Poulet; Camille Dreyfus; Édouard Hervé; Paul Strauss; Fiaux; Michelin; Dupont; Lyon-Alemand; Pichon; Rousselle; Edgar Monteil; Delhomme; Aclocque; Émile Level; Villard; Desmoulins; Joffrin; Boll; Amouroux. Ce Conseil a eu pour présidents MM. Sigismond Lacroix; Engelhard; Songeon; de Bouteiller; Mathé.

Cinquième Conseil (du 4 mai 1884 au 8 mai 1887). — Nous citerons parmi les nouveaux membres : MM. Muzet; Chautemps; Chassaing; Piperaud; Ruel; Gaston Carle; Deschamps; Després; Lerolle; Lopin; Binder fils; Amédée Dufaure; Stupuy; Georges Berry; Hervieux; Armengaud; Faillet; Longuet; Hovelacque; Navarre; Hubbard; Émile Richard; Donnat; Davoust; Humbert; Millerand; Viguier; Gaufrès; Simonneau; Chabert; Vaillant; Patenne. Ce Conseil a été présidé par MM. Mathé; Boué; Michelin; Maillard; Hovelacque; Mesureur.

Sixième Conseil (du 8 mai 1887 au 27 avril 1890). — Ont siégé dans ce Conseil, à titre de membres nouveaux : MM. Saint-Martin; Maury; Foussier; Pétrot; Deville; Ferdinand Duval; Dubois; Champoudry; Bassinet; Chauvière; Perrichont; Bompard; Brousse; Lavy; Dumay. Ce Conseil a eu pour présidents : MM. Hovelacque; Darlot; Chautemps; Rousselle; Darlot.

Septième Conseil (du 27 avril 1890 au 16 avril 1893). — Parmi les nouveaux membres de ce Conseil, nous citerons : MM. Caron; Maury; Blondel; Lucipia; Opportun; Lampué; Alpy; Prache; Quentin-Bauchart; Froment-Meurice; Charles Laurent; Georges Villain; Thuillier; Pierre Baudin; Morane; Lazies; Girou; Caplain; Davrillé des Essards; Rouanet; Vorbe; Grébauval. Ce Conseil a été présidé par MM. Émile Richard, Levraud, Sauton.

Huitième Conseil (16 avril 1893 au 3 mai 1896). — Parmi les nouveaux membres de ce Conseil figurent : MM. Bellan; Puech; André Berthelot; Lambelin; Daguilhon-Pujol; Escudier; Max-Vincent; Cornet; Wéber; Fourest; Chausse; Paul Bernard; Moreau; Daniel; Gay; Clairin; Fournière; Breuillé; Brard; Archain; Landrin. Ce Conseil a eu comme présidents : MM. Humbert, Champoudry, Rousselle.

Neuvième Conseil (du 3 mai 1896 au 8 mai 1900). — Citons parmi les nouveaux membres : MM. Rebeillard; Achille; Lefèvre; Desplats; Bernier; Vivien; Mithouard; Rendu; Chassaigne-Goyon; Paris; Gelez; Prague; Labusquière; Colly; Morel; Mossot; Alfred Moreau; Pannelier; Ranson; Chérioux; Chautard. Présidents : Pierre Baudin, Sauton, Navarre, Lucipia. Les nouvelles élections de 1900 ont amené à la présidence du conseil M. Grébauval.

L. RIESER.

Le Budget de Paris.

C'EST en 1801 que, pour la première fois, Paris eut un semblant de budget, état sommaire des recettes et des dépenses, dressé par le préfet de la Seine, et délibéré par le conseil général. Les neuf dixièmes des sommes alimentant ce budget étaient alors fournies par l'octroi qui, supprimé par la Révolution, avait été rétabli dans la dernière année du Directoire. Les dépenses les plus importantes étaient occasionnées par l'Assistance publique, l'administration générale et la police, et les charges de la Ville envers l'État.

Quant au domaine municipal, il n'existait plus. En 1789, Paris possédait, ainsi que les grandes villes de France, de très importants biens communaux, mais la Convention les avait déclarés biens nationaux.

En échange de cette confiscation, on devait acquitter les dettes municipales; mais la terrible guerre qu'il y eut à soutenir contre la coalition ne permit pas de tenir cette promesse. Le Directoire s'était efforcé de reconstituer les domaines des villes; mais lorsqu'il dut, après le 18 Brumaire, céder la place au Consulat, la municipalité de Paris n'avait encore pu se faire rendre que la voirie de Montfaucon. Grâce à la patience et à l'énergie du premier préfet de la Seine, Frochot, qui soutint une lutte très longue contre la régie des domaines de l'État, la Ville put rentrer en possession de l'île Louviers, de l'île des Cygnes, de ses halles et marchés et de ses établissements hydrauliques. Plus tard, l'Hôtel-de-Ville, la Bourse, l'entrepôt de Bercy, les abattoirs, les casernes, les mairies, les cimetières, les jardins, les parcs, les bois de Boulogne et de Vincennes, vinrent encore accroître le domaine communal dont la valeur totale s'élève aujourd'hui à plus de deux milliards et demi, sans y comprendre le sol des voies publiques, ni les parts de la Ville dans l'actif des sociétés à monopole, ou concessionnaires de services municipaux.

Dès les premières années du siècle, l'octroi devint insuffisant à alimenter le budget et à subvenir aux dépenses occasionnées par les importants travaux qui, sous le Consulat et l'Empire, commencèrent à modifier l'aspect de la capitale. Napoléon dota la Ville de nouvelles sources de revenus : droits de voirie, taxes d'inhumation, vente de terrains dans les cimetières, droits sur les transactions dans les halles et marchés, location d'emplacements sur la voie publique, etc.

En 1811 s'ouvre la période des emprunts. C'est d'abord une modeste somme de 8 millions demandée au crédit pour l'achèvement de grands travaux ; puis, de 1814 à 1818, 100 millions pour subvenir aux frais occasionnés par l'invasion étrangère et aux misères produites par les disettes de 1816, 1817 et 1818. En 1819 est établie la

M. GRÉBAUVAL
Président du Conseil municipal, élu en 1900.

ferme-régie des jeux qui, pendant les dix-neuf années qu'elle fonctionna, rapporta environ 2 millions par an à la caisse municipale.

De 1811 à 1850, le chiffre total du budget de la Ville de Paris ne s'accrut guère proportionnellement au développement de la capitale, à l'augmentation de la population, et à son mouvement commercial et industriel.

En 1850 commence la création du Paris moderne, œuvre gigantesque qui absorbe des sommes énormes. La prospérité matérielle générale à cette époque accentue la progression des ressources normales de la Ville dont le revenu principal est l'octroi. A côté du budget ordinaire est institué un budget extraordinaire, fourni par les fonds d'emprunt, auxquels s'ajoutent les produits de ventes d'immeubles, et c'est ce budget extraordinaire qui permet les grands travaux de voirie. Le total des dépenses payées sur ces fonds spéciaux, de 1851 à 1859, s'élève à 220 millions.

L'année 1860 est, au XIXe siècle, la date principale de l'histoire de Paris. Par l'annexion des communes suburbaines comprises dans l'enceinte des fortifications, la superficie de la ville était doublée, le nombre de ses habitants augmenté d'un demi-million. En même temps étaient entrepris les travaux immenses dus au baron Haussmann. Le « grand préfet » s'était engagé envers l'empereur Napoléon III à rebâtir Paris en dix ans. Il tint parole, mais ces travaux ne se firent pas sans grever lourdement les budgets futurs. Le service de la Dette municipale qui, en 1860, était assuré par une annuité de 8 millions, en exigeait 46 en 1869, et le montant total des dépenses annuelles s'éleva ainsi de 158 à 225 millions. Les Parisiens de la troisième République ont payé jusqu'en 1900 les intérêts des dettes contractées sous le second Empire.

Paris fut cruellement atteint par les désastres de l'Année terrible. Le siège, le bombardement, la cessation de tout commerce et de toute industrie, la répression de l'insurrection communaliste qui accumula les ruines, l'imposition par le vainqueur d'une contribution de guerre de 200 millions, payables en or, semblaient devoir entraîner la faillite de la grande cité. Il n'en fut rien. Grâce au dévouement de la population, à la gestion sage et prudente du premier conseil municipal élu en 1872, grâce aussi à l'énergie du préfet Léon Say, la solidité du crédit de la Ville fut mise hors de conteste et la marche régulière des services assurée. En 1874, les déficits antérieurs étaient à peu près liquidés, le budget avait recouvré son équilibre normal. Le succès de l'emprunt de 1875 permit de reprendre les grands travaux qui, depuis lors, n'ont jamais discontinué.

Mais il ne suffit pas qu'une ville soit belle, bien pourvue de larges rues, de grands parcs, de belles promenades, de superbes monuments; encore faut-il satisfaire aux besoins de ses habitants. Les hommes qui, depuis 1875, ont administré la capitale, se sont surtout préoccupés de doter largement les services communaux.

Les dépenses d'enseignement qui, en 1876, figuraient au budget pour une somme de 9 millions, y étaient inscrites pour 28 en 1899 (augmentation : 275 pour 100), et, en vingt-cinq ans, 104 millions et demi avaient été consacrés, sur les fonds d'emprunt, aux constructions scolaires.

Dans le même laps de temps, la part contributive de la ville dans les dépenses de l'Assistance publique s'élevait de 40 à 59 pour 100; elle était de 13 millions en 1876, de 31 en 1900.

Les charges annuelles de la préfecture de police sont passées, dans cette dernière période, de 19 millions et demi à 33 millions et demi (augmentation 75 pour 100).

L'entretien de la voie publique (en y comprenant les dépenses des promenades et des plantations ainsi que celles d'éclairage), qui coûtait 21 millions et demi en 1876, en demandait 31 et demi en 1900, soit une augmentation de 70 pour 100. Au commencement du siècle, 262 hectares seulement sur 618, représentant la superficie totale des voies publiques, étaient revêtus de pavés. Les trottoirs étaient en pavés, en granit (à partir de 1820) ou en lave; cette dernière matière, trop glissante, ne fut pas employée à dater de 1836. Dès 1825, on commença à établir des trottoirs en bitume ; en 1836, les contre-allées du boulevard Montmartre furent bitumées; un essai de pavage en bois, tenté à la même époque rue Richelieu, ne fut pas satisfaisant. Les premières chaussées empierrées datent de 1850, celles en asphalte de 1860; en 1881 paraît le pavage en bois, rival victorieux du grès et du granit. C'est à près de 400 millions qu'il faut évaluer les sommes consacrées en cent ans par la Ville à l'établissement et à l'entretien de ses voies publiques. L'éclairage public se fait au gaz, dont l'emploi dans les rues de Paris date de 1829. En 1830, on n'en allumait que 43 becs contre 12,195 becs à huile. En 1875, il ne restait plus que 364 becs à huile contre 35,561 becs de gaz. En 1881 apparaît la lumière électrique. En 1896 on en comptait 650 lampes. En 1899 il y en avait 1,363 contre 55,031 becs de gaz, et l'on montrait encore 241 lanternes, souvenirs du bon vieux temps.

Le chiffre annuel des dépenses de Paris était en 1801 de 12 millions environ. Il s'est élevé en 1900 à plus de 350 millions (1).

Paris dépense largement et c'est son devoir, mais il n'encourt pas le reproche d'être prodigue. La grande ville travaille, elle produit; ses ressources, son énergie sont incalculables ; les engagements qu'elle prend, elle peut les tenir.

(1) Dépenses municipales ordinaires, par périodes décennales, de 1800 à 1900.

PÉRIODES	POPULATION	MOYENNE ANNUELLE DES DÉPENSES	PAR HABITANT
1801-1810	600.000 hab.	16.200.000 francs.	27 francs.
1811-1820	714.000 —	41.691.000 —	58 —
1821-1830	755.000 —	46.629.000 —	62 —
1831-1840	899.000 —	44.357.000 —	49 —
1841-1850	1.054.000 —	50.962.000 —	48 —
1851-1860	1.474.000 —	99.823.000 —	85 —
1861-1870	1.825.000 —	227.304.000 —	124 —
1871-1880	1.989.000 —	310.796.000 —	156 —
1881-1890	2.345.000 —	307.576.000 —	131 —
1891-1900	2.537.000 —	357.572.000 —	140 —

LA BARRIÈRE D'ITALIE
D'après une estampe en couleurs de la collection Destailleurs
Bibliothèque nationale (Cabinet des estampes).

III. — LE DÉCOR DE PARIS DE 1800 A 1900

Les Transformations de la Ville

L E Paris de l'année 1800 était encore le Paris de la monarchie. La Révolution, dans sa lutte contre les hommes et les institutions, avait respecté les édifices, démolissant peu, ne construisant rien. Les Parisiens contemporains du

JARDIN DES TUILERIES
Terrasse des Feuillants et allée des Orangers avant la construction de la rue de Rivoli.

Dessin de Muller, gravure de Schwartz.
(Bibliothèque nationale, Cabinet des estampes).

Consulat et de l'Empire vécurent donc dans le même décor que ceux de la fin du dix-huitième siècle.

Napoléon, qui rêvait de faire de Paris la capitale de son empire universel, avait conçu des plans grandioses, mais la destinée ne lui permit point de les mettre à exécution. Plus tard, il les développa dans la paix de la retraite de Sainte-Hélène et, sur plus d'un point, ils inspireront les travaux accomplis par ses successeurs. Les seuls monuments qu'il ait élevés furent consacrés à la glorification de cette grande armée en qui résidait sa force ; ce sont : le pont d'Austerlitz, la rue de Rivoli, la colonne Vendôme, l'Arc de Triomphe, qu'il laissa inachevé, et un temple de la Gloire dont la Restauration devait faire l'église de la Madeleine.

Cependant, c'est sous son règne que furent terminés les quatre bâtiments qui entourent la cour carrée du Louvre et amorcées les deux ailes qui devaient réunir ce palais à celui des Tuileries. De plus, pendant ces quinze années, la cité s'assainit ; des abattoirs, des marchés s'établirent en différents quartiers, des quais nouveaux endiguèrent et régularisèrent le cours de la Seine, et, lorsqu'en 1814, le roi Louis XVIII

PETIT PASSAGE DE L'OPÉRA
Lith. de Victor Adam (Bibl. nationale).

fit pour la première fois son entrée dans sa bonne ville, il put reconnaître que, sans avoir rien perdu de son caractère pittoresque, elle avait gagné en propreté comme en élégance. Paris, en effet, exerça alors sur les soldats étrangers, nos vainqueurs, le même charme fascinateur qui, trente ans auparavant, avait séduit Hume et Gibbon.

Sous la Restauration, la bourgeoisie industrielle et commerçante, à laquelle le régime parlementaire donne une part sans cesse grandissante de pouvoir et d'influence, se construit son temple à elle : la Bourse, monument qui n'ajoute rien à la beauté de la capitale, non plus, d'ailleurs, que la Chapelle expiatoire élevée à la mémoire de Louis XVI et de Marie-Antoinette sur l'emplacement du cimetière de la Madeleine.

De nouveaux quartiers se peuplent; la Chaussée-d'Antin devient un centre de vie mondaine; les Champs-Élysées sont de plus en plus fréquentés; les ponts se multiplient, unissant les deux rives de la Seine.

Après 1830 commence la grande transformation qui, du Paris ancien, doit faire le Paris moderne. La monarchie de Juillet érige peu de grands monuments; elle restaure, elle complète, elle achève. Du haut de la nouvelle colonne de la Révolution, rivale de la colonne de la Gloire, le Génie de la Liberté préside à ces travaux. Par la construction des fortifications se délimite l'emplacement que devra occuper la ville future; par le percement de rues nouvelles, par la généralisation de l'usage des trottoirs, par la réfection du pavage des rues, se modifie l'aspect

TOURELLE D'ANGLE
de la rue Pierre-Sarrazin.
(Collection Hartmann).

de la ville présente. Plus de ces ruisseaux qui, tantôt égouts, tantôt torrents, coulaient au milieu des rues et dont le souvenir attendrissait Mme de Staël exilée; plus de passeurs transportant les élégantes dans leurs hottes aux jours d'orage.

Les boulevards se bordent de maisons dont beaucoup existent encore; l'établissement des chemins de fer facilitant les communications entre Paris et la province, le développement du commerce et de l'industrie accroissent la circulation, et la rue Rambuteau qui, lors de son ouverture, avait excité l'admiration générale, ne tarde pas à devenir insuffisante.

Sur le pourtour de l'ancienne ville, entre les deux lignes de boulevards, des quartiers neufs naissent, commençant l'ascension des collines de Ménilmontant, de Belleville et de la Butte Montmartre. Le Bois de Boulogne devient de plus en plus la promenade favorite des lions et des lionnes, des dandies et des lorettes; par contre, le Palais-Royal qui, pendant toute la période de la Révolution et de l'Empire, avait été le véritable centre des plaisirs parisiens, n'est plus fréquenté que par les joueurs qui forment la clientèle ordinaire de ses tripots. Sa décadence, commencée sous la Restauration, se continue; la Révolution de 1848 va lui porter le dernier coup.

La seconde République eut à peine le temps de concevoir; c'est au second Empire qu'il devait être donné d'exécuter les immenses travaux qui, au grand désespoir des archéologues, ont bouleversé l'ancien Paris. Désormais les vieilles rues, les vieilles maisons, les vieux souvenirs, vont s'écrouler sous la pioche des démolisseurs. Des quartiers entiers éventrés, percés de part en part, vont disparaître pour faire place à de larges avenues plantées d'arbres, bordées de hautes bâtisses blanches d'un aspect uniforme, s'alignant sur

UN MAGASIN DES BOULEVARDS EN 1840
Lith. de V. Adam (Bibl. nationale).

une longueur de plusieurs kilomètres, avec une monotonie qui, à vrai dire, n'est

LE BOULEVARD DE L'HOPITAL EN 1848
D'après une estampe du temps (Bibliothèque nationale).

pas dépourvue de grandeur. En même temps, les promenades anciennes sont embellies et transformées; de toutes parts, des jardins publics, des

UN GRAND MARIAGE, SORTIE DE L'ÉGLISE
D'après une estampe de 1849 (Collection G. Hartmann).

squares égaient d'une note verte les tons grisâtres des maisons. La vue de Paris devient tout à fait théâtrale. De tous les points où l'œil peut embrasser un espace assez étendu, il se repose sur des plans bien nets, bien définis, bien composés, semblables à des décors d'opéra. Rien n'étonne, rien ne force l'admiration, mais rien non plus ne heurte ni ne choque; l'ensemble exerce une séduction douce qui, sans émouvoir, charme, attire et retient.

A cet ensemble concourent les vieux monuments laissés par le moyen âge. Notre-Dame et la Sainte-Chapelle s'ornent à nouveau de leurs flèches aiguës et voient réparer les mutilations barbares qui, sous prétexte de restauration, les avaient autrefois défigurées. A l'extrémité du nouveau boulevard Sébastopol, la tour Saint-Jacques-la-Boucherie, isolée, se dresse dans tout l'éclat de son beau style gothique flamboyant; rien n'y manque, pas une statue, pas un stryge; pas un fil n'est rompu dans la dentelle de pierre. C'est ainsi que se forme le Paris nouveau, réunissant, fondant dans un tout harmonieux la ville du moyen âge et celle du dix-neuvième siècle, celle du grand roi et celle du second Empire.

Le vieux mur d'octroi, depuis plus d'un siècle déjà, enjambé par les faubourgs, est supprimé. Les grandes voies s'étendent librement jusqu'à la grande ceinture des fortifications; par milliers s'élèvent de vastes habitations qui, surtout dans l'ouest de la cité, composent des quartiers luxueux L'Arc de Triomphe devient un centre d'où rayonnent douze avenues dont une seule ferait l'orgueil

LES BORDS DE LA SEINE. — POMPE NOTRE-DAME
D'après une estampe en couleurs de la collection Destailleurs.
Bibliothèque nationale (Cabinet des estampes).

UN COIN DE PARIS PRÈS LA RUE DE JÉRUSALEM
D'après une estampe (Collection G. Hartmann).

d'une grande ville. Les coteaux pelés de Belleville se couronnent du parc merveilleux des
Buttes-Chaumont et, pour que les riches ne jalou-
sent point les pauvres, le Parc Monceau vient leur
offrir ses délicieuses promenades. En outre, les
bois de Vincennes et de Boulogne, transformés
et redessinés, deviennent des parcs grandioses
où abondent les sites enchanteurs.

Mais l'année terrible arrive avec son cortège de
douleurs et de désastres. Il faut défendre la cité :
Paris devient un camp. Plus de vivres, on mange
n'importe quoi ; plus de combustibles ; tout est
bon pour alimenter les feux : les bancs du boulevard sont enlevés, les plus beaux arbres des
bois et des parcs sont abattus. L'ennemi laisse la
trace de ses bombes sur certains édifices.

Plus dévastatrice encore que la guerre étrangère, la guerre civile déchaîne ses fureurs. Nombre des plus beaux monuments flambent ainsi
que des centaines de maisons et, lorsque la paix
revient enfin, Paris mutilé, privé de son titre de
capitale, doit dépenser toutes ses forces et toute
son énergie à panser ses blessures. C'est l'œuvre
de quelques années.

La troisième République achève les travaux
commencés par l'Empire. Le nouvel Opéra érige
ses splendeurs à l'extrémité d'une avenue grandiose qui fait disparaître les multiples ruelles de
la Butte-des-Moulins. L'Exposition universelle de
1878 consacre le relèvement. Lorsqu'elle a fermé
ses portes, elle laisse comme souvenir un palais
immense qui embrasse de ses deux ailes la colline

VUE DE L'ÉCOLE DE MÉDECINE, RUE DE L'ÉCOLE-DE-MÉDECINE
Dessin de Garbiezza, gravure de Chapuis. — Bibliothèque nationale (Cabinet des estampes).

VUE PRISE DU PONT ROYAL
D'après une estampe d'avant 1830. — Bibliothèque nationale (Cabinet des estampes).

VUE INTÉRIEURE DE L'HOPITAL SAINT-LOUIS
D'après une vieille estampe (Collection G. Hartmann).

du Trocadéro transformée en parc et dresse vers le ciel ses deux hauts minarets.

La Butte Montmartre, envahie à son tour par les maisons à six étages, est surmontée de l'énorme basilique du Sacré-Cœur dont les formes massives et les dômes byzantins, longtemps ornés d'une forêt d'échafaudages, s'aperçoivent à une très longue distance dans la campagne. Mais ce n'est point à cet édifice que doit rester l'honneur de dominer de plus haut le sol parisien. Le dix-neuvième siècle s'achevant est, avant tout, le siècle de l'industrie et de la mécanique; et c'est bien la mécanique et l'industrie qui sont glorifiées dans cette haute Tour Eiffel aux formes graciles, à l'armature puissante, dont la plateforme, élevée de 300 mètres, défie le vent et la tempête.

La Tour Eiffel a apporté dans le paysage parisien une note nouvelle, un peu brutale, à laquelle l'œil affiné des Parisiens eut tout d'abord quelque peine à s'accoutumer. De plus en plus le métal devient l'un des matériaux qui s'imposent aux architectes; ils y joignent les ciments de toute sorte et de toute provenance, le verre, les faïences colorées, et obtiennent ainsi des effets parfois heureux. Des monuments comme le Grand et le Petit Palais de l'Exposition universelle de 1900, — ce dernier surtout, — comme le pont Alexandre III, ne sont point de ceux dont la construction soit regrettable.

L'artiste, le flâneur, pourront déplorer l'extension de plus en plus grande prise par les gares de chemin de fer, se lamenter sur l'audace avec

LA BARRIÈRE DE PASSY

D'après une estampe en couleurs de la collection Destailleurs. — Bibliothèque nationale (Cabinet des estampes).

LES DAMES SAINT-MICHEL

Maison de refuge rue Saint-Jacques.
D'après une estampe du premier Empire (Collection G. Hartmann).

laquelle elles viennent camper leurs gigantesques bâtisses au cœur même de la ville. Il est certain, par exemple, que le débarcadère de la ligne d'Orléans, élevé sur le quai d'Orsay, rend d'autant plus fâcheuse la disparition de l'élégant palais italien de la Cour des comptes.

Dans les dix dernières années, l'architecture privée qu'on croyait tout à fait en déclin a fait de sensibles progrès. Des *bow windows* à l'anglaise, des *loggias* à l'italienne, des balcons aux grilles ouvragées, essais de *modern-style*, rompent la monotonie des façades.

Mais la beauté de Paris n'est pas l'œuvre des hommes. Ils peuvent y ajouter, ils ont moins de puissance pour détruire l'œuvre de la nature. La vieille ville qu'adorait Montaigne n'avait ni larges rues, ni magnifiques boulevards, ni hôtels gigantesques, ni cafés étincelants, ni parcs, ni promenades. Elle avait ses verrues et Montaigne les aimait, mais elle avait déjà alors le charme. C'est que Paris est beau par son site, par le fleuve qui le traverse en une courbe harmonieuse, par des collines sur lesquelles s'étagent ses faubourgs, par les coteaux boisés qui lui font à l'ouest une ceinture verdoyante ; il est beau surtout en été, par son ciel lumineux et pur qui n'a ni les couleurs crues des cieux du midi, ni la mélancolie grise de ceux du nord.

TOURELLE DANS L'ANGLE N.-O. DE LA PLACE DE GRÈVE
D'après une estampe de la Bibliothèque nationale.

Paris qui marche.

PENDANT la Révolution, les entrepreneurs de voitures de place et de voitures de remise jouirent de la liberté la plus complète, mais, à partir de l'année 1800, la police intervint pour réglementer le service des voitures et le prix des courses.

En 1817, il fut décidé que nulle voiture publique ne pourrait dorénavant circuler dans Paris sans une autorisation spéciale. Toutes ces mesures eurent pour effet de retarder l'organisation des services réguliers de transport pour le public; mais cependant, en 1828, des compagnies se fondèrent dans ce but et le nombre des voitures qu'elles mirent en circulation ne cessa d'augmenter jusqu'en 1855, date de la création de la Compagnie impériale des voitures de Paris, dans laquelle fusionnèrent toutes les entreprises alors existantes.

On ne tarda pas à reconnaître les inconvénients du monopole exclusif et en 1866, après une grève des cochers qui

mit en lumière les défauts du nouveau système, le gouvernement rétablit la liberté des entreprises de voitures et la Compagnie impériale se transforma en société anonyme dite « Compagnie générale ».

Aussitôt des compagnies rivales se fondèrent, nombre de petits loueurs et de cochers sollicitèrent directement le public et, par une progression continue, le nombre des voitures de place et de remise, y compris les voitures de luxe, dites de cercle, arriva en 1900 au nombre d'environ seize mille, transportant une moyenne de trente millions de voyageurs par an.

Dans les deux dernières années du dix-neuvième siècle ont commencé à apparaître des voitures de place automobiles, mues par l'électricité, auxquelles le public a fait l'accueil le plus favorable.

Quant aux transports en commun, leur développement a été beaucoup plus rapide. Jusqu'en 1819, aucune entreprise n'avait réussi à se maintenir. A cette époque, une demande d'autorisation pour établir des voitures à itinéraire fixe sur les boulevards et sur les quais fut rejetée sous prétexte qu'il en résulterait des embarras pour la circulation. C'est en 1828 seulement que purent être établis deux services, allant l'un de la Madeleine à la Bastille, l'autre du même point à la rue du Louvre; le prix de la course était fixé d'abord à vingt-cinq, puis à trente centimes.

Pendant les premiers mois, le public accueillit peu favorablement cette innovation. Il fallut qu'à la suite d'une gageure, la duchesse de Berry traversât Paris dans un de ces carrosses populaires pour que le peuple daignât y monter afin d'imiter la princesse.

Bientôt de nouvelles lignes durent être créées et les *Dames blanches*, les *Béarnaises*, les *Constanti-*

UN VIEUX COIN DE PARIS. LA TOUR DE L'HORLOGE
D'après une estampe de la collection Destailleurs.

LA TOUR DU TEMPLE

D'après une gravure du commencement du xixᵉ siècle (Collection G. Hartmann).

noises, les *Batignollaises,* se disputèrent une clientèle sans cesse accrue. La plus originale de ces
compagnies fut sans contredit celle qui imagina,
par mesure d'économie, de mettre en circulation

des voitures à trois roues qu'on appela *tricycles;*
bientôt, lorsque les inconvénients de cette innovation en rendirent impossible le maintien, les
voitures furent replacées sur quatre roues, mais

L'HOTEL DU GRAND PRIEUR

D'après une gravure du commencement du xixᵉ siècle. — Bibliothèque nationale (Cabinet des estampes).

elles n'en conservèrent pas moins leur nom.

En 1855, toutes ces sociétés fusionnèrent et la Compagnie générale des omnibus obtint, moyennant certaines redevances, un monopole qui ne doit expirer qu'en 1910. En 1870, la compagnie exploitait trente lignes d'omnibus; le nombre s'en est depuis augmenté considérablement. Aux anciens omnibus à deux chevaux ont succédé les voitures à trois chevaux; des lignes de tramways ont été créées, d'abord à traction animale, puis dans les dernières années du siècle à traction mécanique; de nouvelles compagnies furent fondées, exploitant des lignes qui mettent en communication le centre de la ville avec des points parfois fort éloignés de la banlieue.

En 1900, il y avait à Paris quarante lignes d'omnibus et plus de cinquante lignes de tramways de tous systèmes.

Pendant les derniers mois de cette même année 1900, a commencé la mise en service d'un premier tronçon du chemin de fer métropolitain entre Vincennes et la Porte-Maillot.

La construction du chemin de fer de ceinture, qui fait le tour de Paris en suivant intérieurement la ligne des fortifications fut commencée en 1852. Deux ans plus tard on livra à la circulation la section comprise entre la gare Saint-Lazare et Auteuil; ce fut le chemin de fer dit « du Bois de Boulogne ». A l'occasion de l'ouverture de l'Exposition de 1867, fut inaugurée la partie qui relie Auteuil à la gare d'Orléans-Ceinture par la rive gauche de la Seine, et, enfin, en 1869, les travaux furent poussés jusqu'à l'avenue de Clichy; des lignes de raccordement complétèrent ensuite le cercle jusqu'à Courcelles-Levallois. La longueur totale du chemin de fer de ceinture est de trente-cinq kilomètres.

Sur la Seine et la Marne, c'est en 1867 seulement que, pour le service de l'Exposition, fut créée une entreprise de bateaux à vapeur qui eurent d'emblée un très grand succès et que l'esprit parisien appela les *Mouches*. Des compagnies concurrentes fondèrent les *Hirondelles*, puis les *Express*: mais, en 1900, il n'existe plus qu'une seule société, la Compagnie générale des bateaux parisiens, dont les steamers, pouvant transporter de deux cent vingt-cinq à quatre

cents voyageurs chacun, suivant le type, desservent les deux rives de la Seine entre Charenton, le pont d'Austerlitz et Auteuil, les Tuileries et Suresnes, l'Hôtel-de-Ville et Ablon.

BARRIÈRE SAINT-MARTIN ET CANAL DE LA VILLETTE
Estampe en couleur. — (Collection l'estailleurs. — Bibliothèque nationale.)

MARCHÉ DES PROUVAIRES
D'après une eau-forte. — (Cabinet des estampes.)

4

Paris souterrain

L E sol sur lequel est bâti Paris a subi au cours des siècles bien des transformations : son histoire est l'histoire même de la cité. Mais jamais il ne fut remué, percé, retourné autant qu'au dix-neuvième siècle.

C'est d'abord une partie des catacombes d'environ un hectare de superficie, qui, depuis 1785, a été transformée en ossuaire. Lorsque, en effet, on voulut supprimer les cimetières parisiens dont quelques-uns étaient devenus des

Au cours des travaux d'appropriation des galeries fut découverte une petite source autour de laquelle on construisit un bassin. Une inscription rappelant les paroles adressées par Jésus à une femme de Samarie a fait donner à cette source le nom de *fontaine de la Samaritaine.*

La construction du prolongement de la ligne de Sceaux jusqu'au Luxembourg, sous la rue Denfert-Rochereau et le boulevard Saint-Michel, a troublé la paix des catacombes de la rive gau-

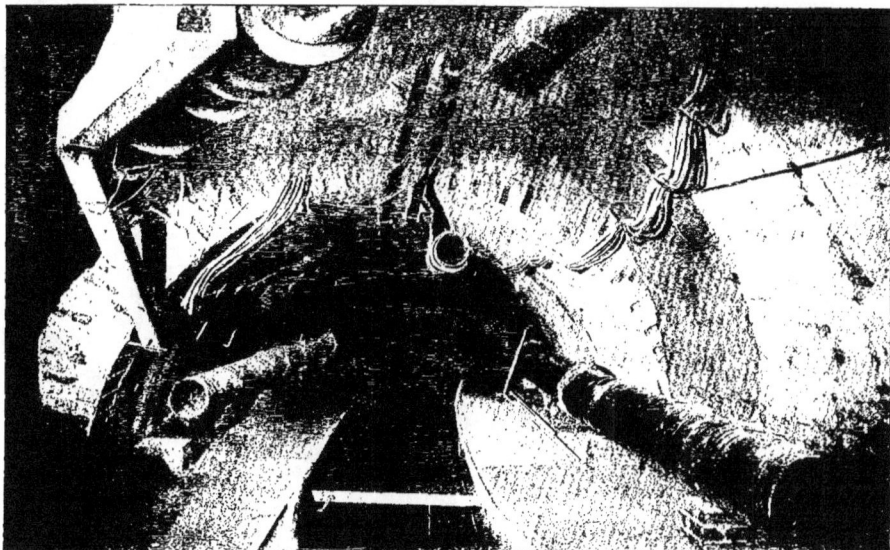

LE NOUVEAU COLLECTEUR DU CHATELET A LA CONCORDE
D'après une photographie instantanée.

foyers d'infection, l'administration municipale décida d'utiliser les carrières abandonnées s'étendant sous la plaine de Montsouris, à un endroit appelé la Tombe-Issoire, du nom d'un brigand qui, jadis, y avait installé sa caverne. Les premiers ossements qui y furent transportés provinrent du cimetière des Innocents, converti en place publique.

Les travaux, suspendus pendant la période révolutionnaire, avaient été activement repris dans les quinze premières années du siècle; les catacombes reçurent les restes extraits de seize autres cimetières parisiens transformés. On peut évaluer à environ six millions le nombre des cadavres dont les ossements sont déposés dans cette grande nécropole souterraine.

Jusque vers le milieu du siècle, on la visitait journellement; c'était une promenade fort goûtée des Parisiens. De multiples accidents incitèrent l'administration à n'en plus permettre l'accès qu'à certaines époques de l'année lors des tournées d'inspection que font les ingénieurs.

che, de même que, sur la rive droite, le percement du souterrain du chemin de fer métropolitain a éventré le sous-sol parisien de l'est à l'ouest entre Vincennes et la Porte-Maillot.

Mais les plus grands bouleversements ont été causés par l'établissement du système des égouts.

En 1800, la longueur des égouts de Paris ne dépassait pas 26 kilomètres en y comprenant le grand égout de Ménilmontant, recouvert sous le règne de Louis XVI, qui déversait à Montfaucon les immondices provenant des coteaux de la rive droite. Encore ces égouts étaient-ils de véritables foyers d'infection.

Le développement du système d'assainissement de la capitale fut très lent jusqu'à ce que le choléra de 1832 eût démontré l'urgence absolue des grands travaux de réfection. Cependant, en 1834, il n'existait encore que 179 kilomètres d'égouts se déversant tous dans la Seine.

L'année 1860 marque le commencement de la période moderne. L'ingénieur Belgrand dressa un plan de travaux dont la réalisation fut résolu-

LA BOULE DE 1410 KILOS

D'après une photographie instantanée.

ment entreprise. Le réseau des galeries souterraines fut considérablement étendu, et les coteaux de l'Étoile et de Montceau percés par deux collecteurs se déversant dans la Seine en aval de Paris. En même temps, Durand-Claye et Mille étudiaient les moyens de réaliser l'épuration des eaux d'égout et l'assainissement du fleuve. En 1870, la longueur du réseau s'élevait à près de cinq cents kilomètres et la construction des collecteurs généraux était achevée.

La troisième République continua les travaux commencés par le second Empire. Malgré les résistances obstinées du département de Seine-et-Oise et des communes dont le territoire devait servir à l'épandage, le principe de l'utilisation agricole des eaux recueillies fut définitivement adopté, et la Ville de Paris, mise en possession, depuis 1894, de tous les moyens légaux et financiers nécessaires, a pu surmonter tous les obstacles et mener à bonne fin son œuvre d'assainissement.

En 1900, le réseau souterrain des égouts de Paris atteint une longueur de 1,000 kilomètres. Il constitue l'une des curiosités de la capitale.

Le vieux Paris.

LE siècle, aujourd'hui consommé, a vu se fonder, prospérer des sociétés, des institutions qui s'enferment en des barrières fort jalouses. Paris a retrouvé des fidèles et des croyants. En ces groupes, nous pourrions dire ces dévotes confréries, c'est une sorte de culte qui lui est rendu. On n'étudie, on ne sert qu'une cité, on ne proclame qu'un seul amour, Paris, dans son passé, dans ses souvenirs, dans sa vie journalière si amusante et pittoresque; car Paris, comme pas une autre ville du monde, excelle à se donner la comédie.

En 1879, quelques artistes, des hommes de lettres, le poète Duvauchel, le peintre Desbrosses, tous Parisiens de naissance, et impatientés à la fin sous ce flot montant des Bretons bretonnants, des Gascons gasconnants, ceux-ci plus redoutables que tous autres envahisseurs, complotent de dîner, une fois par mois, entre eux, entre pays. Ils choisissent, ils acclament un patron, et c'est le grand Molière qu'un dîner annuel glorifiera entre tous. Ainsi commence le dîner, bientôt la Société des Parisiens de Paris, que préside aujourd'hui l'excellent statuaire Allouard. L'exclusion est implacable à qui n'a pas entendu dès le berceau la chanson des marchands de mouron ou le roulement des omnibus. Les statuts sont un octroi qui ne laisse rien passer; et viendrait-on de Neuilly, on serait invité à faire annexer la commune tout entière avant de s'asseoir à la table de Molière. On prétend que les Parisiens ne se reproduisent pas. Ceux de la Société des Parisiens de Paris croissent et multiplient à dépasser plusieurs centaines.

Cependant, de toutes ces sociétés parisiennes, en leur composition, ou du moins dans le but qu'elle se propose, la doyenne est la société de l'*His-*

Restes du VIEUX-PARIS

1 Fontaine des Innocents 1550
2 Arbre de Jessé XV
3 Chapelle des Orfèvres (Grenier à sel) 1550
5 Fontaine de la Croix du Trahoir 1529
6 Tour de Jean Sans Peur XV
7 Auberge du Compas d'Or
9 Fontaine des Ste-Roch 1855
10 Tour St-Merri, mur des prisons 1
16 Maison Diane de Poitiers
12 Manufacture Royale des Chandeliers XVII
13 L'Horloge de Lens
14 Cimetière héraldique 1756
15 Cloître XV
16 Cachot de l'Ancien Arch. 1256
17 Hôtel d'Albret
18 Fontaine de la Renaissance 1700
20 Hôtel Sully 1633
21 Église St-Gervais 1616
22 Hôtel Lanvin 1657
23 Tour de Beaujeu XV
24 Chapelle de St-Aignan 1118
25 Ancien Collège de Cluny 1250
26 Gd Prieuré du Temple XV
27 Aux Gds Communautés 1660
28 Maison des Apôtres 1548
29 École de Médecine 1769
30 Eglise St-Séverin 1210
31 Clocher St-Séverin 1210
35 Café Les Deux XV
37 Église St-Julien le Pauvre XII
38 Hôtel de Cluny XV
39 École de médecine 1769
41 Ancienne Comédie-Française 1688
44 Fontaine St-Séverin
45 Ancien Collège de Bourg 1850
46 Hôtel de la Salamandre XV
47 Hôtel d'Aguesseau XVII
48 Couvent des Cordeliers XV
49 Chapelle des Filles du Calvaire 1633
50 Hôtel de la Reine Marguerite 1607
A Meunier

Plan dressé d'après les documents, par A. Meunier (Collection Charles Simond).

toire de Paris. Son titre seul précise quels labeurs sollicitent son activité. Son acte de naissance porte la date du 7 mai 1874. Léopold Delisle, Cousin, comptent parmi ses fondateurs. Le président en exercice est M. Tranchant, longtemps conseiller municipal, et qui lui-même a fait ainsi de l'histoire parisienne avant de la raconter.

Le dix-neuvième siècle, pendant les deux tiers au moins des années qu'il devait parcourir, ne semble pas avoir conçu la pensée de spécialiser bre au marteau imbécile qui allait le mettre en pièces? Cette École des beaux-arts, elle-même, berceau de la société nouvelle, n'avait-elle pas, aux plus sombres jours de notre histoire, accueilli et hospitalisé ce qui fut, sous la direction de l'inlassable Lenoir, le musée des monuments français? Ainsi naquit, comme sous la protection et les auspices des plus nobles exemples, la *Société des Amis des monuments parisiens* qui groupe dès à présent près d'un millier d'adhérents. Son œuvre

LE MUSÉE DE CLUNY. — D'après une photographie instantanée.

ses études et ses recherches aux limites cependant déjà si variées de l'horizon parisien. Les compagnies et sociétés innombrables qui ont leur siège à Paris n'ont que leurs pénates qui soient parisiennes. Mais le 7 février 1884, à l'École des beaux-arts, dans le salon de M. Albert Lenoir, se trouvaient réunis MM. Ch. Normand, Cernesson, Marcuse, Müntz, Augé de Lassus, deux ou trois autres encore. On causait, on parlait de Paris; on se lamentait sur les destructions inintelligentes qui le défigurent et l'appauvrissent, on s'accordait sur la nécessité d'une résistance collective et résolue; on déclarait la guerre aux spéculations dévastatrices, même aux prétendus embellissements qui ne laissent le plus souvent que des regrets. La place ne pouvait être mieux choisie à de telles protestations. L'homme qui accueillait ces fervents d'une croisade si nécessaire et si belle n'était-il pas le fils de Lenoir, le grand sauveteur des richesses méconnues et proscrites dans la tempête de la Révolution; de ce Lenoir qui couvrait de son corps le monument de Richelieu à la Sorbonne, et se faisait déchirer la main d'un coup de baïonnette, plutôt que d'abandonner ce mar-

est de propagande, de vigilance et de sauvegarde. Ses bulletins, les promenades organisées, les conférences fidèlement suivies étendent son action bienfaisante et féconde. La vieille École de médecine sauvée de destruction, l'hôtel Lauzun acquis par la ville de Paris, l'antique église de Montmartre préservée témoignent de l'activité d'une société, cependant bien jeune encore, et du crédit qu'elle a su conquérir. Ch. Garnier, Ravaisson-Mollien, Paul Sédille, Juglan ont exercé la présidence, maintenant échue à Ch. Normand, l'ouvrier de la première heure, et le véritable initiateur de ce mouvement. Telle est son importance qu'il s'étend et déborde au delà des limites premières. La société mère essaime aux quartiers les plus divers.

Auteuil et Passy ont leur société historique depuis février 1892. Le poète Eugène Manuel la présida; et le statuaire exquis, Michel, cisela sa médaille confraternelle.

La *Société de la Montagne Sainte-Geneviève*, dans l'immensité de Paris, s'est taillé un domaine entre tous précieux et intéressant. Elle date de 1895. Son fondateur Perin a disparu; mais le maire

ÉGLISE SAINT-MARTIN
D'après une photographie instantanée.

du quartier hérite dignement cet honneur et cette tradition.

C'est encore le maire, M. Herbet, qui, dans le sixième arrondissement, depuis le 15 février 1898, groupe et préside les membres d'une société historique. Saint-Germain-des-Prés, le Luxembourg, Saint-Sulpice lui sont un champ d'études encore inépuisé.

La société qui s'était réservé les onzième, douzième et vingtième arrondissements a disparu. Mais le *Vieux Montmartre*, depuis le 26 août 1886, vit et prospère. M. Wiggishoff en est l'âme; et, depuis le 24 février 1899, le huitième arrondissement a sa société que préside M. Mareuse.

Les Amis du Louvre, groupés en association, seulement depuis juin 1897, de par le fait de largesses magnifiques et d'illustres acquisitions, a déjà bien mérité de Paris et du monde. M. Berger commande à cette phalange bénie.

En un pays centralisé et administré comme la France et Paris lui-même, la sanction officielle devait un jour consacrer cette action préservatrice que l'initiative de quelques-uns a si brillamment décidée et vivifiée. C'est ainsi qu'en date du 18 décembre 1897, un arrêté du préfet de la Seine décide et organise la *Commission municipale du vieux Paris*. De droit le préfet a la présidence, qu'il exerce du reste volontiers et très souvent. Le regretté docteur Lamoureux, le premier vice-président, trouve son successeur en M. Labusquière, lui aussi conseiller municipal.

Le vieux Paris a dans cette commission ses défenseurs autorisés. On peut espérer que, grâce à elle, à l'avenir il sera un peu moins malmené. Paris vit de son passé, de magnificences que les siècles lui ont prodiguées; c'est pour lui d'un devoir étroit et d'une prévoyance intelligente, de transmettre à l'avenir le patrimoine glorieusement hérité. Tout ce qui est de l'histoire, de la beauté ou seulement de l'éloquent souvenir, a droit à ses amours comme à sa pieuse sauvegarde.

L. Augé de Lassus.

IV. — L'ENSEIGNEMENT A PARIS DE 1800 A 1900

UNE centennale de l'enseignement à Paris au dix-neuvième siècle est nécessairement l'écho des vicissitudes gouvernementales et de l'évolution des idées politiques. Dictature militaire, monarchie ancien régime, monarchie bourgeoise, république démocratique, toute forme d'État prend intérêt à marquer de son estampille l'Université de Paris qui, outre son privilège d'ancienneté et ses traditions glorieuses, synthétise excellemment l'effort national en matière d'instruction. Selon que l'État s'appuie sur une hiérarchie de fonctionnaires, sur les classes censitaires, ou tire sa force du peuple, il distribue à doses égales ses sympathies envers les trois ordres d'enseignement, pour s'élever enfin à la conception d'un vaste ensemble où les divers degrés ne sont plus des compartiments étanches.

Sans doute, les gouvernements n'arrivent pas toujours d'emblée à faire triompher leurs vues. De sourdes résistances, des mutineries, l'appui

LES BORDS DE LA SEINE
D'après une estampe de 1840. — (Collection G. Hartmann.)

prêté par les écoles supérieures aux mouvements insurrectionnels de 1830 et de 1848 prouvent que l'Université s'accommode mal d'un système d'éducation bridé par la tutelle soupçonneuse de l'État et que surveillée, comprimée, mais non asservie, elle s'émeut et vibre au premier souffle d'émancipation.

Ce sont ces tendances qu'il importe d'indiquer brièvement, aussi bien que les créations ou transformations d'écoles, aussi bien que les progrès

LE VIEUX MARCHÉ SAINT-GERMAIN
D'après une estampe du temps. — (Collection G. Hartmann.)

UNE MAISON DE LA PLACE SAINT-GEORGES

D'après une gravure. — (Collection G. Hartmann.)

du personnel et l'adoucissement du régime disci-
plinaire.

Du 18 brumaire jusqu'en 1830, l'Empire et la
Restauration organisent à Paris un enseignement
supérieur par la création d'écoles spéciales, de
facultés, de lycées qu'ils prétendent faire à leur
image ; l'enseignement primaire reste à peu près
totalement dans l'oubli.

Les grandes institutions de l'an III ne trouvent
point grâce devant les vues autoritaires de Bonaparte : il eut toujours peu de goût pour les idéologues, et Fourcroy, inspirateur de ses plans
d'éducation, témoignait une forte hostilité
aux idées de Condorcet et des encyclopédistes.
Avant tout, le premier Consul désire des
écoles isolées, c'est-à-dire plus dépendantes,
et répondant à un besoin professionnel nettement défini.

Aussi la loi de l'an X (10 floréal) ne laisse
pas d'espace à l'enseignement supérieur, elle
fixe le nombre et détermine la nature des établissements spéciaux, elle ne les organise pas.

A partir de 1803, cette organisation se poursuit par le détail et presque en sourdine :
l'Institut est mutilé par la suppression des
sciences morales et politiques. De Polytechnique, installée dans l'ancien collège de Navarre, on fait un internat militaire fermé,
par suite du payement d'une pension annuelle
(22 fructidor an XII). Menacée de disparaître
en 1805 quand l'empereur projette de la remplacer par une « école napoléonienne » four-
nissant des officiers à toutes les armes, elle
proteste contre le despotisme du maître (plusieurs polytechniciens refusent le serment
d'obéissance à l'empire) — qui, du reste, s'en
venge par de fréquentes levées pour ses guerres.

En haine de la chicane et de l'esprit procé-
durier, la Révolution avait laissé péricliter les
études juridiques : l'empereur les rétablit. Le
6 frimaire 1806, Fourcroy préside l'inauguration solennelle de la Faculté de Droit. La
statue du « nouveau Justinien » est érigée par

souscription dans la salle
principale. Les élèves af-
fluent ; au bout d'un an, deux
mille suivent les cours et se
disputent les grades.

A grand' peine conservé
sous la rubrique d' « École
normale perpétuelle », le
Collège de France reste la
seule « aula » où prospère
l'enseignement public : les
auditeurs se pressent aux leçons de Lalande, de Thénard
et de Cuvier. Le Conservatoire des Arts et Métiers s'en-
richit de deux sections nouvelles (dessin industriel et
filature), celle-ci organisée
par Chaptal.

Telle est la situation des
grandes écoles quand Napoléon crée et organise l'Uni-
versité impériale (1806-1808). A vrai dire, presque
tous les grands établissements existaient avant
elle ; elle ne fait que s'y surajouter. Dans la pensée de son auteur, l'Université n'est pas un corps
organique, un par la doctrine et l'inspiration ;
c'est surtout une hiérarchie de fonctionnaires,
pour qui « le prince passe avant la nation ».
L'avancement, les programmes, la collation des
grades s'inspirent d'un système automatique et
militaire. Fontanes, nommé grand maître, compose le personnel des facultés d'emprunts au Collège de France, au Muséum et à quelques lycées

L'ENTRÉE DE PARIS

D'après une vieille estampe. — (Collection G. Hartmann.)

LE BOULEVARD DE GAND

D'après une vieille estampe. — (Collection G. Hartmann.)

le mot célèbre de Royer-Collard « le gouvernement s'organise en sens inverse de la société, » il va sans dire que tous les germes de libéralisme sont soigneusement extirpés par le grand maître Mgr Frayssinous. L'École normale, réputée dangereuse, disparaît en 1822, et quand elle est rétablie, en 1826, sous le titre fallacieux d' « École préparatoire à l'enseignement », placée sous le contrôle de l'Église. A la Faculté des lettres, les cours de Guizot et de Cousin sont suspendus. Le roi refuse de nommer Magendie à une chaire du collège de France. Les étudiants protestent; le cours de Bavoux à l'École de Droit est troublé par des bagarres et par les cris de « vive la charte! » Les élèves médecins sifflent l'abbé recteur-mutinerie qui entraîne la destitution de leurs professeurs sans enquête.

L'intolérance royaliste croit effacer ces actes d'arbitraire par quelques fondations heureuses : l'École des Mines, supprimée sous le Consulat, est définitivement rétablie (1816) — une ordonnance royale constitue l'École des Chartes. Martignac autorise l'ouverture de l'École Centrale à l'hôtel de Juigné sous l'initiative privée de Lavallée. Sur l'emplacement de l'ancien musée des Petits-Augustins, on commence la reconstruction des Beaux-Arts. Ces satisfactions au Paris savant, quelques mesures à demi réparatrices comme la réintégration de Cousin et de Guizot dans leurs chaires, « tribunes retentissantes du haut des-

de province. Rien n'est plus loin de ressembler à l'École normale rêvée par les conventionnels que le séminaire pédagogique installé au collège du Plessis, puis rue des Postes, et dont les élèves forment le noyau d'auditeurs de la Faculté des lettres.

Par ses origines césariennes, l'Université semblait condamnée avec le retour des Bourbons. Il n'en fut rien. Malgré les diatribes des ultras qui dénoncent le double péril du despotisme et de la démocratie, malgré les attaques des libéraux comme Benjamin Constant qui s'élèvent contre le monopole universitaire implanté par « le pédagogue jacobin », elle continue de vivre, d'abord suspecte et tolérée, puis peu à peu consolidée et abritée par la royauté. Seul le conseil supérieur est transformé en un Conseil royal de l'Instruction publique qui subsistera sans changement jusqu'en 1845. Comme en 1820, selon

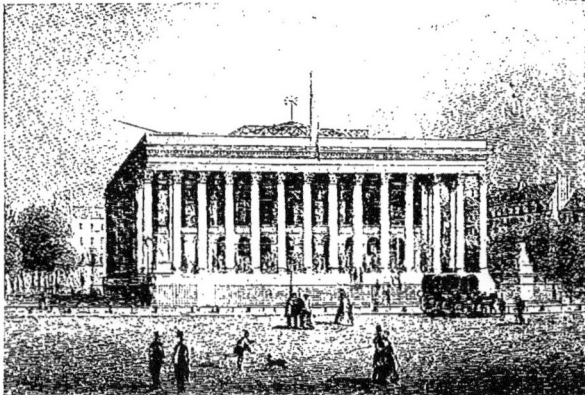

LE PALAIS DU CORPS LÉGISLATIF

D'après une ancienne gravure. — (Bibliothèque nationale.)

LE PONT DE LA CONCORDE
D'après une estampe du temps. — (Collection G. Hartmann.)

quelles ils parlaient à toute la France, » ne ramènent point aux ministres de Charles X l'enthousiasme de la jeunesse.

Aux « trois glorieuses », on voit polytechniciens et centraux mêlés avec les combattants des quartiers Saint-Jacques et Saint-Marceau. Des chansons populaires exaltent leur civisme.

Pour le degré secondaire, l'empire abandonnant les collèges municipaux, abolissant les écoles centrales issues de la Convention, avait concentré son attention sur les lycées, type scolaire qui marque un retour à l'ancien régime. Des internats à la discipline toute martiale s'organisent afin de pourvoir au recrutement de fonctionnaires dévoués et passifs (lycées Bonaparte, 1802 ; Fontanes, 1803 ; Napoléon, 1804). La Restauration conserve le lycée, réservant seulement une plus large place aux exercices religieux ; les collèges Rollin et Stanislas sont ses seules créations marquantes.

Quant à l'enseignement primaire, il ne compte pas encore comme service public ; les écoles congréganistes ou celles dues à des largesses de particuliers sont bien inférieures aux besoins intellectuels de la masse d'une capitale. Le Consulat trouve Paris avec vingt-quatre Écoles publiques, une de garçons et une de filles pour chaque arrondisse-

LA CHAMBRE DES DÉPUTÉS
D'après une lithographie de V. Adam. — (Collection G. Hartmann.)

LE JARDIN DES TUILERIES
D'après une estampe de Muller. — (Bibliothèque nationale.)

LES GALERIES DU PALAIS ROYAL
D'après une ancienne estampe. — (Collection Hartmann.)

ment. Avec l'appui de Chaptal et de Portalis reparaissent dès 1802 les écoles dirigées par les associations religieuses. Les écoles chrétiennes

LES BOULEVARDS EN 1836
Hôtel de Montmorency et pavillon chinois.
(Bibliothèque nationale. Cabinet des estampes.)

THÉATRE DU CHATELET EN 1868
D'après une vieille estampe en couleur. — (Collection G. Hartmann.)

sont agrégées à l'Université, et les Frères, vers la fin de l'empire, possèdent à Paris treize établissements gratuits. Leur institut s'installe au faubourg Saint-Martin dans la maison Dubois que le Conseil général de la Seine leur a concédée.

Cependant l'Etat ne se soucie guère de prendre à sa charge l'enseignement populaire. En 1815, après un rapport de Carnot constatant la pénurie des classes élémentaires à Paris, l'Empereur décrète l'ouverture d'une « Ecole d'éducation primaire » aux frais du pays. Mais il faut arriver jusqu'en 1830 pour découvrir une tendance à associer le budget national aux efforts de la municipalité et aux rétributions prélevées sur les familles.

**

Avec la monarchie de Juillet, l'Université de Paris entre dans une période plus simple et plus

LE JARDIN DES TUILERIES
L'entrée de l'allée des Orangers.
(Dessiné d'après nature et gravé par Troll.— Collection Destailleurs.)

unie : une confiance réciproque s'établit entre l'enseignement et le pouvoir; l'instruction se développe à tous les degrés.

L'un des premiers actes de Louis-Philippe est le rétablissement de l'Ecole normale; on porte à trois ans la durée des études; le nombre des maîtres de conférence augmente et le principe de la gratuité absolue triomphe. En 1847, elle est transférée rue d'Ulm, dans ses locaux définitifs. — Comme Normale, Polytechnique voit s'accroître la liberté de son régime. Un peu suspecte au début pour sa manifestation aux obsèques du général Lamarque, elle finit par se rallier à la monarchie bourgeoise. Après 1848, son rôle politique est clos : elle boudera silencieusement l'empire sans lui susciter de révoltes ouvertes.

LES ENVIRONS DE PARIS
Entrée de la banlieue.
(Collection G. Hartmann.)

LES ENVIRONS DE PARIS
La route de Flandre.
D'après une ancienne estampe. — (Collection G. Hartmann.)

Des nouveautés fécondes jalonnent la grisaille du règne : fondation de l'École d'Athènes (1846) et de la Société d'Histoire de France — agrandissement de la Bibliothèque royale et des galeries du Muséum — classement méthodique des collections industrielles aux Arts et Métiers par le général Morin. Les travaux des Beaux-Arts, interrompus par la Révolution, reprennent en 1832 et s'achèvent rue Bonaparte (la façade du quai Malaquais destinée aux expositions publiques ne sera terminée qu'en 1862).

Mais le titre d'honneur de la monarchie de Juillet reste la loi Guizot (1833), charte organique de l'enseignement primaire. A Paris, les situations esquissées par la loi Guizot se développent; les écoles à plusieurs classes se multiplient; des enseignements spéciaux (chant, dessin) complètent les rudiments.

Guizot légalise l'existence des écoles primaires supérieures que Renouard qualifiait « écoles populaires du second degré », et dont Turgot devint le prototype (1839).

Ainsi, les démocrates de 1848 trouvent l'instruction élémentaire orientée dans sa voie naturelle. Barthélemy Saint-Hilaire et Carnot songent à reprendre les tentatives hardies, les idées novatrices de la première République. L'imprévu des événements politiques ne leur en laisse pas le temps ; ils ne se signalent à l'attention que par des réformes partielles, dont certaines, comme la création d'un costume militaire pour les normaliens, déconcertent par leur bizarrerie.

Avec le ministère Fortoul et la loi de 1850,

commence une réaction pénible. L'obligation du serment dépeuple les chaires ; au lendemain du coup d'État, Guizot et Cousin sont mis à la retraite, Michelet et Quinet révoqués, Jules Simon suspendu. L'École normale doit abdiquer toute velléité de libre esprit; elle ne sera plus qu'une fabrique de professeurs ponctuels, esclaves de programmes échenillés et d'autorités académiques toutes-puissantes. Le Conseil supérieur de l'instruction publique, le Conseil académique de la Seine transforment leur mode de recrutement dans le but d'assurer la prédominance de l'élément ultramontain.

Si funeste qu'il soit à la marche des libertés universitaires, le ministère Fortoul ne nous apparaît pas stérile : en 1857 l'État accepte le legs de l'École centrale qui, grâce à l'énergie intelligente

public d'étudiants. Il fonde l'École des Hautes Études pour les recherches des savants de tout ordre. Surtout, il s'applique à atténuer les effets de la loi Falloux : celle-ci n'avait eu supprimer l'enseignement primaire supérieur ; et, malgré la concurrence de pensions similaires rue des Francs-Bourgeois, Turgot et Chaptal s'étaient maintenus. Mais elle avait permis l'ouverture d'écoles privées sans garanties de brevets pour les maîtres. Duruy reprend la tradition interrompue depuis 1850 ; il exige des diplômes, établit le principe de l'éducation des filles et la nécessité de l'instruction gratuite pour les indigents.

**

Le bouleversement produit par la guerre franco-

FAÇADE DU PALAIS ROYAL

D'après une estampe de la Restauration. — (Collection G. Hartmann.)

de son fondateur Lavallée, n'avait cessé de grandir. L'École des mines s'installe près du Luxembourg.

Après avoir fait mention du libéralisme relatif de Rouland, on a hâte d'arriver à l'homme de grand courage qui attache son nom aux améliorations essentielles tentées par le second empire, Victor Duruy. Quand Duruy arrive au ministère, l'insuffisance des bâtiments et de l'outillage des grandes écoles, les lacunes dans les autres degrés d'instruction accusent l'inaction voulue des gouvernants. Les amphithéâtres de facultés sont obscurs, humides, nus ; les laboratoires dénués d'appareils. La Faculté des lettres étouffe dans des salles basses et enfumées. Les successeurs de Claude Bernard travaillent dans des sous-sols mortels. Rue de l'Arbalète, la vieille École de pharmacie menace ruine. Sans crédits et sans influence suffisante pour entreprendre à la fois tant d'améliorations, Duruy assure du moins aux facultés, au lieu d'un auditoire flottant, un vrai

allemande ajourne la mise en œuvre de ces idées généreuses. Toutefois les petites écoles de quartier n'ont pas trop souffert du désarroi pendant le siège ; les mairies de chaque arrondissement s'étant rendues maîtresses des locaux, l'ordre des études n'a pas été interrompu.

Après l'invasion, grâce au concours de la municipalité et à l'énergique et vaillante direction de M. Gréard, le mobilier se transforme, les programmes se précisent, les groupes scolaires s'érigent. Dès 1873, des écoles professionnelles remédient à la décadence de l'apprentissage (Diderot). Leur essor continue jusqu'à la fin du siècle, avec des fortunes diverses (Germain Pilon en 1883 pour le dessin pratique et les industries d'arts Bernard Palissy, 1883, beaux-arts appliqués à l'industrie; Boulle, 1886, industries du meuble ; Estienne, 1883, industries du livre).

Avant 1870, l'enseignement primaire supérieur n'existait qu'à titre accidentel : en 1880, il a pris droit de cité et donne de merveilleux résultat;

(école Lavoisier fondée en 1872; 1875, Jean-Baptiste Say; 1880, Arago). Les écoles normales de Saint-Cloud et de Fontenay-aux-Roses, ouvertes à la même époque, assurent un recrutement choisi de professeurs pour les écoles normales des départements. Enfin, le musée pédagogique (1875) procure aux instituteurs français un bureau central de renseignements.

Frappé des conditions insuffisantes d'hygiène dans les grands lycées parisiens, M. Gréard dénonce, dans ses rapports au ministre, l'étroitesse et l'insalubrité des salles d'étude. En réponse à ses doléances, de vastes édifices, succursales des lycées du centre, s'élèvent dans de saines banlieues (Janson-de-Sailly, à Passy, Michelet, à Vanves, Lakanal, à Sceaux). Depuis dix ans, l'enseignement moderne augmente les classes et les professeurs (lycée Voltaire pour le moderne, 1890). L'éducation secondaire de jeunes filles, dont Duruy pressentait si justement l'importance, trouve dans cinq lycées un cadre approprié à son objet (1883-1895, lycées Fénelon, Racine, Molière, Lamartine et Victor Hugo).

La troisième République, mettant surtout sa sollicitude à combler les grosses lacunes des degrés inférieurs d'instruction, ne néglige pourtant aucune occasion de favoriser les hautes écoles et même d'organiser ou d'encourager de nouveaux foyers de culture répondant à l'expansion grandissante de la France dans le monde. C'est ainsi que l'École libre des sciences politiques s'est posée en adversaire des fondations catholiques issues de la loi sur la liberté de l'enseignement (1875), — qu'une École de Rome (1875) fournit une préparation pratique aux missions archéologiques — qu'une école coloniale forme, pour nos possessions lointaines, des fonctionnaires et des pionniers avertis — que l'Institut agronomique a depuis 1876 une existence autonome. A la nouvelle Sorbonne, dont la décoration intérieure s'achève avec le siècle, de nouvelles chaires de poésie, de critique, d'histoire de l'art attirent un public studieux, plus assidu que jamais.

DÉMOLITIONS POUR LE PERCEMENT DE LA RUE DE RIVOLI.
D'après une estampe. — (Collection G. Hartmann.)

*
* *

A l'aube du vingtième siècle, l'enseignement à tous ses degrés, dans toutes ses branches, offre donc à Paris un épanouissement harmonieux et réconfortant : mieux qu'ailleurs, on conçoit que le devoir d'une éducation nationale est l'éveil et la mise en jeu de toutes les intelligences, quelle que soit leur condition dans la société.

Cet épanouissement est plein de promesses : pour se rapprocher de cet idéal, l'éducation a besoin de suivre la lente transformation des cerveaux, d'épier les nécessités matérielles, les exigences économiques nouvelles, afin de former des hommes armés pour la lutte de demain. C'est pourquoi l'on peut prévoir que Paris, fidèle à ses hautes destinées intellectuelles, saura maintenir, dans le siècle qui s'ouvre, la suprématie de ses écoles et de ses maîtres.

Fernand ÉVRARD.

Les Écoles primaires de Paris

L'enseignement primaire jouit à Paris d'une organisation perfectionnée autant que puissante. Dès le lendemain des cruels revers de 1870, les conseillers municipaux employèrent toute leur énergie et leur activité à doter la ville d'une organisation scolaire qui fût de nature à rivaliser avec l'étranger. Les charges imposées au budget municipal pour aboutir à ces résultats furent nécessairement considérables (elles se chiffrent par près de vingt millions par an), mais il n'y en avait pas de plus urgentes et personne ne se serait avisé de les regretter. Il s'agissait en effet d'arracher à l'ignorance, qui est le pire fléau d'une nation, les enfants du peuple, c'est-à-dire la génération appelée à prendre sa part de souveraineté démocratique, et devant, pour exercer celle-ci, avoir l'instruction permettant de s'éclairer sur l'étendue des droits et surtout des devoirs civiques. C'était toute une transformation à opérer. Il fallait réformer des programmes, reconstituer un personnel, ouvrir des établissements, ne rien négliger en un mot pour que le travail d'éducation populaire portât des fruits réels et bons. Or, pour cela il importait d'exercer la sollicitude municipale sur

LE MARCHÉ AUX VEAUX
D'après une lithographie de Victor Adam. — (Collection G. Hartmann.)

CAFÉ DES MILLE COLONNES
D'après une estampe du temps. — (Collection G. Hartmann.)

l'enfant parisien, et en tout premier lieu sur l'enfant des classes laborieuses, en lui offrant tous les moyens de développement de son intelligence, sans oublier la formation morale. C'est dans ce dessein que l'enseignement primaire fut divisé en deux grandes catégories : l'une comprenait les tout jeunes enfants, auxquels il était nécessaire d'apprendre les éléments des connaissances : ce fut l'enseignement primaire élémentaire; l'autre renfermait les cours complémentaires et les écoles primaires supérieurs.

L'enseignement primaire élémentaire fut l'objet d'une attention toute particulière. Il substitua aux anciennes salles d'asile, d'origine essentiellement parisienne, les écoles maternelles divisées chacune en trois sections correspondant à l'âge des jeunes enfants, (deux à trois ans et demi ; trois ans et demi à cinq ans; cinq à sept ans). Il y avait dès 1897 à Paris 141 écoles maternelles, comptant chacune plusieurs classes (souvent jusqu'à huit), chaque classe étant confiée à une maîtresse distincte, ayant sous sa tutelle une cinquantaine d'enfants, petits garçons et petites filles, qui reçoivent les premiers principes d'éducation morale, auxquels s'adjoignent des leçons de choses, des éléments de dessin, d'écriture, de lecture, d'histoire naturelle et de géographie, des exercices de langage, de mémoire et surtout des exercices manuels, apprenant à faire de petits ouvrages, à exercer l'activité, à développer l'adresse, à mettre en œuvre les premiers efforts de l'observation, de la comparaison et du jugement. C'est la méthode très perfectionnée inaugurée en Allemagne par Frœbel, et dont les résultats sont très sensibles toutes les fois que la maîtresse joint, à la sollicitude, la patience, l'amour du rôle extrèmement délicat qu'elle a accepté, car il implique la science de l'âme enfantine, et le souci de fortifier cette

les enfants de onze à treize ans. Chaque cours est partagé en autant de divisions que l'exige le chiffre de la population de chaque école. L'accroissement de la population de Paris, qui dépasse deux millions et demi d'habitants, rend urgente, à des époques rapprochées, la création de nouvelles écoles et de nouveaux bâtiments scolaires. C'est ainsi qu'en 1900 une partie de l'ancien marché Saint-Germain a été transformée dans ce but et les locaux qui y ont été construits ont permis de doter le sixième arrondissement, très populeux, d'un nouveau centre scolaire important. Chaque école nouvelle est établie pour trois ou quatre cents élèves. Aussi souvent que possible

LE PARIS DE LOUIS-PHILIPPE
Plan dressé par A. Meunier (Collection Charles Simond.)

jeune plante, en la préparant à la vie, qui sera sans doute pour elle des plus difficiles.

De l'école maternelle l'enfant entre à l'école primaire, mais il passe quelquefois par l'école enfantine, où déjà il est initié aux premières leçons de l'enseignement élémentaire, tout en continuant à suivre, sous la direction d'institutrices, les méthodes par lesquelles il a débuté. Ces écoles enfantines sont, dans ces conditions, des compléments de l'école maternelle ; les garçons et filles y restent jusqu'à huit ans.

Les écoles primaires élémentaires, dont l'organisation pédagogique est due à M. Gréard, comprennent trois cours: cours élémentaire pour les enfants de sept à neuf ans; cours moyen pour les enfants de neuf à onze ans, cours supérieur pour

on forme un groupe scolaire par la réunion d'une école de garçons, d'une école de filles et d'une école maternelle. Paris comptait à la fin du dix-neuvième siècle déjà 141 écoles maternelles et 369 écoles primaires élémentaires. Le budget affecté à cette catégorie de l'instruction publique représentait comme valeur de bâtiments un capital immobilier de près de deux cents millions.

A côté de l'enseignement primaire proprement dit figure l'enseignement spécial: dessin, travail manuel, chant, gymnastique. En outre, le travail manuel a été imposé dans toutes les écoles primaires comme préparation indirecte à l'exercice de différents métiers. 112 écoles de garçons sont pourvues d'un atelier de menuiserie, 17 de serrurerie ; dans les écoles de filles on enseigne la couture, la coupe, l'assemblage, le raccommodage. Il y a de plus, depuis 1871, une école-atelier (rue Tournefort) où sont admis les enfants de trois cours de l'école primaire élémentaire et où l'on fait du dessin et du modelage en même temps qu'ils se familiarisent avec le tournage des métaux, les travaux de la forge, l'ajustage. Cette école-atelier est la transition entre les écoles primaires de la ville et ses écoles professionnelles.

Les cours du jour sont complétés dans beau-

TOURELLE AU COIN DE LA RUE DE JÉRUSALEM ET DU QUAI DES ORFÈVRES

D'après une photographie de Villeneuve (1819).

(Bibliothèque nationale. — Cabinet des estampes.)

coup d'écoles par des cours du soir principalement destinés aux adultes, qui trouvent, hommes ou femmes, dans chaque quartier, les moyens de continuer leur instruction après la sortie de l'atelier.

La Ville dépense, avec entente, des sommes énormes pour l'instruction du peuple. Non seulement elle fait face aux besoins budgétaires de ses écoles, mais elle place les enfants qui ne pourraient être attentivement surveillés chez eux, dans des internats primaires laïques libres qui leur assurent la sollicitude familiale ; elle subventionne dans chaque arrondissement les caisses

des écoles, elle paye plus de 730,000 francs par an pour les cantines des écoles, 100,000 francs pour les classes de garde, 130,000 francs pour les classes de vacances, 200,000 francs pour les colonies scolaires de vacances, et elle contribue dans une large mesure par des subventions aux caisses d'épargne scolaires.

Lorsque les enfants ont obtenu le certificat d'études primaires à douze ou treize ans, ils peuvent entrer à l'école primaire supérieure; mais comme il y en a un certain nombre qui doivent faire un apprentissage à quatorze ou quinze ans, on les prépare dans des cours complémentaires à l'obtention d'un certificat d'études spécial qui comprend, entre autres branches d'enseignement, la comptabilité, le travail à l'atelier pour les garçons, la coupe et l'assemblage de vêtements pour les filles, et aussi les cours d'application, cuisine, blanchissage, repassage, nettoyage, en un mot tout ce qui se rattache au ménage.

Les écoles primaires supérieures reçoivent les enfants qui après avoir quitté l'école élémentaire peuvent encore accorder aux études trois ou quatre ans avant de travailler lucrativement. Les écoles primaires supérieures sont encore peu nombreuses, mais elles rendent de très grands services. La première en date, l'école Turgot, remonte à 1839 et s'installa dans ses nouveaux bâtiments en 1873. Elle donna le modèle, successivement perfectionné, de ce que peut et doit être une école d'enfants du peuple appelés à trouver leurs ressources d'existence dans le commerce et l'industrie. Les résultats qu'elle obtint et qui furent dus à l'intelligence, à l'habileté et au dévouement de ses premiers directeurs, MM. Pompée et Marguerin, démontrèrent tout le bien que l'on pouvait attendre d'une semblable organisation. Le ministre Duruy y eut une grande part. Une seconde école primaire supérieure de garçons fut ouverte en 1869, l'école Colbert. La troisième République a créé l'école Lavoisier, l'école Jean-Baptiste Say, l'école Arago, auxquelles se joignirent deux écoles primaires supérieures pour les jeunes filles : l'école Sophie Germain et l'école Edgar Quinet.

Les écoles primaires supérieures complètent

5

UNE RUE DE PARIS EN 1848
D'après une eau-forte de Martial. — (Collection G. Hartmann.)

l'instruction générale et préparent aux professions industrielles et commerciales. Elles ont pour élèves les enfants des familles bourgeoises de la classe moyenne, c'est-à-dire ceux qui se destinent à la comptabilité, aux grandes administrations, postes, télégraphes, chemins de fer, banques, bureaux.

Mais il n'y a pas que de petits employés de commerce et d'administration ; la ville a voulu aussi s'occuper dans une large et efficace mesure de l'avenir des enfants ou jeunes gens qui veulent suivre une carrière professionnelle. C'est dans ce dessein qu'après la réparation des désastres de la guerre franco-allemande, et dès 1872, la ville s'est préoccupée de fonder des écoles d'apprentissage dont le premier essai fut l'école Diderot ouverte boulevard de la Villette, en plein cœur de la population ouvrière. Principalement créée en vue des métiers qui emploient les métaux et le bois, elle forme des forgerons, tourneurs, mécaniciens, ajusteurs, modeleurs, serruriers, chaudronniers, menuisiers. A l'école Germain Pilon et à l'école Bernard Palissy, créées un peu plus tard, on forme des ouvriers habiles pour la céramique, la sculpture sur bois, pierre ou marbre, le dessin des étoffes, la peinture décorative. L'école Boulle, établie dans le faubourg Saint-Antoine, initie ses élèves à l'art de l'ameublement : ébénisterie,

tapisserie, sculpture sur bois, menuiserie en sièges, tournage ; l'école Estienne forme des ouvriers d'élite pour l'industrie du livre : typographie, reliure, dorure, photographie, etc.

Les écoles professionnelles de filles n'ont pas été oubliées dans ce plan d'instruction populaire. Paris possédait en 1900 six écoles professionnelles et ménagères de filles, situées également dans des quartiers où dominent les classes laborieuses, rue Fondary, rue Bourret, rue de la Tombe-Issoire, rue de Poitou, rue Ganneron, rue Bossuet. Plusieurs de ces écoles,

LES TUILERIES EN 1849
D'après une estampe du temps. — (Collection G. Hartmann.)

LA COLONNE DE JUILLET
D'après une ancienne estampe. — (Collection G. Hartmann.)

pour l'enseignement professionnel des femmes, ont adopté les programmes des anciennes écoles Élisa Lemonnier.

Mme Lemonnier (née Élisa Grimailh) avait, comme son mari, un professeur, adopté les idées saint-simoniennes. En 1845 (elle avait alors quarante ans) le sort des femmes et la vue des

misères auxquelles elles sont si souvent exposées lui donna la pensée de créer un atelier de couture où plus de deux cents mères de famille besogneuses trouvèrent de l'ouvrage. Ce contact avec les femmes du peuple lui fit connaître que le mal dont elles souffraient surtout était l'ignorance, et dès lors elle s'appliqua à y remédier. Elle fonda en 1856 une société de protection maternelle qui devint en 1862 la Société pour l'enseignement professionnel des femmes. Enfin en 1862 elle put, grâce à des concours généreux, ouvrir à Paris la première des écoles

LA STATUE DE L'IMPÉRATRICE JOSÉPHINE
OEuvre de M. Vital-Dubray,
érigée sur l'avenue Joséphine, à Paris.
(Dessin de M. Delannoy.)

de jeunes filles qui servit de type à toutes celles fondées depuis en France et à l'étranger.

Paris dut donc en partie son instruction populaire, son instruction des jeunes filles du peuple — celle qui doit porter le plus de fruits — à la bienfaisance féminine et au cœur féminin.

Cette bienfaisance, qui est inspirée par l'altruisme, une vertu toute moderne et on peut ajouter toute parisienne, s'exerce dans Paris sur toutes les formes que revêt la charité; mais elle est surtout manifeste dans la sollicitude pour les humbles, les pauvres et les petits. Paris comprend de plus en plus que dans la terrible lutte pour la vie il n'y a pas d'arme plus efficace contre la misère et le malheur que l'instruction.

Aussi la multiplication des écoles dans Paris peut-elle être considérée comme une autre multiplication des pains. En même temps l'instruction qui se développe grâce à tant de concours toujours

PORTAIL DE SAINT-JEAN DE BEAUVAIS
D'après une estampe. — (Collection G. Hartmann.)

LE PETIT PALAIS DES BEAUX-ARTS
Projet de l'architecte.

actifs, fait de Paris, plus que jamais, la vraie Ville Lumière. On peut s'en rendre compte lorsqu'on voit en présence deux enfants de même âge, appartenant l'un et l'autre à la classe ouvrière, l'un élevé à Paris, l'autre n'ayant vécu qu'en province. L'atmosphère parisienne semble avoir eu sur le premier, le Parisien, une influence toute différente de celle qu'a reçue le second Cette influence vient principalement de l'école primaire, de l'école communale. Sans doute elle n'a pas encore porté tous ses fruits, mais il est hors de doute que les toutes jeunes générations d'aujourd'hui sont, sous ce rapport, partagées bien plus avantageusement que ne le furent leurs ainées.

LE GRAND PALAIS DES BEAUX-ARTS
Projet de l'architecte.

Les Grandes Écoles parisiennes.

L A Révolution avait fermé les écoles ecclésias-tiques et mis à leur place des *écoles centrales;* celles-ci végétèrent même, ou plutôt surtout après la loi du 3 brumaire an IV qui laissait les élèves libres de choisir leurs cours et leurs profes-seurs, d'adopter la méthode qui leur paraîtrait la meilleure. La loi du 11 floréal an X supprima à son

Maître. Le grand homme ramenait tout au type du régiment, où le commandement est à tous les degrés de l'échelle et la liberté nulle part. L'Uni-versité, créée par le décret du 17 mars 1808, dut renfermer dans son sein tous les établissements d'instruction publics ou privés, aucun ne pouvant être formé en dehors d'elle et sans l'autorisation de son chef. Dans cette nouvelle conception, l'en-seignement secondaire dut donner une éducation générale et former des jeunes gens aptes à entrer

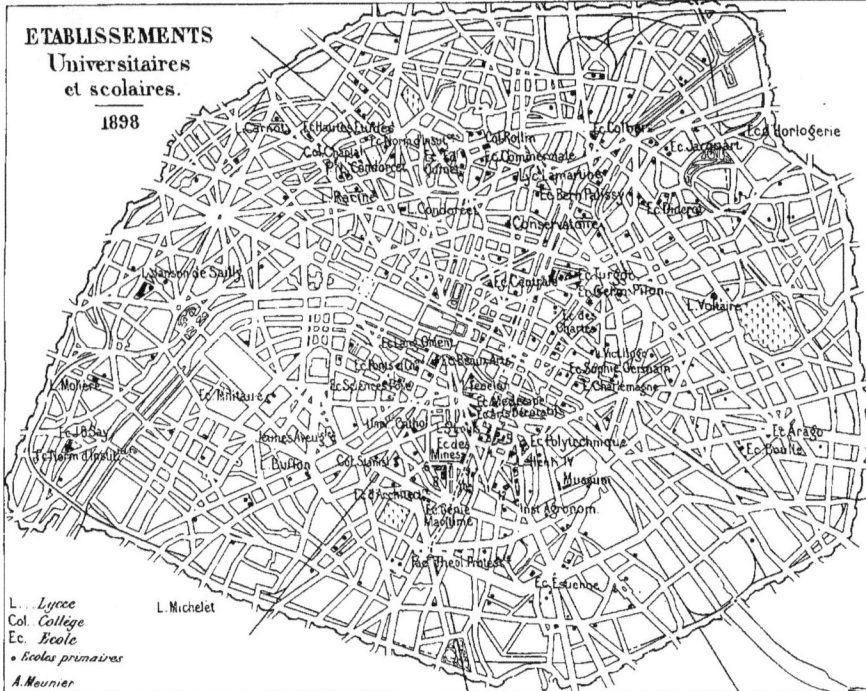

ÉTABLISSEMENTS
Universitaires
et scolaires.

1898

L... *Lycée*
Col. *Collège*
Ec. *École*
• *Écoles primaires*
A. *Meunier*

PLAN DRESSÉ PAR A. MEUNIER (Collection Charles Simond.)

tour les écoles centrales et créa les lycées et les écoles secondaires. Dans la pensée du premier consul, les lycées étaient, comme on l'a dit, la pièce maîtresse et à certains égards vraiment neuve du nouvel enseignement secondaire Ils devaient être des établissements d'État, à raison d'un lycée par circonscription de tribunal d'appel. A leur tête était un bureau d'administration comprenant, avec le proviseur, le maire de la ville, le préfet du département et deux magistrats du tribunal d'appel. Les écoles secondaires étaient des établissements communaux ou privés, avec un programme d'études plus restreint que celui des lycées.

ORGANISATION UNIVERSITAIRE

Une pareille organisation ne satisfit pas long-temps l'esprit net et brutalement impérieux du

p us tard dans une grande école spéciale. C'est encore aujourd'hui une de ses principales fonc-tions. Il y eut des lycées et des collèges autorisés, et pour assurer le recrutement des professeurs on créa à Paris un *pensionnat normal* qui est de-venu l'*École normale supérieure.*

L'ÉCOLE NORMALE SOUS LE PREMIER EMPIRE AU COLLÈGE LOUIS-LE-GRAND

Comme nous l'apprend Villemain, l'École nor-male supérieure, créée magnifiquement sur le pa-pier par décret impérial, n'occupait encore en 1812 qu'un réduit fort modeste dans les combles de l'ancien collège Louis-le-Grand, avec une quaran-taine d'élèves et trois ou quatre maîtres seule-ment dont Villemain lui-même, qui était à peine à l'âge de la conscription, le grammairien Bur-nouf, l'abbé Mablini, M. Guéroult, directeur de

LA NOUVELLE SORBONNE (d'après une photographie instantanée).

l'École et férocement classique. Du côté des élèves quelques noms étoilent singulièrement cette première promotion : Victor Cousin, Augustin Thierry et plus modestement celui que j'ai pu connaître encore à la Sorbonne et que nous appelions le père Patin. Même en 1812, le Maître trouvait encore du temps pour s'occuper d'instruction publique et il envoya un jour à l'École un de ses aides de camp, M. de Narbonne, qui vint avec la grâce aimable et polie de l'ancien temps, vit tout, entendit tout, loua tout, sauf le logement, et déclara qu'il n'avait jamais vu tant de jeunes gens d'esprit dans un grenier.

LES LYCÉES DE PARIS

Il n'y eut d'abord à Paris que quatre lycées et ce nombre ne fut pas dépassé sous le premier Empire. C'étaient Louis-le-Grand, Napoléon, Bonaparte et Charlemagne. Saint-Louis ne fut ouvert que sous la Restauration, en 1820. Louis-le-Grand est l'ancien collège de jésuites, dit de Clermont parce qu'il avait été fondé en 1564 par l'évêque de cette ville, Guillaume Duprat. Tous ceux qui ont fait leurs études avant 1870 se rappellent l'air vermoulu et délabré de cette antique bicoque qui, aujourd'hui, a fait peau neuve. Louis-le-Grand porta sous la Révolution le nom de collège de l'Égalité, s'appela Prytanée en 1800 et reprit le nom du grand roi en 1815. Napoléon fut établi en 1803 dans les bâtiments de l'ancienne abbaye de Sainte-Geneviève. Il en garde encore la vieille tour et l'ancien local où était la bibliothèque des moines. Il s'est appelé Henri IV en 1815, Napoléon en 1851 et enfin Henri IV après 1870. Souhaitons-lui de garder ce nom qui n'a

rien de déshonorant — pas plus d'ailleurs que celui de Napoléon. Bonaparte fut établi en 1805 dans les bâtiments du couvent des capucins de la Chaussée-d'Antin, où il se trouve un peu à l'étroit aujourd'hui entre une pâtisserie et l'église Saint-Louis-d'Antin. Mais il n'y a guère d'espoir qu'on puisse l'agrandir, dans un quartier où la moindre parcelle vaut de l'or. Bonaparte a souffert aussi de la manie incurable qu'ont les révolutions de détruire tout ce qui a été fait avant elles. Bonaparte s'est appelé Bourbon en 1815, puis Fontanes, puis Bonaparte ; il s'est encore après 1870 réappelé Fontanes, et enfin il a pris le nom de Condorcet sous lequel il est avantageusement connu. Charlemagne fut fondé en 1805 dans la maison professe des Jésuites de la rue Saint-Antoine : l'entrée est étroite et l'aspect des lieux n'a rien d'engageant. Charlemagne a dû au vocable sous lequel il a été placé de ne pas avoir changé de nom. Encore est-il heureux pour le grand empereur à la barbe fleurie qu'il ait vécu au huitième siècle après Jésus-Christ. Enfin Saint-Louis fut ouvert en 1820, comme je l'ai dit, sur l'emplacement de l'ancien collège d'Harcourt fondé en 1280 par Raoult d'Harcourt, chanoine de Notre-Dame de Paris. Il n'a pas changé de nom. En 1860, il n'y avait encore que ces cinq lycées à Paris ; depuis, on en a ouvert d'autres dont la destinée a été plus ou moins heureuse : à Paris même, le lycée Janson-de-Sailly, du nom de son généreux fondateur, rue de la Pompe ; à Passy, le lycée Carnot, boulevard Malesherbes, qui a repris la succession et les bâtiments de l'ancienne école Monge ; le lycée Montaigne, près du Luxembourg, qui n'est en réalité que le petit lycée Louis-le-Grand, et le lycée Buffon, boulevard de Vaugirard ; le lycée Voltaire, boulevard de la République. A la campagne, dans la banlieue, le lycée Michelet, ancien lycée de Vanves, et le lycée Lakanal, de construction plus récente, près de Sceaux. Il faut ajouter le collège Rollin qui relève de la ville de Paris et qui a été transporté de la rue des Postes à l'avenue Trudaine, le collège Chaptal qui est l'ancienne pension Goubaux (aujourd'hui boulevard des Batignolles), et le collège Stanislas dont la direction est ecclésiastique, mais dont les professeurs furent agréés par l'État (rue Notre-Dame-des-Champs).

CONCOURS GÉNÉRAUX

Tous les lycées et collèges que nous venons de nommer, en y ajoutant celui de Versailles (lycée Hoche), prennent part tous les ans à un concours général, composé d'un certain nombre d'épreuves et qui a pour but de stimuler l'émulation parmi les élèves, de leur donner une sorte d'esprit de corps et en même temps de constater, d'une manière d'ailleurs bien imparfaite, l'état des études dans chaque établissement. Dans un pays comme le nôtre où tout change à chaque instant, le concours général est une institution vénérable. Il remonte en effet à un legs d'un certain chanoine Legendre, mort en 1733, et la première distribution solennelle eut lieu le 23 août 1747. Il y eut après 1793 une interruption de quelques années et Napoléon rétablit le concours général, comme il a rétabli tant de choses, tantôt sous leur nom, tantôt sous un nom nouveau. Le grand prix d'hon-

neur était à cette époque le prix de discours latin : c'était en latin que l'orateur, jusqu'en 1880, prononçait le discours d'usage, et je me rappelle encore l'air enchanté et confus avec lequel les mères et les sœurs des lauréats entendaient tomber ces mots mystérieux de la bouche du docte professeur : *Carissimi Alumni*. S'il est vrai qu'on ne respecte bien que ce qu'on ne comprend pas, on a eu tort de supprimer le discours latin. L'épreuve elle-même a disparu du concours général, mais ne croyez pas qu'elle fût, au temps jadis, l'apanage des sots. Je relève les noms suivants, dans le cours des âges, parmi les lauréats du grand prix d'honneur : 1804, Naudet; 1807, Victor Leclerc; 1810, V. Cousin; 1819, Cuvillier-Fleury; 1823, Drouyn de Lhuys;1824, Arvers; 1840, Hippolyte Rigault; 1847, Taine; 1850, Lachelier; 1866, Darmesteter. Le prix d'honneur de dissertation française, qui était venu s'ajouter au précédent. n'est pas moins favorisé : 1845, Caro; 1847, J.-J. Weiss; 1848, About; 1849, Prévost-Paradol;

Cliché de Reutlinger.

M. GASTON PARIS
Administrateur du Collège de France.

1864, de Broglie; 1870, Burdeau, et combien d'autres que je ne puis citer, qui ont goûté là les premières douceurs de la célébrité. Les concours généraux, jusqu'en 1870, eurent une note originale et pittoresque : on entrait dans la salle Gerson. où la plupart avaient lieu à sept heures du matin pour n'en sortir qu'à sept heures du soir. Chacun apportait ses provisions : il y en avait qui commençaient à manger à sept heures cinq. D'autres, ardents et inquiets, ne touchaient pas au pâté légendaire que leur avait confectionné le cuisinier du lycée. Beaucoup de travail, beaucoup de joie, quelquefois du désordre, surtout quand l'heure sonnait à l'horloge grave et comme professorale de la Sorbonne. Pour ceux qui les ont connues, ces vieilles journées sont inoubliables. Aujourd'hui, on ne mange plus, on ne rit guère et on travaille toujours : c'est louable, mais j'aimais mieux l'ancien système.

ADMINISTRATION DES LYCÉES

L'administration des lycées est encore aujourd'hui celle que Napoléon Ier leur avait donnée. Un proviseur chargé de la direction générale, un censeur des études auquel incombe spécialement le soin de la discipline, et un économe dont le nom dit assez la fonction. Dans la conception primitive de l'Université et par un souvenir assez malheureux des congrégations existantes, les proviseurs et censeurs devaient, comme leurs professeurs, être astreints au célibat et à la vie commune. Cette obligation ne fut pas maintenue et l'administration universitaire ne s'en est pas plus mal portée. Les fonctions de proviseur et de censeur à Paris sont des plus délicates : il faut des hommes éminents, qui ne soient pas inférieurs aux professeurs, souvent de grand mérite et de non moins grand zèle, qu'ils sont appelés à diriger. On doit dire que cette condition est la plupart du temps remplie. Quelques proviseurs, pour nous en tenir à notre époque, ont laissé un nom justement respecté sous le second Empire : Baric à Henri IV, Didier à Louis-le-Grand, Joguet à Saint-Louis, après 1770, Girard à Condorcet, Gidel à Louis-le-Grand et ensuite à Condorcet ; ceux qui les ont remplacés : Gareau à Louis-le-Grand, Blanchet à Condorcet, Kortz à

Montaigne, Fourteau à Janson-de-Sailly, pour ne citer que les plus connus, ne sont pas indignes de leurs prédécesseurs et maintiennent la tradition qui veut qu'au moins à Paris, le proviseur soit un galant homme doublé d'un lettré.

CE QU'ÉTAIENT LES LYCÉES AVANT 1870

Nous pouvons nous faire une idée de ce qu'étaient les lycées dans les premières années de la création, par l'aspect qu'ils présentaient encore à la veille de 1870. Des classes mal éclairées, des bancs de bois frustes et grossiers, hachés à coups de canif, tailladés, gravés en creux ou en relief par l'ennui des écoliers, des amphithéâtres de physique où l'on écrivait sur ses genoux à l'instar du moyen âge, au réfectoire des tables grasses, chargées d'une vaisselle qui défiait la malveillance, des mets simples, combien simples : soixante grammes de viande désossée comme le prescrivent les règlements, le haricot pesant, la lentille nourrissante et savoureuse, un quart de litre d'une abondance savamment décolorée, le vendredi l'odieuse morue ou le hareng plus abhorré encore, étant rarement arrivé de la veille à Paris ; au dortoir, des lits en fer, serrés les uns contre les autres, deux petites couvertures de coton, pas d'oreillers, une table de nuit réduite au strict minimum, et au fond de la pièce, que l'on traversait en frissonnant le matin, en hiver à cinq heures et demie, un lavabo primitif dont le modèle ne se trouverait plus facilement dans le commerce et qui ressemblait assez à un râtelier pour chevaux surmonté d'une prise d'eau. Dans les corridors, les élèves marchaient deux à deux, à l'appel du tambour, les petits devant, les grands derrière, martelant les dalles de leurs souliers cloutés, tous offrant l'aspect d'une bohème

Cliché de Pirou.

M. MILNE-EDWARDS

Directeur du Muséum d'histoire naturelle de Paris.

jeune et gaie en tuniques rapiécées (on gardait les neuves pour la sortie du dimanche), en pantalons trop courts qui laissaient voir le bas bleu sous lequel j'ai eu si longtemps froid. La discipline était militaire, traversée çà et là par de violentes rébellions. Pour les fautes peu graves, il y avait le *piquet* en cour, la *retenue* en étude où l'on passait à écrire *currente calamo* des choses ennuyeuses dictées par un maître ennuyé à des élèves qui l'étaient encore plus que lui, la *cage*, réduit sombre et infect où le coupable copiait cinq ou dix mille lignes, en tête à tête avec un morceau de pain et une cruche d'eau, — tout à fait *mes Prisons* de Silvio Pellico. Enfin le *séquestre*, la grosse boîte comme disent les soldats, au bout duquel il y avait la culbute, le renvoi définitif. Tout cela est de l'histoire ancienne. La discipline a fait place à une éducation paternelle que d'aucuns trouvent émolliente : la retenue seule existe encore et combien douce! Les études n'ont pas l'air de s'en porter plus mal : s'en portent-elles mieux, c'est une autre question.

LES PENSIONS

Les lycées de Paris étaient entourés, surtout les lycées d'externes, de pensions qui leur envoyaient leurs élèves et dont quelques-unes ont été véritablement des foyers de culture littéraire et scientifique remarquable. On y pratiquait peut-être un peu trop l'élevage intensif des lauréats qu'on allait recruter en province : mais cette sélection même avait du bon et plus d'un enfant qui n'aurait pu sortir de son village lui a dû de pouvoir produire ses talents au grand jour. Au premier rang de ces pensions, il faut mettre *Sainte-Barbe*, fondée en 1440 par Jean Hubert, dans un bâtiment dépendant de l'abbaye Sainte-Geneviève. Sainte-Barbe eut une histoire glorieuse sous l'ancien régime : c'est là qu'Ignace de Loyola vint compléter ses études avant de fonder l'ordre des Jésuites. La Révolution ferma le collège; il rouvrit le 4 septembre 1799 sous la direction de Delanneau qui lui rendit son ancienne prospérité. Après le fils de Delanneau, Labrouste maintint, à partir de 1838 à Sainte-Barbe, la place qu'il avait acquise dans l'enseignement parisien. Les barbistes suivaient la plupart les cours de Louis-le-Grand qui est tout voisin. Mais le lycée Charlemagne se glorifiait d'un certain nombre de pensions qui, sans avoir l'antiquité de Sainte-Barbe, en avaient presque la notoriété; c'étaient *Massin*, *Favart*, *Jauffret*, *Verdeau*, *Hallaye-Dabot*; à Condorcet, la rue du Rocher et des Batignolles dispersaient chaque jour un flot d'élèves élégants et précieux, *Carré Demailles*, *Cousin*, *Delahaye* et une foule d'autres qui ont disparu comme les autres pour les causes que nous allons indiquer.

LA LOI DE 1850 : SES EFFETS

L'Université avait possédé le monopole de l'enseignement secondaire jusqu'en 1850 : à cette époque, la loi Falloux lui enleva le monopole et décréta, sous certaines conditions, la liberté de l'enseignement. Ce fut le coup de mort pour les institutions dont nous parlons plus haut : elles eurent à subir la concurrence des établissements ecclésiastiques mieux outillés, mieux dirigés et dans lesquels la haute bourgeoisie mit désormais sa confiance. Elles luttèrent vaillamment, mais succombèrent. Sainte-Barbe, qui a duré plus longtemps que les autres, a été également menacé de devoir fermer ses portes. Les Jésuites reprirent alors, dans l'enseignement, la place qu'ils tenaient avant leur suppression en 1763 : ils fondèrent des collèges florissants, le collège de la rue de Madrid, le collège de Vaugirard, l'école préparatoire de la rue des Ports : les Dominicains créèrent le collège d'Arcueil. Les anciennes pensions furent, après 1870, plus directement encore remplacées par les établissements ecclésiastiques qui enverront leurs élèves au cours des lycées, Gerson, près de Janson-de-Sailly, Fénelon, près de Condorcet, pour ne nommer que les principaux. Les pensions laïques ont ainsi à peu près disparu : il faut faire une exception pour l'*École alsacienne*, création vraiment heureuse, où l'on a su allier la vie de famille aux exigences de l'enseignement moderne et qui est si habilement dirigée par M. Beck.

TRANSFORMATIONS DE L'ENSEIGNEMENT SECONDAIRE

Il nous reste à dire quelques mots des transformations de l'enseignement secondaire. Dans le début, il fut purement classique : le latin, le grec et les mathématiques formaient le fond de l'instruction donnée aux jeunes lycéens. C'était la tradition de la Renaissance. Duclos, dans ses Mémoires, en signalait déjà les défauts au dix-huitième siècle. Avec le progrès de l'industrie et du commerce, les relations toujours plus nombreuses des nations entre elles, ces défauts apparurent plus visibles et dès lors se posa le problème qui n'est pas encore résolu : concilier la tradition latine avec les nécessités de l'âge moderne. En 1852, après le coup d'État, le ministre Fourtoul bouleversa une première fois les programmes des lycées, établit la fameuse *bifurcation* et supprima ou à peu près l'enseignement de la philosophie qui n'aboutissait qu'à faire des idéologues, suivant l'expression de Napoléon Ier. Sous le ministère Duruy, la bifurcation disparut, la philosophie rentra triomphante dans les lycées, l'histoire contemporaine s'y installa à son tour, les langues vivantes eurent leur place au soleil et enfin le ministre créa l'enseignement secondaire spécial, 1865, destiné aux élèves qui avaient plus besoin de notions précises que de culture latine. On appela ces élèves des *épiciers*, mais ils avaient l'avenir pour eux. Depuis Duruy, l'ancien enseignement a reculé pas à pas et ce qu'il perdait, le nouveau l'a gagné. L'enseignement secondaire spécial s'appelle aujourd'hui l'enseignement moderne : il a place, son baccalauréat, il confère les mêmes privilèges que le baccalauréat classique, sauf pour le droit et la médecine. Les langues vivantes ont remplacé en grande partie les langues anciennes : l'enseignement est plus scientifique et moins littéraire.

CH. NORMAND.

V. — LE CLERGÉ DE PARIS

LE Concordat de 1801, en rétablissant la paix dans l'église de France, rendit au clergé le libre exercice du culte et permit de reconstituer l'administration archiépiscopale de Paris. La tâche était des plus lourdes. Il ne s'agissait pas seulement d'assurer aux ministres de la religion les moyens de remplir tous les devoirs attachés à leurs fonctions, mais il fallait encore ramener l'unité d'esprit et de travail parmi ceux que la constitution civile de 1790 avait si profondément divisés en opposant les prêtres assermentés aux prêtres réfractaires. Ce fut le rôle des prélats mis à la tête des provinces ecclésiastiques et aidés de leurs suffragants. L'archevêché de Paris étendit sa juridiction sur Blois, Chartres, Meaux, Orléans, Versailles. Les archevêques de Paris qui se succédèrent de 1800 à 1900 se trouvèrent tous à la hauteur de leur difficile mission. Ils exercèrent leur autorité spirituelle avec dévouement, et quand la tempête gronda dans la ville, quand l'insurrection y déchaîna ses colères, ses haines et ses fureurs poussées jusqu'au massacre, ce fut le sang des pasteurs de Paris, des Affre et des Darboy, qui s'offrit à Dieu pour apaiser les déchaînements des Parisiens. La plupart de ces gardiens vigilants de la foi furent des hommes de talent, écrivains de grand mérite, théologiens de science profonde, administrateurs capables. Ils donnèrent aux différentes paroisses de la capitale une direction bien comprise, en confiant les cures à des intelligences supérieures et à des dévouements éclairés. Plusieurs brillèrent par leur zèle. Ils surent gagner les âmes des fidèles, autant par leur caractère que par leur charité. Paris leur doit de nombreuses œuvres d'assistance et, sauf aux heures d'égarement, les respecta. L'assassinat de Mgr Sibour par Verger fut un fait isolé, acte d'un criminel et d'un dément. La mort de l'abbé Deguerry, fusillé pendant la Commune, ne témoigne pas contre Paris, de même que les pillages d'églises pendant des journées de troubles où la foule suit les meneurs, ne sauraient être considérés comme des manifestations émanant du peuple parisien même, qui les réprouve et en laisse peser la responsabilité sur des fauteurs de désordre, des énergumènes ou des malfaiteurs.

Mᵍʳ SIBOUR
Archevêque de Paris.
D'après un portrait de famille. — (Bibliothèque de l'archevêché de Paris.)

VI. — LE BARREAU DE PARIS

L'ORDRE des avocats avait été supprimé en 1790; un décret du 2 septembre de la même année abolissait même le costume spécial porté par les hommes de loi. Mais, avec le simple titre de *défenseur officieux*, les membres de l'ancien barreau n'en jouèrent pas moins un grand rôle dans toutes les Assemblées de la Révolution, surtout dans les Conseils du Directoire. Aussi accueillirent-ils avec peu d'enthousiasme le coup d'État du 18 brumaire, manifestement dirigé contre le *gouvernement des avocats*. De son côté, le premier Consul, bien que les aimant peu, comprit que la réorganisation des tribunaux entraînait le rétablissement de l'ordre. La loi du 22 ventôse an XII (13 mars 1804) ordonna la réouverture des écoles de droit fermées par la Révolution et imposa la justification d'un diplôme de licencié ou d'un titre équivalent aux avocats en exercice devant les tribunaux. Avec leur ancien nom, les défenseurs reprirent leur costume à peine modifié; en même temps, on leur reconnut le droit de prendre place au tribunal en cas d'absence des juges et des suppléants.

Le décret du 14 décembre 1810 rétablit définitivement l'ordre et le plaça sous la direction de conseils de discipline présidés par des bâtonniers qui durent être nommés par les procureurs généraux. De plus au serment professionnel fut ajoutée une formule politique. Les avocats n'étaient plus que des fonctionnaires relevant du ministre de la justice.

Aussi saluèrent-ils avec enthousiasme la chute de l'Empire. La Restauration leur conféra certaines libertés, entre autres celle de choisir eux-mêmes leurs bâtonniers. Mais les tendances rétrogrades du nouveau régime le leur rendirent bientôt antipathique. Si, parmi eux, Berryer défendait éloquemment la cause de la monarchie légitime, les frères Dupin, Mauguin, Mérilhou, Barthe, Odilon Barrot, Persil, soutinrent avec éclat les principes du libéralisme. L'ordonnance royale du 20 novembre 1822, signée à la suite d'une élection hostile au gouvernement, retira aux membres du barreau, pour la confier au conseil de l'ordre, la nomination du bâtonnier. Elle ne renforça pas au Palais la popularité de la dynastie des Bourbons et le combat continua.

On a pu dire que la révolution de 1830 fut l'œuvre des avocats. « un procès gagné par eux. » L'ordonnance du 27 août 1830 décida que dorénavant le bâtonnier serait élu par la généralité des membres de l'ordre, auxquels furent assurées de précieuses libertés. L'opposition au régime orléaniste, légitimiste ou républicain n'en trouva pas moins parmi les avocats de précieux porte-parole ; soit comme défenseurs des accusés politiques, soit à la tribune parlementaire, les Marie, les Ledru-Rollin, les Crémieux, les Jules Favre, les Michel (de Bourges) portèrent au pouvoir les plus rudes coups. Ils prirent la plus grande part à la campagne réformiste qui se termina par la Révolution du 24 février 1848.

De même que Napoléon Ier, Napoléon III favorisa peu les avocats. Dès le commencement de son règne parut le décret du 22 mars 1852 qui enlevait aux membres du barreau l'élection du bâtonnier. Elle devait désormais, comme sous la Restauration, être faite par le conseil de l'ordre. L'opposition républicaine n'eut point, pendant les dix-huit années du règne, de chefs plus brillants et plus résolus que les avocats. L'empire, prêt à tomber, leur rendit cependant leurs anciennes prérogatives par le décret des 15-27 mars 1870 qui est encore en vigueur aujourd'hui. Le bâtonnier est élu à la majorité des suffrages par tous les membres inscrits au barreau La durée de ses fonctions est fixée à un an, mais l'usage veut qu'il soit réélu une fois ; sa magistrature est ainsi de deux années.

Sous la troisième République, les avocats reprirent dans les Assemblées une importance plus grande que jamais. Les présidents Grévy et Loubet, les hommes politiques les plus considérables, les chefs de partis, Léon Gambetta, Jules Ferry, MM. Méline, Henri Brisson et Waldeck-

Rousseau, pour ne citer que ceux-là, firent tous à la barre leurs premières armes oratoires. D'ailleurs, si le barreau a servi à former la plupart des illustrations parlementaires du dix-neuvième siècle, il a été également le refuge de nombre de notabilités politiques vaincues. C'est de plus une pépinière d'où sortent presque tous les membres de la magistrature debout ou assise.

Les grands avocats, qui furent aussi de grands jurisconsultes, ne se sont pas tous laissé piquer par la tarentule électorale. Les Lachaud, les Chaix d'Est-Ange, les Nogent-Saint-Laurent, les Berville, les Demange se contentèrent d'être d'éloquents défenseurs, et ce beau titre semble, à la fin du siècle, devoir suffire à l'ambition des Henri Robert.

Ce qui a toujours fait la force du barreau parisien, c'est l'admirable sentiment de solidarité qui anime tous ses membres. « Aux yeux de l'honneur, une tache sur un seul membre doit être la tache du corps entier ; les vertus y sont solidaires ; les fautes sont communes, s'il ne les réprime pas. En tout ce qui ne tient pas à la fonction qui les distingue, les avocats ne sont que citoyens ; en tout ce qui intéresse cette fonction, ils sont soumis à la discipline du corps. Le corps doit avoir le droit de les admettre, de les avertir, de les réprimander, de les exclure. » Ces paroles de Target, il est bien peu d'avocats qui, après un siècle, refuseraient de les contresigner. Elles restent le fondement de la discipline du barreau.

Les avocats au Conseil d'État et à la Cour de cassation forment un ordre spécial. Ils sont les successeurs des anciens avocats aux conseils du roi et au Parlement, supprimés en 1791, puis rétablis le 27 ventôse an VIII sous le nom d'avoués près la Cour de cassation et auxquels les décrets des 11 et 25 juin 1806 rendirent le titre d'avocat.

Mᵉ OSCAR FALATEUF
Avocat, ancien bâtonnier de l'Ordre.
D'après le tableau de M. Jalabert.

LA PARISIENNE EN 1812
Chapeau de jockey; spencer de levantine.

LA PARISIENNE EN 1814
Capote de mousseline ; redingote de mérinos.

VII. — LA PARISIENNE

Avec le siècle naît un monde nouveau qui, ne voulant le céder en rien aux régimes précédents, s'efforce à son tour de se constituer une aristocratie. Mais on improvise difficilement en ce genre. Il ne suffit pas de décréter avec hauteur : « C'est nous qui sont les princesses » — pour se découvrir aussitôt l'âme d'une Marie-Antoinette. Aussi faudra-t-il attendre que peu à peu les émigrés viennent rouvrir leurs salons et faire l'éducation des trop récentes recrues pour retrouver la distinction native, l'élégance séduisante de la vieille aristocratie française.

Ce n'est pas que les mœurs des classes nouvelles soient précisément banales et même sans charme. La femme est un merveilleux instrument d'assimilation; et la bergère des contes de fées qui épouse un prince charmant a vite fait de perdre les allures de la gardeuse de dindons. Ici, le prince charmant, c'était Paris, le grand magicien, qui transforme d'un coup de baguette en une silhouette gracieuse l'ébauche informe de la veille. Paris et la femme se complètent en effet à merveille. Que serait Paris sans le « minois chiffonné » de ses femmes, ainsi que Forster l'écrivait déjà en 1840? Et que serait la femme sans le fluide d'élégance, d'un charme particulièrement prenant, que lui communique Paris?

Encore faut-il, pour mériter ou justifier ce titre si envié de Parisienne, un ensemble de qualités ou tout au moins de conditions qu'il n'est pas donné à toutes les bonnes volontés de réunir. Créer ces mouvements incessants dans les modes, qui font de Paris le modèle auquel toutes les Madame Bovary de toutes les époques rêveront en vain; égayer aux heures réservées les promenades et les avenues choisies de tout le luxe imposé par l'opulence; entretenir dans les salons cette atmosphère spéciale où la conversation pétille autour de la femme : ce n'est là qu'une partie minime des devoirs d'une Parisienne, qui se reconnaît jusque dans les moindres actes de la vie quotidienne, qu'il s'agisse d'une visite de charité aussi bien que du choix d'une paire de gants.

Au début du siècle, cette existence fut toute de parade. L'empereur avait éliminé de sa cour l'influence féminine. Ne disait-il pas à la belle et frivole Joséphine : « Je hais les femmes intrigantes au delà de tout? » Et si la créole avait tenté de traverser ses desseins, il lui aurait certainement dit ce que le duc de Wurtemberg disait à sa femme : « Madame, nous vous avons prise pour avoir des enfants, et non pour nous donner des conseils. » Des enfants, certes, il fallait en fournir à Napoléon pour combler les vides des hécatombes de tous les jours; mais il demandait encore autre chose.

De par ordre souverain, la femme du premier Empire a la charge d'étaler le luxe du régime. Et ce n'est pas toujours une sinécure, le Maître étant très exigeant. Elle n'est mère, épouse ou sœur que par intermittences; les hommes sont quelque peu occupés ailleurs. Et lorsqu'ils sont

LE PARISIEN EN 1800

LE PARISIEN EN 1810

de passage entre deux victoires, ils n'ont guère le temps de s'exercer à la galanterie. Aussi est-ce plutôt en villes conquises qu'en épouses aimantes qu'ils traitent leurs femmes. Laissées le plus souvent seules, et avec un programme d'existence strictement délimité, elles vivent surtout en elles-mêmes, ou bien se laissent franchement aller au courant de folie luxueuse qui les entraîne. Elles ont d'ailleurs tout à créer autour d'elles : tout d'abord un intérieur qui ne soit pas celui des époques précédentes. Elles demandent à l'architecte Percier de compiler des dessins de meubles grecs, romains, égyptiens même pour leur composer un ameublement surtout opulent. Et des conférences avec les orfèvres et les ébénistes cé-

LE PARISIEN EN 1821

lèbres sortent des créations massives où les ornements en cuivre ou bronze doré, les marqueteries à l'emporte-pièce tiennent une place éloquente.

Ce décor majestueux s'harmonise bien au reste avec l'opulente beauté, la robustesse et la fraîcheur des élégantes de l'époque, qui mangeaient « pour se faire du teint » et dont l'une d'elles, la princesse de Salm, avait reçu de Chénier les appellations de « Muse de la Raison » et « Boileau des femmes ». Esprits positifs, que peut-être avait touchés l'héroïsme des soldats de la grande armée, plus majestueux que frivoles, plus ornés que mondains, il y avait en ces Parisiennes comme une affectation de Romain. Ne se plaisaient-elles pas d'ailleurs à accentuer ce carac-

LA PARISIENNE EN 1821
Coiffure ornée de plumes. — Robe corsage.

LA PARISIENNE EN 1824
Actrice d'un théâtre de Paris en costume de l'époque.

tère par la coiffure « à la Titus » qu'elles avaient
adoptée presque uniformément? Et ces grandes
robes à jupes longues, prenant la taille très haut,
n'accusaient-elles pas encore la majesté de leur
attitude? Écoutez-les causer, et, plutôt que chif-
fons et dentelles, les mots de duel, d'exploits
guerriers, de charges de cavalerie retentiront à
vos oreilles comme des échos des promenades
triomphantes du « Petit Tondu » à travers l'Europe.

Est-ce à dire que la mondanité leur est étrangère? Loin de là certes : elles sont femmes, elles
sont Parisiennes, et elles appartiennent à la cour
la plus somptueuse peut-être, celle où l'étiquette
est d'une rigueur autocratique. Certaines d'entre

LA PARISIENNE EN 1830
Coiffure turban. — Manches gigot.

elles, telle la maréchale Lefebvre, duchesse de
Dantzig, — vulgo Mme Sans-Gêne — durent faire
violence à leur tempérament trop en dehors et
s'astreindre aux leçons de danse et de maintien
du célèbre Despréaux, le maître de danse de la
cour de Louis XVI, pour paraître aux réceptions
des princesses et ne pas laisser s'écouler un jour
sans rappeler au monde, qui avait les yeux sur
Paris, que la noblesse française était toujours
debout. Noblesse de parvenus sans doute, qui
mettait son orgueil à posséder des centaines de
robes et de coiffures et à porter des costumes de
3,000 francs, mais qui offrait, au dire d'un témoin, un coup d'œil fantastique lorsqu'elle était
réunie dans la salle des maréchaux, aux Tuileries, les soirs de grand concert. Couvertes de

LA PARISIENNE EN 1831

Chapeau de tissu de paille orné de rubans et d'épis. — Robe de foulard
en laine imprimée. — Canezou de mousseline. — Écharpe de crêpe
de Chine.

LA PARISIENNE EN 1830

Chapeau de satin. — Redingote de moire garnie de rubans de satin. —
Manches de blonde.

LA PARISIENNE EN 1830

Costume de bal. — Coiffure ornée d'un nœud de ruban en papillon. —
Robe de gaze garnie de grecques fermées par des ganses.
Brodequins de reps.

LA PARISIENNE EN 1831

Coiffure ornée de deux oiseaux de paradis. — Diadèmes en diamants.
— Robe de tulle garnie d'épines en satin et d'une branche de fleurs
à feuillage d'or.

broderies d'or et d'argent, de guirlandes des fleurs
les plus rares, couronnées de diadèmes de perles
et de brillants, avec de grandes collerettes à la
Marie de Médicis, bras nus, épaules nues, laissant
dans le long sillage des traînes sans fin des par-
fums enivrants, les dames d'honneur de l'impératrice, toutes les grandes dames de sa maison
faisaient honneur au Maître, qui daignait parfois
leur sourire en passant, et qui condescendit certains jours jusqu'à se mêler à leurs cercles. Ces
âmes simples, depuis peu ouvertes à la vie, trouvaient une volupté singulière dans des récréations enfantines, les charades ou le jeu de barres.
Elles adoraient aussi organiser des soirées d'enfants costumés ; tous ces rois, princes, généraux
en miniature s'exerçant, avec l'aide de maîtres à
danser, aux manières galantes et au ton du bel

LA PARISIENNE EN 1831

Turban de cachemire exécuté par M. Alexandre. — Robe de cachemire brodée en soie plate. — Manteau de casimir brodé
d'astrakan écrasé.

LA PARISIENNE EN 1840

Les chapeaux de Desprez et les costumes de Humann.

LA PARISIENNE EN 1831

Chapeau de velours. — Robe de satin à collet et revers
en plumes de cygne.

air, au milieu de déesses en herbe, de ravissantes
poupées parées comme des idoles, donnaient aux
salons une animation extraordinaire et procuraient
à la fierté des mères des jouissances infinies.

Hors de scène, d'ailleurs, ces mêmes femmes,
qui semblaient porter en elles et sur elles toute la
majesté impériale, ne dédaignaient pas, à défaut
des joies du ménage, toutes ces distractions frivoles
qui font de l'oisiveté d'une Parisienne une incessante occupation. Il ne leur déplaisait pas de
s'imprégner un instant de sensiblerie romanesque
dans les romans de Mme de Genlis ; mais le temps
leur était mesuré pour les lectures entre les soins
de la toilette et les visites aux boutiques de Lenormand ou de Courtois, où elles pouvaient à leur
aise se parer des plus beaux châles de cachemire,
chez Leroi où turbans et toques, plumes et aigrettes se disputaient tour à tour leur faveur, chez

LE PARISIEN EN 1848
sous Louis-Philippe.

LE PARISIEN EN 1848
sous Louis-Philippe.

Tessier dont les essences réputées les plongeaient dans des ravissements délicieux.

C'est à peine s'il leur restait de temps en temps quelques heures pour aller « prendre la file » au bois de Boulogne ou bien encore pour se rendre, comme en partie de campagne, au jardin de la Plaine des Sablons, avenue de Neuilly, où elles assistaient à des jeux chevaleresques, courses de lances, à cheval et en char : sorte de « Circenses » romains, à l'usage de grands enfants.

La journée d'une Parisienne s'écoulait ainsi rapide, toujours trop courte; car à partir de cinq heures la mondaine ne s'appartenait plus. La toilette du soir la réclamait et jusqu'à l'heure du dîner lui assurait des émotions très vives. Après avoir confectionné quelqu'un de ces chefs-d'œuvre hardis qu'il fallait renouveler tous les soirs, elle devenait l'esclave de l'étiquette; et si les Tuileries ou quelque réception princière n'exigeaient pas sa présence, elle n'en allait pas moins parader à l'Opéra, au Théâtre-Français ou au Théâtre de l'Impératrice. Seule souvent, l'aube la libérait d'une chaîne dont la lourdeur était peut-être pour elle le plus grand charme. N'était-ce pas, en effet, le signe distinctif d'une véritable fonction, jalousée entre toutes, et que se disputèrent même, à certains moments, les membres les plus distingués de l'ancienne noblesse?

La Restauration va briser net cette chaîne, remettre les mondaines d'hier au second plan pour rendre à nouveau la femme à son véritable rôle de maîtresse de maison. Elle ne sera plus un mannequin, une enseigne luxueuse, mais au contraire et le plus souvent l'inspiratrice gracieuse et distinguée des hommes les plus éminents. Elle prendra même une certaine autorité publique : femme de ministre, elle mettra la main aux discours de son mari, surveillera la grâce de ses gestes et de ses intonations à la tribune; car il est de bon ton d'assister aux séances intéressantes de la Chambre, où l'ora-

LE PARISIEN EN 1848
sous la République.

G

LE PARISIEN EN 1849
sous la République.

que l'opulente majesté de meubles massifs ne convient plus à leur mélancolisme byronien, à leur distinction mince et pâle; mais elles conservent les robes à taille remontée; elles raccourcissent seulement la jupe et adoptent les manches « à gigot ». Peu à peu elles transforment, retouchent, suppriment, si bien que, dès 1830, elle ont un charme bien à elles avec leurs souliers plats, leurs bas à coins brodés, leur jupe courte, leur taille fine qu'amincit le long corsage à pointe. Leur coiffure est un miracle d'équilibre qui exige sept peignes, « dont un de parade. » M. Plaisir, l'inventeur des plumes frisées, le vulgarisateur des peignes d'acier et le propagateur des poupées en cire; M. Croizat, le « Napoléon de la coiffure », s'inspirent des succès du jour pour échafauder des merveilles capillaires : à la Galathée, d'après un tableau de Girodet; à la Marie Stuart, à la Sévigné, à la Ferronnière, à l'Ipsiboé, flatteuse allusion à un roman du vicomte d'Arlincourt, car la littérature exerce son autorité sur la mode et celle-ci connaît les succès du livre du jour. Quelque temps encore les turbans et toques restent les favoris; mais les événements imposent des modifications, les femmes ayant à leur disposition, pour honorer les hommes et les choses, la dédicace

teur du jour a soin de placer bien en vue son Égérie. Et tout cela se fait sans pédantisme, avec cette distinction qui sait garder en tout la mesure convenable. Les leçons du malheur ont assagi, amendé la noblesse qui se fait plus accueillante, moins hautaine, en tout excellente diplomate. Elle rouvre ses salons que la Parisienne anime de sa grâce et de son esprit personnels. La manie de politiquer a bien envahi tous les mondes, et il s'est formé deux camps, les royalistes et les libéraux : ici on entend la chanson nouvelle de Béranger, tandis que dans les salons bien pensants on écoute des lectures ultra-conservatrices.

Mais dans les deux le ton est modéré, l'élégance sans faste, la galanterie respectueuse et délicate.

Il y a bien encore quelques marquises d'antan qui ne veulent pas accepter la date du calendrier et vivent toujours en 1780. Coiffées de perruques à marteaux et du bonnet Louis XVI, elles portent encore la robe à redingote à double collet, la cravate avec jabot, le chapeau castor et la canne, comme si rien ne s'était passé depuis les bergeries de Trianon.

Mais, en général, les femmes ont évité tout recul brusque. Elles reprennent bien autour d'elles l'ameublement Louis XVI, parce

LA PARISIENNE EN 1849
sous la République.

LA PARISIENNE EN 1849

d'un chapeau, d'une robe ou même d'une nuance d'étoffe. Le succès du *Freischütz* en 1824 se traduit chez les modistes par l'invention d'un chapeau « à la Robin des Bois », et le héros de l'indépendance des États sud-américains voit son nom passer à la postérité sous la forme du cha-

peau *bolivar*, très évasé et à larges bords, que les deux sexes adoptèrent avec affectation C'est qu'on s'occupe beaucoup de toilette à cette époque. La politique garde sa place dans les entretiens graves et même les réunions mondaines, mais la frivolité ne perd pas ses droits. Est-ce bien d'ailleurs de la frivolité, ce désir de plaire que la Parisienne retrouve en elle avec son indépendance d'allure. et n'est-ce pas plutôt un délicat hommage au sexe fort qui trouve, dans la grâce et la joliesse de son entourage, agrément de l'esprit et réconfort de son existence agitée ? N'est-ce pas pour le charmer et pour obtenir de lui un sourire admiratif que les femmes du monde, en 1820, s'appliquent avec tant de soin aux moindres détails de la parure ? Elles ne négligent rien, s'évertuent même à orner de qualificatifs saisissants, sinon toujours poétiques, tous les objets qui touchent et qui concourent à leur délicate beauté. Elles portent des gants *amadis* ou crapaud mort d'amour, des souliers couleur souris effrayée ou grain de réséda, ou même, en avance sur nos décadents, araignée méditant un crime. Pour leur plaire, les étoffes sont baptisées pékin, mandarine, popeline, zinzoline, canezou, bazazinkoff. Tout cela a un cachet de bonne humeur spirituelle, une tonalité bien féminine : on le sent jusque dans ces moindres détails. la femme ne porte plus la chaîne d'une fonction écrasante, elle dirige bien réellement le mouvement des élégances. Et ce mouvement est loin d'être circonscrit autour des souverains. Louis XVIII en effet brille peu aux Tuileries : roi studieux et lettré, il préférait la compagnie d'Horace à celle des femmes ; et du jour où la duchesse de Berry. la reine des élégances, eut cessé de faire les honneurs du palais, après la mort tragique de son mari, l'animation se transporta dans les salons des deux rives, chez Mme de Montcalm ou Mme de Duras, ou la marquise de Castries, dont la beauté aérienne inspira tant de passions platoniques. Là, on entourait les prédicateurs célèbres et les évêques un peu mondains; les gens de talent et d'esprit constituaient un cercle autour de leur éloquence; les hommes politiques d'une certaine importance étaient choyés. Mais toute cette aimable gravité n'excluait pas des salons les distractions décentes et polies. La valse allemande, nouvellement importée, fait fureur, et les dames ne dédaignent pas de s'asseoir un instant à la table du jeu d'écarté. Tous enfin, savants et gandins, politiciens et lettrés, comtesses et marquises, se retrouvent aux « jeux innocents » où l'on fait assaut de charme et d'esprit. Le *Pont d'amour*, le *Baiser à la capucine*, *Pigeon vole*, la *Sellette*, la *Pincette*, les *Petits Papiers* sont prétextes à galanteries finement voilées, à plaisanteries jamais méchantes, toujours délicates. C'est le trait distinctif de cette époque, une gaieté de bon aloi, sans rien de choquant ni de criard. La vie de tous

LA PARISIENNE EN 1849

LA PARISIENNE EN 1842 ET 1849

LA PARISIENNE EN 1849

les jours des mondaines était aussi simple que pouvait être tapageuse celle des femmes du premier Empire. Elles se tenaient aussi bien à l'écart du faste que de l'embourgeoisement. Elles avaient leurs boutiques bien à elles, et non pas celles que prônaient, à renfort de prospectus et de réclames alléchantes, les hommes-affiches jetant une note nouvelle dans les rues de Paris. Elles allaient entre elles jusqu'à la barrière du Roule « se faire ramasser » aux Montagnes-Russes, naviguer l'été à la voile sur le bassin de la Villette, l'hiver y patiner en bottes, fourrure et chapka polonaise. L'avenue de Longchamp, redevenue promenade aristocratique, voyait tous les jours un luxe de

LA PARISIENNE EN 1849

LA PARISIENNE EN 1842 ET 1849

LE PARISIEN EN 1819

carrosses à quatre et six chevaux avec livrées éclatantes, cochers et postillons fleuris. L'été, les mondaines quittaient Paris pour villégiaturer à Vichy, dont la duchesse d'Angoulème affectionnait le séjour, ou à Dieppe, que la duchesse de Berry mit à la mode; ou bien on se rendait en

voiture à Montmorency et Enghien, pour faire à âne la promenade obligatoire à l'Ermitage, et le soir on retournait à Paris, transformant tout le long de la route en une sorte d'allée des Acacias où luttaient de vitesse tilburys et bogueys.

Ce devait être le chant du cygne de l'aristocratie traditionnelle. Charles X l'avait ralliée autour de lui et, par un anachronisme qui lui coûta cher, avait tenté d'endiguer le courant populaire et de tenir à distance la classe nouvelle des bourgeois. Ceux-ci tirèrent la meilleure des vengeances en portant au trône de France un bourgeois de sang royal. De sang royal, Louis-Philippe se souvenait peut-être qu'il en était: il le montrait rarement. Bourgeois, il le fut en public, où son économique parapluie ne tarda pas à être et est resté légendaire; il le resta aux Tuileries, où les officiers de la garde nationale venaient, en grande tenue, présenter leurs femmes au roi-citoyen. Aussi la noblesse boude-t-elle pour ne pas se commettre avec le commun, et en attendant des jours meilleurs qui ne luiront plus jamais. Le faubourg Saint-Germain, où les familles de vieille souche se comptent jalousement, se ferme tous les jours davantage; les irréductibles vivent comme en dans un cloître, en une sorte de confrérie rigide; les autres, plus modernes, se mêlent au monde nouveau. Ce n'était presque plus d'ailleurs qu'une question de préjugés qui les séparait les uns des autres. La haute bourgeoisie s'était affinée au contact des régimes aristocratiques, sans rien perdre de ses anciennes habitudes de mesure et de tempérance.

Aussi, la Parisienne du jour ne manque-t-elle ni d'élégance, ni de charme; elle a l'instinct et le goût du beau, du luxe surtout, mais avec un esprit plus positif. Dans ce monde, la fortune tient peut-être trop de place, avec un étalage de parures coûteuses, d'équipages brillamment corrects, de costumes prétentieux; la femme vit au dehors beaucoup plus que dans les salons; elle s'habille en princesse pour sortir à pied et jouer avec les enfants au jardin des Tuileries; mais sous cette apparence somptueuse se cachent des goûts d'économie prudente. Elle court encore les magasins, mais ce ne sont plus les mêmes, ces boutiques d'un luxe discret où les gens bien nés se retrouvaient comme dans un club réservé et d'où sortaient les fluctuations de la mode. Un très petit nombre de ces salons aristocratiques a survécu; le reste est absorbé par d'immenses caravansérails, où, depuis le soulier de promenade et de bal jusqu'au peigne de chignon, la Parisienne peut trouver réunis tous les objets indispensables à des prix défiant toute concurrence. Ainsi s'expriment, en des affiches suggestives, les créateurs de ces

LA PARISIENNE EN 1842 ET 1850

LA PARISIENNE EN 1851

bazars démocratiques; et la femme de toutes les conditions s'y précipite pour trouver au rabais « des capotes à vingt-deux francs et des bonnets de tulle à sept livres dix sous ». Cette démocratisation a gagné même les salons, où la conversa-

tion roule le plus fréquemment sur des questions économiques, où l'on coudoie la femme d'affaires qui s'occupe d'opérations de bourse. Mais on n'a pas renoncé pour cela aux voluptés moins prosaïques : on ne valse plus que rarement pour ne pas perdre la tête, mais on polke, on mazurke, on schottische, et le piano a remplacé la poétique harpe.

Pratique et orgueilleuse, la femme étale au dehors un grand luxe de costumes pour rester coiffée chez elle d'un bonnet de mousseline ou de dentelle avec nœuds de rubans, et vêtue d'un vêtement polonais, plus commode qu'élégant, dont elle fait la casaque. Elle remplace la soie par le velours, et plus souvent porte des robes de bal en lainage, des robes d'été en percale, indienne ou jaconas imprimé. Mais elle ne sort guère sans une ombrelle marquise avec haute garniture de dentelle, et elle se hausse sur des brodequins à talons démesurés. C'est un mélange de sens pratique et de besoin de paraître qui pousse les femmes à tous les excès : elles eussent rêvé avoir l'imagination d'un Law, le charme et la grâce d'une Maintenon.

C'était un milieu des plus favorables à l'éclosion du féminisme, qui commence par une véritable masculinisation de la femme. La lecture des romans de George Sand et de Balzac, des poésies de Musset, concourt à donner aux femmes une hardiesse de pensée très assurée, une élégance un peu cavalière. Quelques-unes même ne tardent pas à adopter des mœurs réservées jusqu'alors aux hommes, la chasse, le tir au pistolet, voire même parfois le cigare. C'est l'époque où George Sand arborait le costume masculin qu'elle affectionnait — redingote-guérite en gros drap gris, pantalon et gilet de même composition — et préparait avec *Indiana* et *Valentine* l'accession des femmes à l'administration politique.

Il existe bien aussi un clan de romantiques, que les barcarolles et les clairs de lune plongent dans des rêveries sans fin; qui, férues de moyen âge, reprennent la jupe traînante, les énormes colliers de perles, les manches pendantes et l'aumônière à la ceinture, couvrant encore leurs robes à grands ramages d'ornements héraldiques pour ressembler à Marguerite de Bourgogne, Isabeau de Bavière ou Émeraude de Coucy. Mais ces fantaisies sont restreintes à un cercle étroit, plus bruyant que réellement élégant.

La fusion de tous ces mondes va se faire avec le second Empire, qui réussit en partie à réconcilier et à mélanger les deux aristocraties de noblesse et d'argent. De l'une à l'autre il se fait un échange mutuel de concessions, et les charmes distinctifs de chacune d'elles se communiquent peu à peu, se pénètrent pour se confondre en un type d'un cachet particulier. Avant tout maîtresse de maison, la femme du second Empire s'applique à donner un style sédui-

LA PARISIENNE EN 1851

LA PARISIENNE EN 1851

LA PARISIENNE EN 1842 ET 1851

sant, chatoyant à son intérieur. Elle soigne sa beauté, l'entoure d'un luxe peu banal, sinon toujours fort heureux. N'est-ce pas pour accentuer son caractère olympien qu'elle donne tous les jours plus d'ampleur aux jupes, ajoute les uns sur les autres jusqu'à dix jupons empesés, adop-

tant enfin la crinoline qui prêtait, au dire des contemporains, à l'impératrice Eugénie et à la princesse de Metternich « une majesté exceptionnelle »? Et comme elle s'éprend à ce moment d'une passion véritable pour la figure de Marie-Antoinette, elle ressuscite vertugadins et paniers

LA PARISIENNE EN 1851

LA PARISIENNE EN 1851

LA PARISIENNE EN 1812 ET 1851

LA PARISIENNE EN 1841 ET 1852

et dispose sur l'immense entonnoir renversé qui atteint neuf mètres de tour, des plissés, des nœuds, des bouillonnés, des choux, des torsades, draperies et passementeries, dont le bariolage frise bientôt le ridicule. Et voilà qu'elle s'affuble encore de chignons d'une ampleur déme-

surée, enfermés dans des résilles et supportant un chapeau minuscule, lilliputien, agrémenté lui-même de « suivez-moi, jeune homme ». Silhouette étrange, d'un anachronisme choquant, et que seule pourrait excuser — ou plutôt expliquer — la boutade maligne d'un de nos contemporains,

LA PARISIENNE EN 1812 ET 1851

LA PARISIENNE EN 1852

LA PARISIENNE EN 1852

subtil analyseur d'âmes : « l'illogisme, c'est la logique même du caractère des femmes ! » Mais la Parisienne se reprend bien vite, pour tomber d'ailleurs dans l'excès contraire, soit en se masculinisant à outrance, soit en adoptant une simplicité affectée. Et vestons, jaquettes, robes courtes, brandebourgs, épaulettes, aiguillettes, jusqu'au manteau-pelisse des grenadiers de la garde et au monumental colback annoncent d'une part l'influence inévitable du régime militaire, de l'autre l'invasion de l'anglomanie qui donne naissance au couturier pour dames et développe la banale confection.

La cour n'a pas suivi la ville dans son évolution. Sans être soumise à l'étiquette rigide du premier Empire, elle a gardé un caractère de luxe somptueux qui ne redoute pas certaines hardiesses. Les bals costumés étaient prétextes à apparitions peu voilées, à déguisements peu compliqués ; et les salons de l'hôtel d'Albe se souviennent d'avoir reçu certain soir la visite d'une Indienne qui ressemblait fort à la princesse Mathilde, en costume sommaire et transparent. Cette licence n'était sans doute qu'un hommage rendu à la beauté radieuse des « lionnes » de l'époque, qui répondaient volontiers à cette adoration.

Les femmes n'en étaient pas moins d'excellentes mères de famille, conduisant leurs enfants au guignol des Champs-Élysées, sachant causer avec esprit théâtre, littérature et art, et passionnées pour le familial « quadrille des Lanciers » et les cotillons monstres aux multiples figures, aux accessoires de grande richesse. Elles aimaient par-dessus

tout le luxe dans toutes ses manifestations et jusque dans les moindres détails de l'existence qu'elles s'étudiaient ainsi à embellir.

La Parisienne de la troisième République a peu de préoccupations d'art ; et, peu disciplinée, elle va à l'aventure. Elle semble, sans s'en douter, mettre en pratique le précepte du bon épicurien et *carpere diem* sans souci de demain. Vouloir saisir au milieu de la confusion des mondes, de l'anarchie des modes, une idée dominante à laquelle s'assouplissent les caprices des mondaines, c'est une œuvre que peut-être le recul des temps autorisera ; mais le spectateur de cette existence dispersée voit défiler devant lui des individualités émancipées plutôt qu'un type aux lignes arrêtées. Il existe bien un monde officiel, des salons officiels ; mais que distinguer au milieu de la cohue qui y grouille, et dont la moyenne est sans élégance, quelquefois sans éducation ? A côté, l'aristocratie a bien encore quelques représentants clairsemés qui s'isolent dans leur tour d'ivoire ; mais les grandes fortunes ne sont plus là : elles sont chez les grands industriels, les banquiers cosmopolites, qui constituent tout autant de mondes divers n'ayant qu'un point de commun : le besoin de paraître et de jouir.

La journée d'une Parisienne, en cette fin de siècle, depuis la promenade au Bois à bicyclette ou en automobile, le matin — en coquet costume de « pédaleuse » — jusqu'à la représentation théâtrale du soir, au souper ou au tour de valse de la nuit, est un miracle de fiévreuse activité. Les séances chez le couturier, chez la corsetière, chez la modiste du jour y tiennent une

LA PARISIENNE EN 1852

LA PARISIENNE EN 1852

grande place. Ce sont les temples où sans cesse
on célèbre un culte à sa divine beauté ; ce sont
aussi les potinières luxueuses où se rencontrent
toutes les grandes notoriétés mondaines, où des
salons spéciaux voient se réunir les plus jolies
et les plus applaudies des actrices de Paris ; et
d'un salon à l'autre on s'inquiète des créations de la ville et de la scène, on intrigue
pour connaître avant tous les nuances, les
modèles de la saison, de la semaine, du jour.
Car les variations de la mode sont à la merci
du caprice d'une artiste en renom, d'une
mondaine spirituelle ou même d'une tapageuse demi-mondaine. Il ne suffit plus de
décider quel costume ou quelle coiffure se
portera l'hiver ou l'été ; mais il faut aussi
équiper la femme pour le yachting, le patinage, les courses, les expositions, le théâtre,
les soirées, les réceptions de l'après-midi.
Tout le monde reçoit ; toutes les Parisiennes
ont leur jour ; les garden-parties s'ajoutent
aux five-o'clock, les grands bals aux concerts
mondains, la plupart des salons ayant leur
théâtre aménagé pour pouvoir jouer la comédie, l'opéra-comique et même l'opéra.
C'est une course vertigineuse au plaisir, à
l'oubli de soi-même. On ne s'appartient plus ;
les expositions artistiques, les ventes de charité où il faut paraître, pullulent ; les grandes
ventes à l'hôtel Drouot vous réclament ; il
ne faut pas manquer une exposition de dentelles des grands magasins, ni songer à se
libérer un instant de quelqu'une des obligations parisiennes, tant la trame en est ser-
rée. Rester à Paris après le Grand Prix de

Longchamp est une de ces indécences qu'une
mondaine ne se permettrait pas ; mais elle ne
s'aviserait pas davantage de songer a se reposer, car les planches de Trouville se dressent
pour la parade.

Où tend cette folle existence qui ne laisse
plus un instant à la vie de famille, sinon au
détraquement de toute une société qui a dans
le sang des siècles d'élégance aristocratique,
de distinction réelle ? Ceux qui connaissent
bien l'âme de Paris ne sauraient pourtant douter de lui : Paris se retrouvera. Il donne encore
le ton à l'Europe et à ce monde d'outre-mer
né d'hier ; il n'a pas perdu une parcelle de son
autorité.

La Parisienne avait « des vapeurs » sous
l'ancien régime ; aujourd'hui elle a ses nerfs.
Mais ces nerfs sont partie intégrante d'un corps
solide que rien ne dissoudra.

Raoul Vèze.

VIII. — LE PARISIEN

Durant les siècles précédents, la cour,
plutôt que la ville, donnait le ton de
l'élégance. C'était une des prérogatives
de la caste aristocratique qui seule comptait.
Le « Parisien » n'existait pas ; c'est au dix-
neuvième siècle qu'il appartient de créer cet
être imprécis, tout de nuances, que tel grand-duc
de Russie ou tel prince héritier d'une des plus
opulentes couronnes d'Europe sera fier d'incar-
ner un instant.

Au milieu des essais multiples que, durant la
plus grande partie du siècle, la nation fera pour

LA PARISIENNE EN 1858

LA PARISIENNE EN 1858

secouer le joug des traditions autocratiques, un monde nouveau va naître, une classe nouvelle se développer, la bourgeoisie, qui saura, sans tumulte, faire sa propre éducation pour arriver à se mélanger et à se substituer aux classes hier dirigeantes. Paris devient alors « le point sonore de l'Univers », comme disait Victor Hugo exilé; il est de plus en plus le séjour obligatoire de toute notabilité. La centralisation s'affirme, non plus seulement dans le domaine administratif, mais encore et surtout sur le terrain des plaisirs, des salons et du luxe.

Toutefois, au début du siècle, aussitôt après les licences du Directoire, Paris, repris dans les griffes d'un autocrate, ne peut encore dégager sa personnalité. Sous le premier Empire, en effet, toute l'existence tourne autour de Napoléon, dont les exigences sont inépuisables.

Les aristocrates d'hier sont presque tous à Coblentz ou à Worms, où ils s'occupent en fervents royalistes sans doute, mais en Français... douteux. Ceux qui les ont remplacés aux Tuileries forment un monde un peu mélangé où l'élément militaire domine. Ils n'ont guère appris, dans les camps et à la tête des armées, les manières galantes et délicates, le langage académique des salons, ils sont plutôt remarquables par une brusquerie et une franchise professionnelles. Mais l'empereur leur a dit : « Généraux sur les champs de bataille, soyez grands seigneurs autour de moi. » Il faut obéir, se regarder vivre, s'écouter

parler et bien souvent avaler sa langue.

Pour la parade, on avait tout le nécessaire. C'étaient de beaux hommes, les compagnons du général Bonaparte; et pourvus de titres cosmopolites qu'ils ne comprenaient pas toujours, de dignités dont ils ne saisissaient pas bien la valeur, ils faisaient belle figure en costume de cour, cravate de dentelles, habit chamarré de broderies d'or et d'argent, gilet et bas de soie; et pour peu que la conversation roulât sur les marches ou contre-marches, ces mondains enrégimentés n'étaient pas trop empruntés.

A la ville, ils jouissaient plus à leur aise de leur fortune récente. Désœuvrés, dégagés de tout souci politique, social, économique, — un seul les ayant tous pris à son compte, ils menaient une existence de luxe sans raffinement. Il y avait bien quelques diplomates bien nés, s'efforçant de conserver les traditions d'une élégance dont ils déploraient la disparition, et auxquels M. de Talleyrand donnait le ton; aussi quelques muscadins ou merveilleux, arrière-garde de la jeunesse dorée du Directoire, dont la préciosité était un anachronisme. Le temps leur manquait, aux séides de l'empereur, et le goût aussi de l'afféterie prétentieuse. Ce qu'il leur fallait, c'étaient des beautés faciles, qui ne leur fussent pas farouches; c'étaient des fêtes bruyantes comme les bals masqués de l'Opéra, où l'anonymat du déguisement excuse tant de licences; c'étaient aussi de longues stations au café Lemblin, au Palais-Royal, ou bien aux Mille-Colonnes où ils allaient faire un doigt de cour à Mme Romain, la « belle Limonadière », ins-

LA PARISIENNE EN 1858

LA PARISIENNE EN 1858

tallée à son comptoir sur un trône en or. Le jeu qui leur plaisait par-dessus tous était celui où leur besoin d'activité trouvait quelque satisfaction, le billard, dont des parties interminables se jouaient au « Tortoni ». Le fameux champion Spolar y faisait les délices des amateurs, et Talleyrand gagna un jour, dans un pari engagé sur le célèbre « caramboleur », quarante mille francs.

Ce goût des plaisirs coûteux, ils durent le perdre lorsque la rentrée de Louis XVIII les rendit à la vie oisive et besogneuse; ils les remplacèrent alors par des distractions plus actives. Fréquentant encore les cafés pour se retrouver entre officiers de l'ancienne garde impériale, mais pour y prendre une économique demi-tasse, ils veillaient à ce que le souvenir du maître ne fût point entamé. Des duels presque quotidiens leur tenaient lieu de passe-temps guerriers et les empêchaient de se rouiller la main. Puis, c'est encore pour *Lui* qu'ils se battaient.

Ces récréations sanguinaires étaient peu du goût d'un monde qui, en reprenant le pouvoir, s'était retrouvé tout de suite chez lui. Plutôt que d'armes et de sang, les Parisiens de la Restauration s'occupaient de politique, d'art, de littérature. Les hommes fréquentaient les salons, soit les salons libéraux, chaussée d'Antin ou faubourg Saint-Honoré, soit les salons royalistes, faubourg Saint-Germain. Des discussions courtoises animaient ces centres d'élégance : les audaces de Victor Hugo et des romantiques effarouchaient un peu les conservateurs qui leur préféraient Scribe et Musset, mais on y goû-

tait, à peu près sans conteste, le génie des Ingres et des Delacroix, les œuvres lyriques de Meyerbeer et de Berlioz. Ayant le souci de plaire aux femmes, les hommes soignaient leur tenue. Pour éviter sans doute de se donner une allure martiale, les élégants avaient vite rejeté les bottes à retroussis, la culotte courte et adopté un habit à collet montant en drap de couleur, avec boutons brodés, ou bien la redingote à grand collet, avec gilet à châle et pantalon très collant. Les coiffures, ballons, tromblons ou bolivars, étaient lourdes et monumentales, mais d'aspect rassurant. Il y eut aussi, vers 1820, une école de désespérés, dégoûtés de la vie, que Werther et René inspiraient, jeunes merveilleux qui se distinguaient par l'habit-frac en drap noir et la cravate de mousseline attachée sur le côté avec un gros diamant : cette tenue était l'enseigne de leur mélancolisme inconsolable.

Les mondes se mélangent tous les jours davantage; la haute bourgeoisie a fait sa trouée, gagné sa place, apportant avec elle des goûts un peu positifs; il s'établit, grâce à cette fusion, une moyenne agréable d'élégance et de distinction. La redingote, — symbole bourgeois — devient en quelque sorte l'uniforme parisien. Elle subira des modifications de détail, mais ne périra plus. Elle est d'abord à grand collet, pincée à la taille, à manches énormes et jupes immenses, elle est fantaisiste, elle se défend; puis, perdant son collet, elle se boutonne jusqu'en haut, ample redingote

LA PARISIENNE EN 1858

LA PARISIENNE EN 1858

« à la propriétaire ». C'est le moment où l'anglomanie envahit Paris, donnant naissance à l'hygiène du corps et développant le goût des courses.
On ne parle plus que de banquette irlandaise,
turf, jockeys, starters, bookmakers. Le duc d'Orléans a mis à la mode l'hippodrome de Chantilly,

LA PARISIENNE EN 1860

et le steeple-chase fait fureur à la Croix de
Berny, où il faut être vu. Quelques grands
seigneurs essaient de rétablir un instant les
chasses à courre de l'ancien régime avec
grand luxe de chiens, de chevaux et de pi-
queurs ; mais les spéculations financières
ont entamé les fortunes, il faut revenir à
des voluptés plus modestes. On fréquente
beaucoup les cercles où se font et défont les
potins, où l'on parcourt les journaux, où le
jeu commence à sévir. Dans ces réunions
entre hommes, le cigare apparaît au détri-
ment de la tabatière.

La France est enlisée dans l'embourgeoisement; le deuxième Empire ne l'en sortira
pas ; mais il créera un renouveau de luxe
par des fêtes somptueuses où le commerce
trouve son compte. Le souci du costume y
prend nécessairement une importance considérable, aussi bien à la cour, à l'occasion
des galas cérémonieux, qu'à la ville où
quelques esprits d'artistes se singularisaient
en des essais tout au moins peu banals.
C'est ainsi que de Villemessant, le directeur-
fondateur du journal mondain par excel-
lence, le *Figaro*, s'enorgueillit de son chapeau blanc à poils angora, et de son habit
couleur flamme de punch, recouvert d'une
redingote noisette, dite « balayeuse », « dont
la jupe, drapant en tuyaux d'orgue, ondoyait à
chaque mouvement et figurait, relevée de chaque
côté en manière d'éventail, une paire d'ailes de
chauve-souris. »

Le développement des sports s'accentue tous
les jours : navigation de plaisance à la rame ou à la
voile, *yachting* ou *rowing*, patinage, sont prétextes à distractions mouvementées, à fêtes
de nuit, aux lueurs des braseros, au bois de
Boulogne, aux lacs de Vincennes ou d'Enghien, aux étangs de Versailles.

L'empereur, turfiste enragé, encourage les
courses : on lui doit la création des grandes
journées sportives, des concours internatio-
naux et du Grand-Prix de Paris, inauguré
en 1862. De nombreux hippodromes s'ouvrent, où le pesage reste encore le temple
de l'aristocratie.

Napoléon III favorise aussi le plaisir royal
de la chasse, et ses invitations aux « tirés »
de Compiègne, Fontainebleau, Rambouillet,
sont des plus enviées.

Les Salons se sont multipliés, et les
hommes, de mœurs plus libres, fréquentent
ouvertement chez les artistes, Mme Viardot,
Rachel, Augustine Brohan, Adelina Patti.
Les « fêtes vénitiennes » d'Arsène Houssaye,
où « la beauté sous le masque est de rigueur »,
où ministres et gens de lettres, financiers et
artistes se coudoient et se familiarisent, sont
recherchées des mondains, autant au moins
que les aristocratiques soirées du duc de
Morny.

Hors des salons, les Parisiens courent les
vernissages des expositions de peinture, les
concerts des musiques militaires aux Tuile-

LA PARISIENNE EN 1862

ries ou au Pré-Catelan, les séances d'escrime, et se montrent à leur cercle, dernier refuge des gens titrés.

De plus en plus, leur existence se sépare de celle des femmes, pour perdre en même temps de sa retenue et de sa discrétion élégante. C'est

LE PARISIEN SOUS LE SECOND EMPIRE

la note dominante de la fin du siècle, où l'homme bien né, et tous ceux qui veulent laisser croire à quelques quartiers de noblesse, multipliaient de leur plein gré les obligations mondaines pour se constituer ainsi en quelque sorte des prérogatives que le commun ne peut atteindre. Pour se distinguer par la tenue, il faut des efforts d'imagination : l'égalité dans le costume est conquise. Il ne reste plus qu'à varier quotidiennement la forme de l'habit, allonger ou raccourcir les basques, modifier quelque détail insignifiant, mais par où se reconnaîtra précisément l'homme du monde : revers de soie, collet de velours — ou bien hardiment enlever les basques pour obtenir un vêtement plus négligé, mais « chic » tout de même, le smoking. La jaquette et le veston ont pénétré au salon, à table. Il est vrai qu'on voit peu les hommes au salon, dans la journée; les femmes s'en plaignent. Mais ils n'ont plus un instant : monter à cheval ou à bicyclette le matin, « faire son persil » allée des Acacias, passer à la « Potinière » entre dix heures et midi — la matinée s'écoule. Il faut, l'après-midi, faire acte de présence au club de l'union artistique, l'Epatant, ou aux *Pieds crottés* de la rue Volney, au Jockey-Club, au cercle de la rue Royale. Quelque vente de charité réclame votre présence et deux louis pour vous fleurir. Un duc est reçu à l'Académie, votre nom doit être sur la liste des « on remarquait ». A l'époque du concours hippique, pas un instant de libre : la carte ronde à la boutonnière, il ne faut pas manquer une journée ; plaisir de privilégiés!

Presque tous les jours, une réunion de courses : les hippodromes sont légion, et dans la semaine, le pesage a encore conservé quelque chic. On parie au livre, chez le book-maker, ou on apporte quelques louis aux boutiques du « mutuel ». Puis on rentre par l'avenue de Longchamp, un peu bien encombrée et bien bariolée.

On dîne fort tard pour arriver au théâtre après le premier acte, à l'Opéra juste pour le ballet. Pour une répétition générale, une grande première, on retrouve toutes ses qualités d'intrigue; il faut être cité le lendemain.

Si quelque soirée se trouve libre, vite aux concerts de Montmartre, où hier Salis, aujourd'hui Fursy cinglent la veulerie des classes dirigeantes, le grotesque du « snob ». On trouve ça très bien; c'est encore de la gloire!

Nous sommes loin sans doute de la discrétion, de la réserve des mœurs de la noblesse d'autan. Mais le « Parisien », s'il est le représentant du petit-maître de l'ancien régime, n'en est pas nécessairement le sosie. Il a marché, couru même, avec son temps. Il est *fin de siècle*. Que sera-t-il à partir de 1901 ?

RAOUL VÈZE.

LA PARISIENNE EN 1862
La toque et le chignon.

LA PARISIENNE EN 1874

LA PARISIENNE EN 1900

IX. LES INDUSTRIES PARISIENNES.

Le Meuble.

En ameublement, le dix-neuvième siècle s'est ouvert par l'éclosion d'un style nouveau, dû pour partie aux travaux des architectes Percier et Fontaine. Au retour d'un long voyage d'études en Italie, terminé en 1793, ils s'appliquèrent à introduire l'art gréco-romain dans nos intérieurs, sous forme de décoration et d'ameublement; ils trouvèrent comme principaux collaborateurs les célèbres ébénistes Siguereux et Jacob. Celui-ci était héritier d'une maison autrefois en vogue, fondée par Georges Jacob, rue Meslée, et après la mort de son frère, survenue en 1804, il ajouta à son nom celui de Desmalter; il a signé ainsi la majeure partie de ses belles pièces exécutées sur les dessins de l'e cier, notamment les grandes consoles d'ébène soutenues par cariatides, autrefois dans la salle des maréchaux aux Tuileries et actuellement à Versailles; l'armoire à bijoux de l'impératrice Marie-Louise, au Mobilier national, qui a coûté 55,000 francs; elle est à panneaux plats avec des ornements de cuivre d'un dessin banal et mesquin; tout ce mobilier empire est solidement construit, par des ouvriers qui avaient encore gardé les

SALLE A MANGER DU PALAIS DE SAINT-CLOUD

D'après une gravure. — (Bibliothèque des Beaux-Arts.)

bonnes traditions du dix-huitième siècle, mais ses formes sont lourdes, froides et raides.

A ce moment, tout ce qui n'est pas athénien ou romain, est égyptien. A la tête du mouvement sont, avec ceux que nous venons de citer, Biennais, établi rue Saint-Honoré, à l'enseigne du

FAUTEUIL EMPIRE

(Garde-meuble)

Singe violet, qui était aussi orfèvre et tabletier; Bapst, demeurant rue de Charonne; Neckel, faubourg Saint-Antoine; Simon Mansion, faubourg Saint-Antoine; Lemarchand, rue Saint-Louis au Marais; Bruns, faubourg Saint-Antoine; Tolomé, rue des Gravilliers; Burette, rue Chapon au Marais. La plupart des maîtres en renom du dix-

huitième siècle recommençaient à travailler après une courte éclipse pendant la Révolution; ils étaient aidés par le peintre Prud'hon, qui a donné, comme l'on sait, les dessins de la toilette et de la psyché de Marie-Louise, ceux du berceau du roi de Rome, par les orfèvres Odiot et Thomire, autres épaves de l'ancien régime, par le modeleur Radiguet, par les fondeurs Ravrio, Delafontaine, Damerat, Cartier, Chéret. Leur association produit des œuvres originales. Le style empire se recommande par sa solide unité, mais ses créations sont loin de marquer un pas en avant dans les progrès de l'art.

Dans les années suivantes, le mal augmente et l'ébénisterie décline pour tomber bientôt dans la pratique industrielle. Le mouvement romantique qui signale la fin de la Restauration ramène le goût de meubles du moyen âge. Le quatorzième siècle est à la mode, gothique mal étudié, détestable, à ogives entremêlées de créneaux et de machicoulis; le rapporteur de l'exposition de 1834 condamnait encore ce genre de meubles, dont la faveur durait depuis dix ans. A ces idées nouvelles, il fallut des artistes nouveaux; ce furent Mombro, le plus illustre plagiaire et traducteur de gothique; Senlis, Riballier, Tagini de Dijon, Vervelle, qui mit à la mode le quinze-seize, genre bâtard et mal composé.

Chenavard ramène le goût vers la Renaissance par une grande quantité de dessins élégants quoique un peu mous et compliqués, dont les ébénistes se font des modèles; pour ces rondeurs fleuries de Jean Goujon, l'on préfère aux bois exotiques les essences indigènes, noyer, frêne rosé, orme noueux, qui fut travaillé pour la première fois par Baudon-Goubaud, faubourg Saint-Denis, chêne, aulne, merisier, érable, platane, peuplier, sapin. Les meubles y perdent en grâce ce qu'ils y gagnent en solidité.

Dès ce moment, le grand centre de l'industrie du meuble fut et demeura le quartier de la Bastille et du faubourg Saint-Antoine.

La mode des ameublements de style date du milieu du règne de Louis-Philippe, à la suite de l'ouverture des galeries de Versailles, et des restaurations des palais royaux ouverts pour la première fois au public. Malheureusement encore, les fabricants les mêlent et les traduisent à leur gré; il leur faut le clinquant et le bon marché, beaucoup plus que les lignes élégantes. Alors, ils prennent à droite et à gauche, dans un style et dans l'autre, quand, même, ils n'ajoutent pas de leur propre cru. A ce moment aussi, l'armoire à glace remplace la psyché et le secrétaire dans la chambre à coucher; la toilette-commode fait disparaître les lavabos; enfin la table de nuit à volets avec tiroirs et sac dessous est partout préférée, comme plus jolie et plus discrète, aux tables de nuit rondes, dites piédestaux. Les placages d'acajou et de palissandre sont de nouveau employés, malgré leur peu de solidité; on les exécute d'ailleurs habilement.

Des fabricants intelligents et hardis, à la tête desquels il faut placer Fourdinois, ont tenté, après 1845, de créer un style spécial : avec les éléments de la Renaissance et du Louis XVI, ils ont réussi à faire de jolies choses, et les créations de Barbedienne, de Liénard, en bois sculptés avec bronzes, les meubles exposés en 1855, en 1867, par Fourdinois, ont prouvé la bonne direction de sa maison et l'habileté technique de son personnel, mais il n'y avait pas là les éléments d'un véritable style nouveau; la meilleure preuve est qu'il n'a pas duré, et qu'on est vite revenu à l'imitation étroite du passé, au Louis XVI et au néo-grec. En 1878, cette imitation, surtout celle de la Renaissance, en noyer ou en chêne sculpté, avait atteint la perfection, elle ne pouvait que décroître ou disparaître; c'est le sort qu'elle a eu, suivie bientôt par les

TABLE DE TOILETTE MODERNE

(Collection Martin.

mêmes tentatives en Louis XV, en Louis XVI, en Empire. La reproduction exacte des meubles et de la décoration d'un autre âge ne peut correspondre ni aux besoins, ni à l'éducation, ni aux ressources en matériaux; elle est donc un non-sens, et ne peut avoir quelque durée que par un artifice de la mode.

Néanmoins, pendant toute la période du second empire, notre fabrique parisienne a fourni de beaux meubles le monde entier. Notons en passant, qu'après l'insurrection de 1871, beaucoup d'ouvriers compromis dans ces troubles ont émigré en Belgique, y portant nos procédés, mais après peu d'années ils avaient perdu la main, et cette tentative de décentralisation n'a pas eu les conséquences qu'on pouvait craindre.

Au contraire, même, notre exportation n'a jamais été aussi prospère que de 1871 à 1880, elle a atteint pendant les dernières années 17 millions, contre 2,300,000 francs d'importation; la balance s'est peu à peu relevée; en 1890, les importations étaient de 7 millions, les exportations de 12. L'Angleterre et l'Autriche, grâce à des efforts intelligents, ont réussi à nous envoyer de beaux meubles qui sont venus concurrencer les nôtres, à Paris même; ils se recommandaient par des lignes sobres, un emploi intelligent de bois naturels, par la préoccupation du commode et de l'utile. Leur succès a été de suite très vif.

Mais après un moment d'hésitation, les artistes français se sont ressaisis. L'élan, cette fois, n'est pas venu des fabricants et de leurs dessinateurs habituels, mais d'une pléiade d'artistes indépendants, au premier rang desquels il faut placer Semersheim, Majorelle, Feure, Gallé, Lachenal, Charpentier, Dampt; les fabricants Jansen et Bing ont beaucoup fait pour encourager cet art nouveau dont l'éclosion est le fait le plus important

7

de la fin du dix-neuvième siècle. Ces innovations ont soulevé des critiques, mais la voie est tracée ; il est évident que même les ateliers du faubourg Saint-Antoine, qui font surtout le meuble courant, devront avant peu modifier leurs modèles dans le sens de cette direction nouvelle de l'art de l'ébéniste.

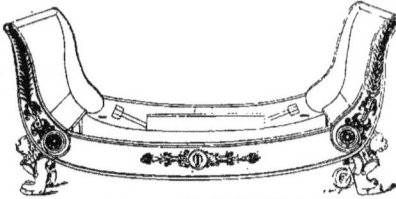

LIT EMPIRE (Garde-Meuble.)

Ce sera sans doute facile aux grandes maisons telles que Damon et Kriéger, Fourdinois, Boverie, Bury, Pérol, Dienst, ou les successeurs, ferventes admiratrices de l'ancien, mais obligées de reconnaître qu'on ne peut pas toujours répéter les mêmes dessins ni les mêmes matières, sous peine de lasser l'acheteur. C'est pour s'être engourdies sous les apparences d'une prospérité passagère, que ces maisons du faubourg ont vu la clientèle riche aller dans d'autres quartiers, rue Royale, quartier des Champs-Elysées et Saint-Honoré, vers des industriels plus entreprenants et mieux inspirés. Ce « modern style », épuré par le goût français, nous rendra sans nul doute la supériorité que l'étranger nous disputait, et Paris fournira encore au monde entier les meubles qui ont été de tous temps une de ses principales productions.

De louables efforts sont faits par l'Union des arts décoratifs et par les chambres syndicales parisiennes, par les bibliothèques Forney et par des conférences publiques, pour fournir de beaux spécimens d'art ancien, des éléments véritablement artistiques, peints, dessinés, sculptés ; à l'école Boulle, est organisé un enseignement général et technique à la fois, devant produire de bons ouvriers, qui sachent vraiment construire un meuble selon des données raisonnées, lui conserver son utilité sans confusion dans le dessin, lui appliquer la décoration convenable suivant sa richesse intrinsèque, la nature du bois, du style, le milieu où il doit être placé. Ce sont là les qualités maîtresses de l'ébéniste, on les a trop longtemps négligées dans la création de tous les genres de meubles, et nous sommes heureux de voir la fabrique parisienne suivre enfin une voie qui ne peut que lui être profitable.

G. CERFBERR.

La Carrosserie parisienne

Dans l'industrie parisienne une place des plus importantes fut dès les époques les plus lointaines réservée à la carrosserie. Ses progrès sont étroitement liés à ceux du luxe d'une part, à ceux des raffinements de la civilisation, ensuite. Depuis le chariot primitif que des bœufs tranquilles et lents promenaient dans Paris et sur lequel s'asseyaient les rois fainéants, jusqu'aux magnifiques équipages qui de nos jours sont l'accompagnement obligé de tout étalage d'extrême opulence, il y a eu de siècle en siècle des perfectionnements dans les moyens de transport et dans tout ce qui se rattache à la construction de ces véhicules devant lesquels s'émerveillent aujourd'hui les piétons, passants ou badauds. Au temps de Henri IV, qui n'avait qu'un seul coche pour lui et sa femme, et qui sortait à pied quand la reine avait pris la voiture, Paris ne comptait pas beaucoup de carrosses, et ceux qui existaient alors méritaient peu ce nom. Cependant ce fut le roi de la poule au pot qui donna la première impulsion à cette industrie, en augmentant le train de sa maison, en donnant des fêtes et des réceptions où il n'était pas de mise d'arriver autrement qu'en attelage. La bourgeoisie, les femmes bourgeoises surtout, que l'on a toujours vues suivre la mode introduite par la cour, ne se firent pas faute de tourmenter leurs maris pour avoir, elles aussi, leurs chevaux de luxe. Louis XIII et Louis XIV, Richelieu et Mazarin contribuèrent à ce nouvel usage. Le maréchal de Bassompierre fait connaître le premier à Paris le carrosse avec des glaces qu'il avait rapporté d'Italie en 1599. Avec les débuts du dix-septième siècle l'ancien coche disparaît. Sous Louis XIV s'inaugure la voiture suspendue, puis la voiture fermée dans toute sa hauteur, avec des portières ouvrantes et solides, voitures que l'on appelle déjà des carrosses modernes et auxquelles commencent à faire concurrence les fiacres et les omnibus, dont l'inventeur fut l'illustre Blaise Pascal. Le faste du roi-soleil, les élégances de son successeur multiplient la richesse d'ornementation des voitures aristocratiques. Le carrossier devient un véritable artiste. Il donne

VOITURE-BERCEAU DU ROI DE ROME
(Collection Martin.)

de la grâce à ce qui sort de ses ateliers, il embellit l'extérieur et l'intérieur ; il s'entoure de dessinateurs qui rivalisent d'imagination, il fait appel à l'aide de l'ameublement ; le tapissier est son conseiller intime, il a pour le seconder toute une compagnie d'ouvriers d'élite ; le menuisier en

AMINTE ET SYLVIE, d'après BOUCHER.
Tapisserie des Gobelins. (Musée des Gobelins.)

caisse, le charron pour le train, un autre charron pour les roues, le forgeron, le monteur, le limeur, le ferreur, le sculpteur, le sellier-garnisseur, le sellier bourrelier, le peintre, et chacun de ces ouvriers, qui est un spécialiste, excelle dans sa main-d'œuvre. Sous la Restauration et sous Louis-Philippe — car la période de l'Empire ne réclame qu'une mention rapide, — les améliorations apportées à la carrosserie anglaise trouvent des imitateurs à Paris et c'est l'imitation qui l'emporte, car Paris, en son génie propre, a le secret de donner le charme à tout ce qu'il touche. Les carrosses abandonnent dès ce moment leur lourdeur ; ils se font légers, ils acquièrent ce que l'on peut nommer une véritable personnalité ; le goût s'associe à la solidité ; et peu à peu les voitures françaises, les voitures parisiennes en toute première ligne, sont sans rivales. La carrosserie renaît ainsi à ce qu'elle était appelée à devenir dans l'industrie : une interprétation de ce qui fait la supériorité de la création parisienne partout où l'art entre en jeu. A partir de ce moment on voit dans les expositions de Paris, principalement en 1878, s'aligner sous les yeux éblouis les merveilles de la locomotion. En 1900, à la centennale de la carrosserie, on peut faire la comparaison entre le passé et le présent, et, là comme en bien d'autres sections, l'admiration enthousiaste va directement à Paris. Un seul ennemi, et il est redoutable, menace cette branche jusqu'alors si productive et si superbe du travail parisien : l'automobile américaine paraît en 1900, même un peu avant cette fin du dix-neuvième siècle, et déjà l'on prévoit que le vingtième siècle ouvrira, dans les moyens de transport, une ère toute diffé-

rente des autres. Mais qu'y gagnera le luxe et que n'y perdra point Paris ?

P.-A. DEGLAISIÈRE.

La Tapisserie au XIXᵉ siècle

Il n'est point d'industrie plus française, plus parisienne même, grâce aux Gobelins, que la tapisserie. Au quinzième siècle, époque où elle arrive à son apogée, c'est le nord de la France et les Flandres qui fournissent toutes les cours d'Europe des admirables tentures sans lesquelles il n'est point de palais princiers, point de fêtes royales. Mais la date capitale dans l'histoire de la tapisserie, c'est incontestablement celle de la fondation de cette merveilleuse manufacture royale de meubles de la couronne, devenue les Gobelins, auxquels Colbert assura la prépondérance dans le monde entier. Nous n'avons pas à rappeler ici les chefs-d'œuvre qu'elle créa ni à redire comment, après avoir atteint le zénith de la gloire sous Louis XIV, elle chercha à remplacer la noblesse par la galanterie et la sévérité par la joliesse. Boucher substitua au grand style décoratif et aux traditions esthétiques le charmant, qui n'est pas le beau, et ses successeurs ne firent qu'aggraver le mal. Les Gobelins imitèrent servilement la peinture, et, une fois engagés dans cette voie fausse, n'en sortent plus. Il suffit pour s'en convaincre de comparer les tapisseries de Lebrun et de Coypel, avec leur franchise de tons, leur éclat de gamme, aux compositions d'Oudry, de Troy, etc. Le dix-neuvième siècle n'a apporté aucune amélioration réelle à ce déclin.

L'Orfèvrerie parisienne

AU DIX-NEUVIÈME SIÈCLE

L'ORFÈVRERIE, au commencement du dix-neuvième siècle, débute au milieu de tous les troubles de la Révolution, troubles dont cette industrie de luxe souffre encore plus qu'aucune autre.

L'émancipation du travail, la suppression des corporations détruisent les quelques ateliers qui existent encore à cette époque.

En outre, toutes les riches argenteries qui par miracle avaient survécu aux édits royaux de 1688 et 1759 ne peuvent cette fois échapper au creuset, ou tout au moins sont emportées hors de France par les émigrés. De plus, cette noblesse,

PLAQUE COMMÉMORATIVE DE LA FONDATION DE LA MAISON CHRISTOFLE ET Cⁱᵉ
(Collection Christofle.)

en fuyant, enlève aux orfèvres toute chance de commande.

L'orfèvrerie, en perdant ses clients habituels, perdait du même coup ses inspirateurs, et lorsque, la Révolution terminée, la société française se reforme sur de nouvelles bases, l'artiste se sent gêné : il a perdu ses traditions, il n'a plus de guide; il voudrait faire du nouveau, mais n'arrive qu'à mal imiter ce qui se faisait sous Louis XVI, en supprimant dans ses compositions la grâce et la finesse du style de cette époque.

L'effet des guerres, lui aussi, se fait sentir et les ornementations grecques, romaines, égyptiennes viennent peu à peu constituer ce que nous appelons le style Empire. Percier et Fontaine, les maîtres de ce genre, composent aussi des dessins pour l'orfèvrerie, mais leur style, créé rapidement et facilement, n'est en quelque sorte qu'une série de motifs de décoration adaptés à des formes antiques.

A cette époque s'ouvre, en septembre 1806, à l'Hôtel des Invalides, une Exposition dans laquelle nous voyons, à la tête de la corporation, Odiot, Auguste et Biennais.

Sous la Restauration l'orfèvrerie ne changea guère, l'argent devenant rare. L'industrie du pla-

qué prend naissance et permet à la bourgeoisie, avide de luxe, d'orner ses tables à l'instar de la noblesse. Si elle n'est pas trop difficile pour le métal employé, elle ne l'est pas davantage pour le goût qui préside à la composition des modèles.

Cependant, en 1819, on inaugure au Louvre une Exposition à laquelle prennent part vingt-un orfèvres, parmi lesquels nous retrouvons Odiot, Biennais, puis Cahier, Thomire, Fauconnier, etc.

Ces Expositions de l'industrie française ont un grand succès et se renouvellent fréquemment; en 1823 on remarque dans une nouvelle Exposition l'apparition d'orfèvres nouveaux, Aucoc et Gavet, qui font surtout le nécessaire de toilette; Balaine et Rouger, qui donnent de l'extension à l'industrie du plaqué.

En 1834, il convient de citer les noms de Veyrat et Ch. Vaguer.

En 1839, l'Exposition a lieu au carré Marigny, à l'emplacement même où s'élevait encore en 1898 le Palais de l'Industrie. Cette Exposition importante ne compta pas moins de 3,500 exposants, parmi lesquels un certain nombre d'orfèvres nouveaux ; tous ceux-ci sont aujourd'hui encore à la tête de cette industrie; ce sont Froment-Meurice, Christofle, Elkington qui a monté à Paris, rue du Temple, un atelier de dorure sans mercure : c'est l'apparition de la galvanoplastie.

En 1844, s'ouvre la dixième Exposition de l'industrie française, dite Exposition quinquennale; c'est Denière qui écrit le rapport de l'orfèvrerie et le vicomte Héricart de Thurry fait un travail très détaillé sur les travaux de ciselure, d'émail et de lapiderie : dans son rapport sur les applications de l'électricité, M. Dumas consacre un long chapitre à M. Christofle qui exploite en grand les brevets pris par MM. Elkington et de Ruolz. M. Dumas termine son rapport en ces termes : « Le Jury central a été frappé des excellentes dispositions prises par M. Christofle, pour assurer à sa nouvelle industrie la production régulière et loyale qui garantit la confiance des consommateurs éclairés; la comptabilité est tenue de telle façon que le poids de l'or et de l'argent est garanti par M. Christofle et que le mode de vente qu'il a adopté repose sur cette base. Le Jury central lui a décerné une nouvelle médaille d'or. »

En 1849, onzième et dernière Exposition nationale des produits de l'industrie ; c'est une imposante manifestation au lendemain d'une Révolution, et qui donne confiance au peuple dans la prospérité de la France.

Là aussi les orfèvres se rencontrent en grand nombre : Froment-Meurice, Duponchel, Odiot, Rouvenat, Gueyton, Trioullier, Aucoc, Frey, etc., et Christofle qui a une exposition des plus intéressantes par la quantité et l'importance des objets exposés : services de table complets, candélabres, vaisselle plate, surtouts ; en un mot « tout ce qui constitue l'apanage des métaux précieux se rencontre ici sous l'aspect le plus séduisant..... » Ainsi s'exprime, dans son rapport, M. Wolowski.

En 1851, la première Exposition universelle est inaugurée à Londres. Le duc de Luynes en est le rapporteur. Cet homme éminent fut non seulement le protecteur des orfèvres, mais connaissait mieux qu'aucun d'eux leur métier ; aussi son rapport est-il l'œuvre la plus intéressante qui ait été écrite sur l'orfèvrerie.

Nous retrouvons à l'Exposition de Londres les noms que nous avons déjà cités, mais le grand succès est pour Froment-Meurice comme orfèvre d'argent et Christofle pour l'orfèvrerie argentée.

En 1855 nous assistons à la première Exposition universelle à Paris. Ce fut un succès retentissant pour l'industrie française en général et pour l'orfèvrerie en particulier. Plus de vingt-cinq orfèvres français y prirent part.

Dans l'orfèvrerie d'église, Poussielgue et Bachelet exposèrent de forts beaux autels en cuivre doré, d'une importance égale aux travaux du moyen âge.

Christofle avait envoyé le grand surtout de l'Empereur, en bronze argenté, qui a été brûlé en partie pendant la Commune, et dont les restes intéressaient encore vivement les visiteurs de l'Exposition centennale de l'orfèvrerie en 1900. Marrel aîné exposait un important service en argent massif pour le vice-roi d'Égypte.

L'année 1862 fut un grand succès pour l'Angleterre. En effet, depuis dix ans, les Anglais avaient fondé des musées et entre autres le fameux South-Kensington, qu'aujourd'hui encore nous attendons et réclamons sans cesse à Paris ; ils avaient ouvert des écoles et attiraient chez eux des artistes ; aussi les industries d'arts décoratifs s'en ressentirent-elles vivement. L'Exposition de 1862 devait surtout leur servir. Elle les initia à tout ce que l'art produisait de plus intéressant dans les différents pays ; cette Exposition a été pour ainsi dire en Angleterre ; d'ailleurs, depuis cette époque, et surtout en orfèvrerie, les Anglais n'ont pas fait de sensibles progrès.

Les orfèvres français sont à peu près les mêmes qu'en 1855 ; seul, un orfèvre d'église, Armand Calliat, de Lyon, apparaît pour la première fois et obtient le succès qui doit le suivre pendant le reste du siècle.

L'Exposition de 1867 fut aussi une grandiose manifestation pour l'industrie de l'orfèvrerie. M. Paul Christofle avait été nommé rapporteur de la classe dans laquelle était exposé cet impor-

tant surtout de la Ville de Paris, qui devait lui aussi périr bientôt dans les flammes. La liste des orfèvres est longue : de nouveaux noms viennent s'ajouter aux anciens : nous citerons ceux de Hugo, Harleux, Gombault, etc.

En 1873, au lendemain de la guerre, l'Exposition de Vienne fut encore un vif succès pour la France dont l'industrie paraissait pour ainsi dire rajeunie et revivifiée ; les orfèvres, quoique peu nombreux, présentaient un ensemble de pièces très intéressant. Philippe, Mellerio, Boucheron, eurent tous un grand et légitime succès ; Christofle surtout tenait une place importante ; il exposait, à côté de ses couverts et de sa vaisselle argentée, des émaux cloisonnés remarquables, de curieuses incrustations métalliques et des meubles dans lesquels le métal s'alliait au bois... écrivaient les rapporteurs de cette classe.

PLAQUE COMMÉMORATIVE DE LA FONDATION DE LA MAISON CHRISTOFLE ET Cⁱᵉ
(Collection Christofle.)

Aux Expositions de 1878 et de 1889, le nombre des orfèvres augmente, car l'usage de l'orfèvrerie se répand dans toutes les classes : la mode est surtout à la copie servile du dix-huitième siècle. Nous voyons de nouveaux orfèvres tels que Aucoc fils, Boin-Taburet, qui, amateurs de l'art ancien, excellent dans ce genre ; cet amour de la copie se poursuit du reste jusqu'à la fin du siècle, et même en 1900 peu d'orfèvres s'en sont départis : il convient cependant de dire que Christofle, Cardeilhac et Debain ont fait exception.

Christofle avait l'exposition la plus importante ; il avait essayé autant que faire se peut de ne rien exposer qui fût une copie servile de l'ancien, et s'était même laissé entraîner à des fantaisies absolument neuves ; parmi les pièces les plus remarquables de cette exposition on doit se souvenir du grand surtout lumineux qui, quoique donnant peut-être une impression un peu Louis XV, était d'un décor vraiment neuf ; à citer en outre : de nombreux services à thé, vases à fleurs, etc., d'une décoration toute nouvelle, souvent empruntée à la plante, bien que de formes parfois anciennes ; mais dans ces objets d'un usage précis peut-il en être autrement et doit-

CHARLES CHRISTOFLE

Fondateur de l'industrie de l'orfèvrerie
électrochimique.

D'après un portrait de famille. (Collection Christofle.)

on se départir de certaines règles imposées par
l'usage que doit remplir l'objet?

Cardeilhac, lui aussi, a fait d'heureuses tentatives qui semblèrent très goûtées du public; son
art est plus stylisé que celui de ses confrères.
Il repousse complètement la décoration par
les lignes; son
dessin est étudié
et concis. La
fleur est sou-
vent le thème
du décor, mais
elle est disci-
plinée, placée
avec régularité,
et fait corps avec
la forme de l'ob-
jet.

M. Debain, M.
Linzeler, eux
aussi, ont fait
un grand pas
dans cette voie,
mais cette tenta-
tive est encore
trop nouvelle
pour qu'on puisse
la juger et l'on
verra dans quel-
ques années si
cet effort, pour
oublier les che-
mins battus, a
réellement créé
une voie nou-
velle.

CALICE EN OR
de la maison Poussielgue frères.
Collection Poussielgue.)

En résumé, l'orfèvrerie, pendant le siècle qui
vient de finir, n'a vraiment eu un caractère absolument typique que sous le premier Empire. Sous
Louis-Philippe, sous Napoléon III, on s'est contenté
de ressembler au style déjà connu. Après 1870 on a
copié servilement le Louis XV, le Louis XVI et
même l'Empire, mais avec une perfection de
métier égale à celle des anciens. Quant à l'effort
très sensible vers un art moderne, effort que nous
avons signalé en parlant de l'Exposition de 1900,
il appartiendra à l'avenir de le juger.

A. Le Charpentier.

Le Bronze

Après l'éclipse de la Révolution, c'est dans
l'imitation étroite qui caractérise le style
Empire, que nous retrouvons les fondeurs
et ciseleurs en bronze. Mais avec quelle sécheresse
de ligne travaillent ces artistes, dont plusieurs
pourtant : Denière, Thomire, étaient élèves des
plus grands sculpteurs du gracieux dix-huitième
siècle. Les commandes officielles et particulières
ont pourtant encouragé la belle production, car
elles furent rarement de pareille importance. Nous
pouvons notamment citer comme un travail considérable, les bronzes de la colonne Vendôme,
dressée en 1806 : on peut les nommer aussi comme
un travail détestable, surtout à la partie supérieure, qui fut massacrée par le fondeur. Il fallut
tout reprendre, et enlever 70,000 kilos de bronze,
qui furent abandonnés aux ciseleurs comme gra-
tification.

Les ouvriers de cette époque, et jusqu'en 1830,
traduisaient si mal les modèles, que la plupart
des artistes sincères de la période suivante :
Rude, David d'Angers, Barye surtout, s'occupèrent
eux-mêmes de l'exécution en bronze de leurs œuvres, et réussirent à imprimer une bonne impulsion. Les portes de l'église de la Madeleine, placées
en 1840, sont bien supérieures aux ouvrages précédents, et témoignent du résultat heureux de ces
efforts.

A côté de cette intervention des maîtres vint
se placer la reproduction rigoureuse, mécanique,
du modèle, par le procédé Collas. Barbedienne
acheta le brevet, et obtint à peu de frais d'excellentes réductions des morceaux de sculpture les
plus célèbres. Ce fut alors le bel âge du bronze
d'art parisien, et des sculpteurs habiles lui fournirent de superbes modèles qui trouvaient ache-
teurs dans tous les pays du monde. La fabrication, qui occupait, en 1827, 840 ouvriers pour une
production de 5,250,000 francs, atteignait en
1834, 12 millions; en 1849, près de 29 millions,
avec 6,439 ouvriers, et 600 ateliers, logés presque
tous dans le quartier du Marais. Cette industrie
avait pris à Paris une des premières places, non seulement pour le bronze d'art, mais pour le bronze
d'ameublement, grandement favorisé par l'extension continuelle du luxe dans les intérieurs. Dès

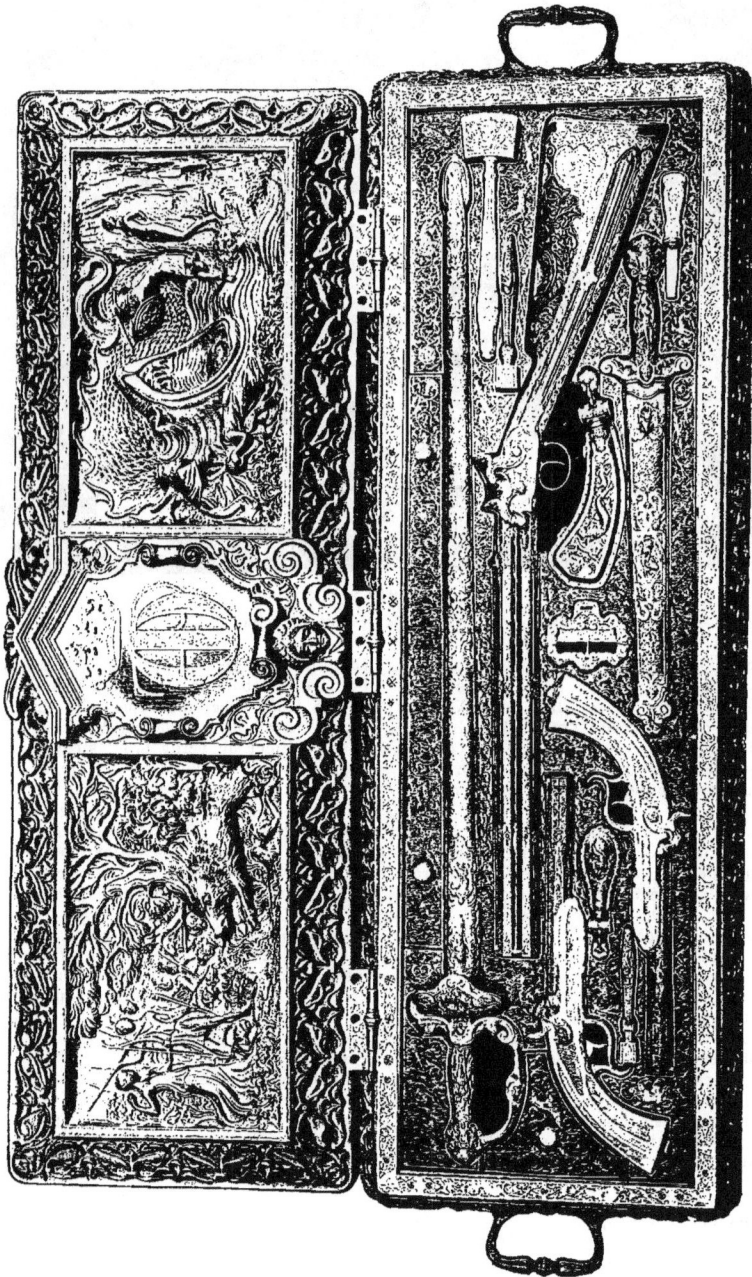

ARMES DE CHASSE FABRIQUÉES POUR LE DUC D'ORLÉANS
par la maison Fauré-Lepage.
(Collection Fauré-Lepage.)

TIGRES

Groupe de GARDET. (D'après une photographie.)

1855, cette faveur du bronze d'ameublement français, c'est-à-dire parisien, s'établit sans rivale, avec les chicorées et rocailles Louis XV, les guirlandes, oves et perles Louis XVI, plus tard l'imitation plus discrète des âges précédents, enfin, pendant les dernières années du siècle, avec les nouveautés fleuries du « modern style ».

L'éclairage au gaz, plus tard l'électricité, ont donné une impulsion nouvelle à la production parisienne des bronzes, qui a été la première à appliquer des procédés artistiques à cette branche industrielle. Il nous suffit de rappeler ici les noms de Sevin, Feuchères, Klagmann, Levillain, Piat, Robert frères, Beau et Bertrand-Taillet, Gagneau, Baguès, Cottin, Motthcau, Parvillers, titulaire aux expositions universelles des récompenses les plus élevées et les mieux méritées; il faudrait pouvoir faire l'éloge individuel, à côté d'eux, de cette légion de fondeurs, doreurs, ciseleurs, monteurs, vernisseurs, dont beaucoup travaillent chez eux, et qui sont l'honneur de l'activité parisienne, mais ce sont des artistes modestes, et leur collaboration si utile se cache toujours sous l'anonymat.

Parmi les maîtres qui ont le plus contribué aux progrès de l'industrie du bronze, pendant la deuxième moitié du siècle, mentionnons Pradier, Carpeaux, Schœnewerk, Carrier-Belleuse, Mène, Clesinger, Cavelier, Chapu, Delaplanche, Aubé, P. Dubois, Saint-Marceaux, Mathurin Moreau, Aizelin, Frémiet, Cain l'animalier, Barrias, Idrac, Falguière, Gérôme, Boucher, etc. Ils ont eu pour éditeurs Denière, Barbedienne, Graux - Marly, Paillard, Thiébaud frères, qui ont recommencé de 1873 à 1875, avec une supériorité certaine, le grand travail de la colonne Vendôme, Collin, Susse, éditeur de petits bronzes élégants, Siot-Decauville, qui a donné accueil aux nouveautés hardies. Le bronze religieux était en même temps très prospère, représenté dans son expression la plus artistique par Poussielgue-Rusand.

A côté de cette fabrication très active, il convient de tenir compte des divers procédés d'imitation, car ils donnent lieu à une production étendue.

Le bronze est une matière chère, elle fond à une haute température, elle se travaille difficilement : autant de causes qui augmentent les prix des bronzes d'art et d'ameublement, et qui créent une clientèle aux diverses imitations; les meilleures sont, pour les petits morceaux, le zinc, et pour les grands, la fonte.

Le zinc s'obtient à bas prix, sa fusion est facile, on peut l'établir sur une faible épaisseur; enfin le métal, se soudant à lui-même, n'exige pas de raccords coûteux. Aussi a-t-il fourni, dès 1826 et pendant tout le reste du dix-neuvième siècle, une fabrication considérable. L'intervention de la galvanoplastie, vers 1845, la découverte de la dorure au mat sans mercure, ont rendu de grands services à cette industrie très parisienne, bien que, comme toujours lorsqu'il s'agit d'articles à bon marché, elle ait subi les assauts de la concurrence allemande. Mais elle a fini par en triompher, grâce à la supériorité de son goût. MM. Ranvier, Coupier, Joffrin, ont été ou sont à la tête de cette spécialité.

La fonte d'art donne des résultats beaucoup moins fins que le bronze, ou le marbre, mais son bas prix, sa solidité, la rendent précieuse pour les œuvres monumentales. La fontaine de la place Louvois, par le sculpteur Klagmann, et celles de la place de la Concorde, sont restées les types de ce genre, dont les établissements Denière sont à Paris les producteurs les plus autorisés.

Enfin, à la gloire des ateliers parisiens, il faut rappeler la statue colossale de *la Liberté éclairant le monde*, par Bartholdi, pour le port de New-York, qui est en cuivre repoussé et martelé. Les anciens l'auraient classée parmi les sept merveilles, car le fameux colosse de Rhodes n'était qu'un enfant auprès d'elle!

G. CERFBERR.

La Bijouterie et la Joaillerie françaises pendant cent ans

(1800-1900)

IL est facile de concevoir qu'avec la Révolution de 1793, toute la joaillerie disparut et que les joailliers demeurèrent alors sans travail comme sans ressources. En même temps que les têtes

PENDANT

Or ciselé, émaux perle et topaze.

(Maison Vever).

d'aristocrates, la guillotine avait fait tomber les bijoux qui les ornaient; plus de couronnes, plus de diadèmes, plus d'aigrettes! Toute marque extérieure de richesse, de modestes boucles d'argent aux souliers était un signe accusateur d'aristocratie. Tout au plus osait-on porter des boucles d'oreilles représentant des faisceaux, des trian-

gles, des bonnets phrygiens, voire même des guillotines; le tout, fabriqué en or à dix ou douze carats. Ce métal de mauvais aloi était encore d'un titre trop élevé pour les assignats qu'on était obligé d'accepter en payement.

Après cette époque épouvantable, un besoin de détente se fait naturellement sentir. Sans doute, sous le Directoire, la mode était encore incertaine, et on continuait à fabriquer quelques bijoux dans le genre de ceux des dernières années du siècle qui venait de finir. C'était d'autant plus naturel que les anciens maîtres avaient repris la direction de leurs ateliers. Cependant la tendance était à l'art antique que l'on voulait imiter sans bien le connaître encore; on cherchait à ressusciter le grec et le romain; on visait à une simplicité que l'on croyait classique et de bon goût. Déjà sous le Directoire, on avait vu des merveilleuses, des nymphes, des déesses et d'autres élégantes vêtues à la romaine, portant trois bracelets à chaque bras : l'un en haut, près de l'épaule; l'autre au-dessus du coude, et le troisième au poignet; des bagues à tous les doigts des deux mains, et même au pouce. Elles portaient de grands anneaux ronds aux oreilles et une grande plaque de ceinture sous les seins. Mme Tallien s'était promenée aux Champs-Elysées portant un maillot couleur de chair recouvert d'une simple tunique de linon, avec des anneaux d'or aux cuisses et aux jambes, des diamants aux doigts de ses pieds chaussés seulement de sandales légères. C'était le triomphe des robes grecques, des cheveux à la Titus, et les seules variantes du suprême bon ton pour les élégantes de l'an VIII étaient de s'adonner aux modes que la campagne d'Egypte avait mises récemment en faveur : turbans, cachemires, percales des Indes, avec bijoux représentant des scarabées, des sphinx ou des obélisques. En 1800, le premier Consul est l'idole de Paris; il donne des fêtes, et fait de nombreuses réformes. La confiance renaît. Les bijoux de famille sortent de leurs cachettes, les théâtres regorgent de monde. La victoire de Marengo est célébrée en grande pompe, avec un enthousiasme indescriptible.

En 1801, une exposition de l'Industrie nationale est ouverte dans la grande cour du Louvre, concurremment avec l'Exposition des Beaux-Arts. La bijouterie se ranime lentement, et les ateliers, désorganisés par l'abolition des maîtrises, — qui fut la ruine des industries d'art, — se reforme peu à peu (1).

Les victoires et les fêtes se succèdent pendant les premières années du siècle, Napoléon perçait de plus en plus sous Bonaparte. On ne songe

(1) C'est le 28 novembre de cette année 1801 que fut achetée à Nitot, plus tard joaillier de l'Empereur, la grosse perle vierge forme œuf, pesant 337 grains, pour le prix de 40,000 francs. Elle fut vendue par l'Administration des Domaines, en mai 1887, sous le nom fantaisiste de *Régente*, et figurait au centre d'une broche. Le premier Consul fit monter en 1803, également par Nitot, une épée sur la garde de laquelle était le *Régent*, et qui était ornée d'autres gros diamants.

qu'au plaisir : on en avait été privé depuis long-temps, il fallait bien se rattraper.

Le peintre David, chef d'école alors tout-puissant, dont le goût excessif pour l'antique influença si fortement son époque, eut une part prépondérante dans tout ce qui se fabriqua à ce moment. Les bijoux, les meubles, l'orfèvrerie, les bronzes subirent sa loi. Les architectes Percier et Fontaine fournirent aux orfèvres des modèles d'un style froid et ennuyeux qui, de plus, étaient exécutés avec une sécheresse désolante. Après la Révolution, Auguste, orfèvre en titre du roi Louis XVI, tenta de reconquérir les vieilles traditions de son métier : il ouvrit un atelier, réorganisa des travaux ; mais il ne put retrouver ni des artistes inspirateurs, ni des ouvriers intelligents, comme ceux d'autrefois, et ce qu'il produisit alors n'approche en rien des belles œuvres que lui-même avait exécutées avant cette fatale époque. Toutefois, il recevait, à l'Exposition de 1802, la médaille d'or. Odiot, né dans la maison d'orfèvrerie de sa mère, pouvait, comme Auguste, servir de lien entre l'industrie de l'ancienne Monarchie et celle de l'Empire. Nommé orfèvre de l'Empereur, il eut, comme l'ancien orfèvre du Roi, beaucoup de succès, et, comme lui, il obtint, dès 1802, la médaille d'or. Citons encore Thomire et Biennais, qui représentent également pour cette époque l'art dans son union avec l'industrie.

L'influence de David fut néfaste et la réforme qu'il entreprit fut nuisible et bouleversa toute la grâce et le charme de l'ancienne école française du dix-huitième siècle, dont les traditions furent malheureusement perdues. Les froides reproductions de l'antique, les meubles aux formes incommodes, aux profils maigres et anguleux, pauvrement relevés par de petits et chétifs ornements plaqués de loin en loin sur l'acajou, sont là pour nous en convaincre. Les bijoux de cette époque sont d'une pauvreté d'imagination remarquable : des armilles en forme de serpent, des anneaux unis, des colliers de corail, des camées, des peignes affreux en filigrane avec une rangée de boules de corail facetées, ou de simples boules d'or, é taient devenus des bijoux de la plus grande élégance. Disons en passant que cette bijouterie en corail commença à déchoir en 1829. Elle fut ranimée par la conquête de l'Algérie qui livrait au commerce français les côtes sur lesquelles se fait la pêche du corail.

En 1804, Napoléon se fait couronner empereur. A cette occasion, les diamants de la couronne sont remontés. Ce sont les joailliers Nitot, Foncier et Marguerite qui sont chargés de ce soin. On peut voir dans le tableau du *Sacre de Napoléon* par David le diadème et le collier de l'impératrice Joséphine, qui ont été peints d'après nature. En 1807, Napoléon fit exécuter par Nitot un diadème de rubis à feuilles de laurier, dont le dessin existe encore.

La joaillerie reprit un rôle important dans l'industrie, jusqu'en 1814. Il se vendit alors beaucoup de diamants. Les principaux ateliers de Paris étaient ceux de Marguerite, de Nitot prédécesseur de Fossin père, de Bapst, Devoix, Loi-

reau, Dubief et autres. On employait les pierreries pour former les peignes servant de bandeau ou de couronne, des colliers à plusieurs rangs, dits en esclavage, et des garnitures de corsage. Toute la joaillerie de ce temps se faisait à plat, c'est-à-dire sans pièces rapportées ou superposées ; le montage était fait avec soin, mais, comme nous l'avons dit, il laissait à désirer pour le style et le goût. Les ornements se composaient de grecques, arcades, trèfles, quadrilles et entourages, qui n'exigeaient aucun travail de composition et d'imagination.

Nitot était joaillier de l'Empereur ; ses affaires s'élevaient à plus d'un million par an. Nous avons vu qu'il avait été chargé d'exécuter la parure de l'impératrice Joséphine, collier, peigne, coiffure, diadème, bracelets, pendants d'oreilles, ceinture. L'ensemble était formé de gros rubis entourés de diamants et rattachés les uns aux autres par de petites chaînes de brillants. Il fit aussi la couronne d'or impériale à huit branches, décorée de pierres dures gravées et de camées ; les branches partaient du cercle orné de camées et se réunissaient sous le globe surmonté d'une croix. Le même joaillier fut chargé d'orner la tiare du pape, faite par l'orfèvre Auguste ; chacune des trois couronnes était surmontée de palmettes dont le centre portait une grosse émeraude ; les intervalles étaient garnis de rubis et de saphirs ; la croix du sommet était toute en diamants. C'est en 1811 que l'épée de cérémonie du premier Consul fut démontée et remontée en forme de glaive, par Nitot.

Le *Régent*, qui figurait précédemment sur la garde, brillait alors sur le pommeau ; les autres pierres, relativement aussi précieuses, garnissaient la poignée, le fourreau et le baudrier en velours blanc de ce glaive impérial.

Nitot se retira du commerce en 1815, laissant sa maison à Fossin père. Celui-ci, homme de goût et de talent, ne fit pas seulement de la joaillerie très belle et bien imaginée, comme l'atteste la magnifique collection des dessins qu'il avait composés, mais il se livrait encore à des travaux de riche bijouterie, en incrustant des pierres dures avec de l'or, montant avec de belles garnitures à figures ou des coupes d'agate orientale, ornant de brillants les sabres pour l'Orient, et rehaussant parfois d'émaux différentes pièces de joaillerie. Il fut un des premiers à faire des bouquets en brillants, reprenant en cela les traditions de Lempereur et de Pouget, et les autres joailliers suivirent fort longtemps la voie qu'il avait tracée. Morel, devenu depuis un joaillier renommé, était alors son chef d'atelier.

Napoléon aimait les cérémonies, la pompe, le grand apparat. Il donnait des fêtes aux Tuileries et les dames de la cour rivalisaient de luxe. Au moment de son mariage avec Marie-Louise, et à l'occasion des fêtes continuelles qui eurent lieu en 1810, 1811 et au commencement de 1812, l'Empereur fit des acquisitions de perles, de diamants, de pierreries pour une somme d'environ six millions de francs. Mais tout le monde ne pouvait pas s'offrir des diamants qui étaient alors beaucoup plus rares que maintenant : c'est pourquoi les camées, les cornalines, les agates arborisées, puis ensuite les améthystes, les péridots, les aigues-marines, les topazes roses ou jaunes figuraient dans un grand nombre de bijoux. On montait souvent ces diverses pierres dans des montures en cannetille courant à plat, qu'on en-

avait également sur le front un très large bandeau surmonté de nombreux et gros camées quelque peu espacés en manière de fleurons. On peut se rendre compte des bijoux qui se portaient alors, en faisant une promenade au musée de Versailles ; on y verra des parures complètes, des colliers, des peignes, et de ces bracelets, composés de rangs de perles ajustés au poignet qui y maintiennent la plupart du temps un camée, quelquefois des aigues-marines, des topazes ou des améthystes. M. Germain Bapst, dans son intéressante *Histoire des joyaux de la couronne*, relate qu'en 1808, Napoléon, jugeant que les camées antiques avaient été exécutés pour servir à l'ornementation des bijoux, rendit un décret par lequel l'administration de la Bibliothèque impériale devait remettre plusieurs camées au grand maréchal du palais pour qu'ils fussent montés en parure. On choisit à cet effet quatre-vingt-deux camées ou intailles. Lors du mariage de Marie-Louise, vingt-quatre furent montés avec des perles dans une grande parure complète, qui se composait d'un diadème, d'un collier, d'un peigne, de bracelets, de boucles d'oreil-

PENDENTIF « ANCOLIES »
Diamants et émaux translucides. — (Maison Vever.)

tremblait de petites feuilles et de petites rosaces estampées.

Les camées eurent une vogue considérable : l'exemple venait de haut. On en mettait partout. On peut voir un portrait de l'impératrice Joséphine représentée avec un collier composé de quinze à dix-huit grands camées ovales entourés de brillants et reliés entre eux par quatre rangs de fines chaînettes en brillants, et sur le front une large bande faite de gros camées, puis encore une couronne de chignon presque aussi importante placée sur le haut de la tête. La reine Hortense

les, d'une plaque de ceinture et d'un médaillon, le tout ornementé de petites perles au nombre de 2,275. Le diadème de la parure en diamants monté à la même époque pour le mariage avec « l'Autrichienne », et dont le dessin existe encore, était composé d'ornements dans lesquels se retrouvent des palmettes obliques et des culots qui sont la caractéristique du style de cette époque.

Pendant ce temps, les femmes de la halle portaient au cou des portraits de militaires peints dans de grands médaillons ovales, et les croix à la Jeannette, qui s'étaient cachées pendant la Ré-

volution, reparurent en même temps que le rétablissement du culte, suspendues par des chaînes
Jaseron, au cou des paysannes et des femmes de
chambre. Comme au siècle dernier les breloques
étaient encore à la mode: parfois aussi les hommes
portaient leur montre attachée à un seul cordon
de soie ou à un ruban qui sortait du gousset du
pantalon et qui suppor-
tait un paquet de brelo-
ques, souvent très vo-
lumineux. Les tabatiè-
res en or, avec émaux
et pierres, étaient tou-
jours très appréciées.
Beaucoup d'hommes
portaient aux oreilles
des anneaux d'or unis
ou ouvragés. C'était,
disait-on, un préserva-
tif pour les maladies
d'yeux. Cette mode s'est
conservée jusqu'à nos
jours dans certaines
contrées de la France.
De 1806 à 1809 on se
couvrit de bijoux à ce
point que les femmes
semblaient des vitrines
ambulantes; aux doigts
les bagues s'étageaient;
les chaînes d'or fai-
saient jusqu'à huit fois
le tour du cou, les pen-
deloques lourdes et
massives tiraient le lobe
de l'oreille; aux bras
serpentaient la ciselure
et l'émail des bracelets
de toutes formes; les
colliers de perles en torsades ou en franges s'en-
roulaient aux cheveux,
qui formaient comme
un bourrelet sur le de-
vant et parfois retom-
baient sur l'épaule. De
longues épingles d'or
fixaient la coiffure relevée à la chinoise; les
diadèmes, formés d'une
feuille de laurier en or
et diamants d'un côté,
d'une branche d'olivier,

PENDENTIF « BRETONNE » OR, ÉMAIL, OPALE.
(Maison Vever.)

en or et perles de l'autre, ceignaient le front des
élégantes. Les peignes se composaient d'une branche de saule pleureur, en or. diamants et perles;
on portait beaucoup de colliers, dont le plus ap-
précié était le collier *au vainqueur*, mélange singulier de 20 cœurs variés en cornaline, en bois
de palmier, en ardoine, en malachite, en amé-
thyste, en grenat, en lapis, etc , suspendus à une
chaîne d'or. La boîte à odeur du dernier goût
s'appelait *bouton de rose*; le dessus était en émail
et or; la fleur finement tracée en perles fines, se
trouvait peinte sous la forme réelle d'un bouton

d'églantier [1]. A cette époque de luxe et d'apparat,
les fêtes officielles battaient leur plein; ce n'était
que bals, concerts, soirées; les uniformes des officiers étaient éclatants, il fallait des pierreries
aux femmes. Les grandes coquettes de la cour en
étaient couvertes, et dans le fameux quadrille
« les Péruviens allant au temple du Soleil », la
valeur des diamants
portés par les dames
de la cour s'élevait,
dit-on, à vingt millions
de francs.

Cependant, le luxe
des bijoux fut tel qu'une
réaction se produisit,
et qu'ils furent peu à
peu proscrits; on les
porta plus simples,
puis, insensiblement, on
les relégua dans leurs
écrins, et le suprême
bon ton, aux environs
de 1810, fut de se mon-
trer d'une sobriété abso-
lue dans l'étalage de
tous ces colifichets. On
les remplaçait alors par
des shalls, des écharpes,
des cachemires avec
palmes que retenaient
de grandes broches ova-
les où figurait, minia-
turé par Isabey ou ses
émules, quelque beau
militaire en train de se
couvrir de gloire aux
extrémités de l'Europe.
C'est à cette époque
qu'Odiot et Thomire
exécutèrent, d'après les
dessins de Prud'hon, le
berceau du roi de Rome,
d'une belle composition
et très habilement ou-
vragé. La Ville de Paris
l'offrit, le 5 mars 1811,
à l'impératrice Marie-
Louise.

C'est de 1810 à 1814
que l'on commença à
faire des bijoux en or
mat. Vers 1815, ils
furent décorés d'orne-
ments hémisphériques ou calottes d'or embou-
ties, sur lesquelles on soudait de petits grains-
d'or immédiatement contigus: on appelait ce
travail le *graineti*; autour, un cercle de fils d'or,
tordus en spirale, embrassait la base de la ca-
lotte, et un certain nombre de ces ornements
disposés sur une plaque d'or de couleur, ciselée
en feuillages ou parsemée de petites perles ou
de petits rubis, formaient des objets de parure
dans la bijouterie courante. Cependant Biennais,

[1] Octave UZANNE, *La Française du siècle.*

Benière, Petiteau, Cahier et Morel fournissaient en outre des bijoux d'un ordre plus distingué.

D'autre part, on était fatigué des mauvais pastiches de l'antique, on ne voulait plus entendre parler du grec et du romain, et l'on cherchait une voie nouvelle. C'est sur le gothique qu'on se jeta. Chateaubriand avait remué les âmes avec son *Génie du Christianisme*. Il semblait qu'on venait de découvrir nos belles cathédrales, et ce fut une fureur. Mais là encore on tomba dans l'exagération, car ce style, mal étudié, fut mal compris, et toutes ces variations successives dans le goût, cette instabilité funeste amenèrent une véritable décadence.

Ce n'est qu'à partir du temps de la Restauration que, les fortunes privées commençant à se reconstituer, on profita des nouvelles relations commerciales pour se procurer des cargaisons de topazes naturelles ou brûlées, d'améthystes, de cristal jaune et d'aigues-marines; toutes ces pierres de peu de prix étaient montées en grandes parures dont l'apparence surpassait beaucoup la valeur. Biennais avait joint un atelier de joaillerie à son établissement d'orfèvrerie; il continuait le système adopté du temps de Louis XVI; ses montures plates et peu décorées consistaient en chatons reliés par des culots d'ornements.

Sous la Restauration, on portait peu de bijoux, la réaction s'étant encore accentuée contre le luxe, et une sorte de pruderie s'étant introduite dans les mœurs. Les Bourbons ne ramenèrent aucune des vieilles traditions de goût, d'art et de luxe; on se contenta de remplacer les abeilles et les aigles par des fleurs de lys, mais le style ne se modifia guère, le mauvais goût continua à régner. Les femmes, vêtues de percale blanche, portaient des toques énormes à la Marie-Stuart, brodées ou garnies de perles, avec des marabouts, des panaches blancs à la Henri IV, et des plumets invraisemblables à la base desquels se piquaient des diamants. Une bague allégorique eut beaucoup de succès: c'était un fil d'or avec trois fleurs de lys et portant, en émail blanc, la devise : « Dieu nous les rend. » On goûtait beaucoup alors les romans de Walter Scott, les poésies de lord Byron, les œuvres de Chateaubriand; les modes et par conséquent les bijoux s'en ressentirent: bientôt l'heure vint où l'on assista au triomphe du romantisme.

En joaillerie, on employait de grandes parures en pierre de second ordre. Ce genre était fait surtout par MM. Dubuisson, Maison-Haute, Paul frères, Petiteau, Bénière, Caillot et Robin. A la même époque, Ouizille-Lemoine et Franchet occupaient une place distinguée dans la joaillerie. Franchet surtout, joaillier de Mme la duchesse de Berry, avait un atelier bien monté où s'exécutaient de grands ouvrages. Cahier, orfèvre du roi, avait aussi un établissement de joaillerie; Bapst, toujours très considéré dans sa profession, fit la couronne du sacre de Charles X et la garnit avec les diamants royaux, ainsi que l'épée actuellement conservée au Louvre et qui figura aux expositions de 1855 et 1878. Il fit un grand nombre de parures dont plusieurs n'avaient pas encore été dé-

truites en 1887 au moment de la vente des Diamants de la Couronne, où l'on put les voir dans leurs montures datant du règne de Louis XVIII.

Avec Louis-Philippe s'ouvre une période de luxe économique, de vie calme et familiale; Lamartine Elvire, Mme Récamier ne pouvaient inspirer des bijoux de haute fantaisie. Cependant à la suite des succès retentissants de *Notre-Dame de Paris* de Victor-Hugo, et de la *Tour de Nesle* de Dumas, les choses du moyen âge reviennent à la mode. Froment-Meurice, un des premiers, imagina d'appliquer ces idées à la composition de ses bijoux et détermina ainsi une révolution complète. C'est en effet à partir de ce moment que l'on vit des bijoux composés d'ogives, avec des chevaliers bardés de fer, des pages à toques emplumées, des casques, des lévriers, des blasons, des écussons, des attributs héraldiques. Tout un arsenal féodal se créa, en ciselures, en émaux; jusqu'aux chapeaux des dames qui étaient à créneaux comme les tours des donjons, et qui accompagnaient les manches bouffantes à crevés et les tailles guêpées des châtelaines de 1830, tandis que des *ferronnières* ornaient leur front. Il y avait aussi des broches et des agrafes composées d'anges élégiaques et sentimentaux, ou encore de grappes de raisin à feuillages émaillés. Beaucoup de ces bijoux, finement ciselés d'ailleurs, étaient exécutés en argent oxydé. Ce qui leur donnait l'apparence artistique dans des prix relativement peu élevés qui en assuraient la vogue. Avec Froment-Meurice, qui en même temps qu'un bijoutier novateur était un orfèvre hors ligne, il convient de citer Wagner, puis son élève et successeur Rudolphi, Petiteau, Benière, Caillot et Robin père, dont la bijouterie était particulièrement estimée. Wagner, dont les œuvres furent très remarquées à l'Exposition de 1834, excellait dans les nielles qu'il avait importés d'Allemagne, en 1830, où ils venaient de Russie. Il fit, par ce procédé, des coupes, des coffrets, des tabatières, des pommes de cannes et des bijoux de toute sorte; il était, de plus, très habile ciseleur. Encouragé par le duc d'Orléans et par la princesse Marie, Wagner entreprit de grands travaux et devint chef d'école; il fit revivre le repoussé, et se fit remarquer tout particulièrement aux Expositions de 1834 et 1839, en même temps que Froment-Meurice qui, comme nous venons de le dire, excellait dans les bijoux gothiques, moyen âge et Renaissance, et s'entourait de collaborateurs éminents tels que Pradier, Feuchères, Cavelier, Vechte, etc., pendant que l'orfèvre Fauconnier, qui demandait des modèles à Barye, enseignait la ciselure à ses neveux Fannière qui ont tenu une si belle place dans l'orfèvrerie de la deuxième moitié du dix-neuvième siècle. C'est à cette époque que Marchand se mit à dessiner des ornements en cuirs roulés qui eurent un très grand succès. Ces bijoux étaient faits d'une feuille d'or découpée qu'on emboutissait et qu'on battait ensuite tout autour. Les rouleaux étaient soit découpés dans la feuille même et roulés à la pince, soit façonnés à part et soudés ensuite à la place qu'ils devaient occuper; ils étaient couverts d'une gravure assez insignifiante, mais qui contribuait à leur donner un aspect plus ouvragé. Vers 1840, on en fit en quantité, puis, très peu de temps après, régna la vogue des nœuds de ruban traités de la même manière, dans lesquels se distinguait toujours Marchand.

Morel, exercé dès sa jeunesse à toutes les pratiques les plus difficiles d'une profession où rien n'est aisé, fut chef d'atelier de Fossin, et fonda, en 1842, la maison qui porte son nom; il devint rapidement un maître en son art. Il travailla notamment à l'épée du comte de Paris, dont M. Froment-Meurice avait la direction générale, et, pour sa part, il avait exécuté en repoussé les figures d'or en ronde-bosse qui en décoraient la garde. Disons en passant que Morel eut comme associé et comme successeur Duponchel, qui a laissé un nom connu dans l'orfèvrerie et dans l'histoire de l'Opéra dont il fut quelque temps directeur. C'est également sous le règne de Louis-Philippe que M. Christofle s'occupait de bijouterie]; il faisait alors des filigranes d'or et d'argent, des

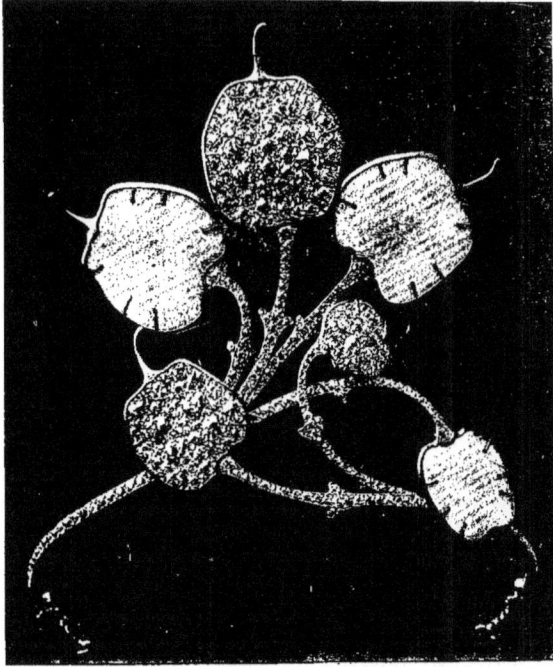

DIADÈME JOAILLERIE ET OPALES
(Maison Vever.)

passer à la cravate l'épingle qui jusque-là était portée sur le plastron de la chemise; les lionnes et les fashionables, les « Jeunes France » se retrouvaient alors au boulevard de Gand, et c'est surtout pendant les trois journées de Longchamp que se lançaient les modes nouvelles, tels que les gros bracelets en forme de larges rubans plats émaillés gros bleu transparent sur fond guilloché avec une boucle en demi-perles ou en grenats, les fines chaînes-sautoirs avec un coulant orné de pierres qui tenait la montre placée dans la ceinture et que les hommes portaient aussi bien que les femmes dans leur gilet de velours ou de casimir qui, bien souvent, bâillait sur un corset et dont les boutons étaient fréquemment en or orné de lapis-lazuli, de jaspe, de grenat ou d'autres pierres.

À cette époque, le carnaval était une occasion de mascarades très suivies et les réceptions des Tuileries étaient très recherchées, même par les gardes nationaux. Le nec plus ultra de la joaillerie consistait en bouquets et en rivières à chatons d'argent très apparents, et les parures de diamant se composaient surtout de feuillages assez maigres, découpés et agencés sans grand goût, entre lesquels pendaient des grappes de chatons. Mais c'étaient là les parures de la noblesse et de la haute bourgeoisie; Mimi-Pinson se contentait de bijoux beaucoup plus modestes.

tissus métalliques et des sortes de passementeries, des bracelets, des boucles d'oreilles, des fleurs, des papillons et des oiseaux, en grande partie pour l'exportation. Il succéda, en 1831, à M. Calmette, dont il était associé depuis 1825. Avant de se livrer entièrement à l'exploitation des procédés électro-chimiques, M. Christofle fabriquait aussi beaucoup de joaillerie, et exposait, en 1844, une parure complète tout en brillants, des bouquets, des colliers de diamants et de pierres de couleur, travaux faisant beaucoup d'effet puisqu'ils étaient destinés à l'exportation. Ce fut M. Rouvenat, son associé, qui lui succéda dans la fabrication de la bijouterie. Pendant cette époque de romantisme, les dandys et les mirliflores, habillés à la Musset, portaient de grosses cravates longues qui cabaient entièrement la chemise, mode qui fit

En 1850, les bals du Prince-Président étaient très suivis. La joaillerie restait stationnaire; la mode des rivières et des parures à feuillages et à chatons espacés se continuait, comme elle s'est continuée, du reste, sans grandes modifications jusque vers la fin du second Empire avec des montures presque toujours en argent. On portait de ces bijoux en émail vert ou émail bleu sur fond guilloché avec grappes de perles ou avec bouquets en roses; c'était souvent des feuilles de vigne avec raisins en perles d'une régularité relative, des *demi-parures* composées de la broche et de pendants d'oreilles, d'un modèle identique, mais réduits, des bracelets en or très larges avec cinq ou six perles de Panama entourées de brillants sertis dans l'or, dans des montures à griffes, des étoiles de diamants avec filets d'émail noir ou bleu foncé, des camées *durs*, comme on disait alors, par opposition avec les camées *coquilles*.

En 1853, le jour de son mariage, l'Impératrice Eugénie, qui portait une robe de velours blanc uni, recouverte de magnifiques dentelles d'Alençon, avait un corsage couvert sur le devant d'épis de diamants posés comme des brandebourgs, et, sur la tête, un diadème et un tour de peigne avec saphirs merveilleux.

Bapst, qui était joaillier de la couronne, venait également d'exécuter de nouvelles parures en utilisant les pierreries du Trésor. Il fit ainsi, entre autres pièces, deux grands nœuds d'épaule, un diadème à palmettes, un tour de corsage à feuilles de lierre, une grande guirlande à seize aiguillettes, une « *berthe* » ou ornement de corsage en perles et diamants, une broche Sévigné, une chaîne de trente-deux gros maillons en brillants, un grand peigne dans lequel figuraient plusieurs des *Mazarins*, un grand diadème russe et un autre grand diadème à la grecque. [Ces deux dernières pièces figurèrent à l'Exposition de 1867 où elles furent très remarquées.]

Un peu plus tard, en 1855, les crinolines font leur apparition et se portent bientôt énormes, invraisemblables. C'est le moment de ces longues boucles d'oreilles qui pendent presque jusqu'à l'épaule et dont on fit d'innombrables modèles représentant les sujets les plus variés et souvent les plus bizarres. Napoléon III avait acquis la collection Campana et la faisait installer au Louvre, ce n'est de là qu'est sorti le style néogrec. Les bijoux antiques eurent alors une grande influence sur la fabrication parisienne, et le style étrusque fit fureur. Fontenay, à l'instar de Castellani, de Rome, excella dans ce genre et exécuta de véritables merveilles, avec un goût parfait. C'était la reconstitution et l'interprétation des plus beaux spécimens de l'antiquité; les formes simples, les pendeloques et les colliers « amphores » en bel or mat, eurent un succès prodigieux. On introduisit dans ces bijoux du corail, du lapis, de la mosaïque, des peintures émaillées, mates comme des fresques, qui s'harmonisaient avec le ton de l'or et avec le style. On porta aussi, pendant plus de trente ans, des médaillons ovales, ou *lockets*, en or mat, généralement ouvrants, suspendus à des chaînes ou à des colliers, dont la variété fut extraordinaire, surtout à la fin du règne, où Auguste Lion, qui s'était fait une spécialité de chaînes, créa une quantité considérable de modèles d'une très bonne fabrication. Il faisait aussi des bracelets larges, souples et plats dits *jarretières*, et de ces grosses gourmettes en or poli ou grosses chaînes *forçat* auxquelles on suspendait quantité de petits médaillons ovoïdes, ronds ou ovales, en or, en grenat, en lapis, en malachite,

en jaspe, en onyx, enfin en pierres de toute espèce, et dans lesquels on plaçait des portraits, des cheveux, des souvenirs de toute sorte. C'était aussi la mode des bracelets serpents, émaillés, flinqués, ou tout or, dont les corps rigides ou à articulations, ou en écailles mobiles, garnis d'un ressort à l'intérieur, faisaient plusieurs fois le tour du bras. Un peu plus tard, ce fut le tour du bracelet *porte-bonheur* composé d'une bande plate en or rouge poli, uni ou repercé par un petit dessin très serré. Ils étaient rigides, et s'ouvraient à charnières *perdues*, c'est-à-dire ne faisant aucune saillie à l'extérieur du bracelet non plus que le fermoir à *cliquet* également *invisible*. On en fit des carrés, des ronds, des *joncs* et des demi-joncs, de toutes hauteurs et de toutes dimensions; la consommation en fut telle à la fin de l'Empire et au commencement de la troisième République qu'il n'est, pour ainsi dire, aucune femme, même de condition modeste, qui n'en ait porté. On fit ensuite des bracelets *semaine* composés de sept fils d'or ou d'argent, souvent alternés unis et cordés, représentant les sept jours de la semaine, retenus par une bride transversale. Ces bracelets ne s'ouvraient pas; on les entrait en forçant légèrement sur la main.

À la cour, le luxe était très grand. L'Empereur donnait des fêtes splendides aux Tuileries, à Saint-Cloud, ainsi que la princesse Mathilde et les grands dignitaires. Les grands travaux qui transformaient la capitale enrichissaient à la fois les entrepreneurs et les expropriés; l'extension des chemins de fer, la réussite triomphale du canal de Suez, l'essor pris par l'industrie française créaient de grandes fortunes qui permettaient à leurs heureux possesseurs de suivre l'exemple de luxe venu de haut. Au moment de l'Exposition de 1867, les principaux souverains étrangers vinrent à Paris. Ce fut comme un éblouissement, comme une apothéose de féerie; tout le monde gagnait de l'argent, tout le monde en gaspillait. C'était véritablement l'âge d'or pour les bijoutiers! Le Grand-Prix de Paris avait remplacé les journées de Longchamp; on faisait du bijou sportif: fers à cheval, fouets, cors de chasse, têtes de chiens ou de cheval, et aussi des bijoux en or mat, genre anglais, etc., qui se portaient le jour. Le soir, on allait applaudir la Patti aux Italiens, ou Hortense Schneider aux Variétés, et dans les deux cas, les épaules ruisselaient de diamants. Ce fut l'apogée du luxe.

Tout cela s'effondra en 1870. La guerre mit les larmes et le deuil là où la joie avait éclaté frénétique et insouciante.

Après avoir connu les souffrances d'un siège, Paris connut les horreurs de la guerre civile et de l'incendie. Comme après les grands cataclysmes, il y eut un moment de stupeur, puis de recueillement. Les bijoux que, pendant la tourmente, on avait cachés, ceux qu'on avait importés à l'étranger où, dans bien des cas, ils furent les seules ressources de leurs possesseurs, reparurent petit à petit; on continua à porter ce qu'on avait, sans s'ingénier comme autrefois à trouver quelque mode nouvelle; c'est tout au plus si, en fait d'ac-

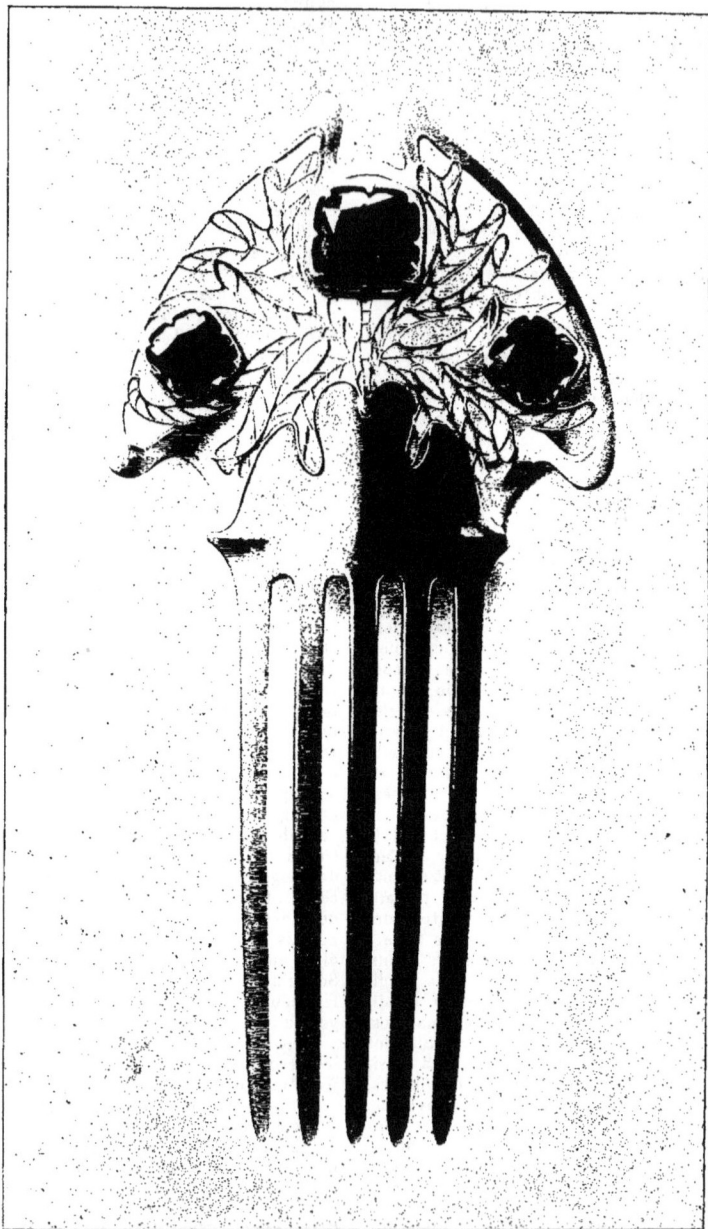

PEIGNE EN CORNE AVEC AMÉTHYSTES DE SIBÉRIE
Émail vert translucide à nervures d'or.

(Maison Vever.)

tualité, on créa des bijoux symboliques « Alsace-Lorraine ».

Mais le succès prodigieux de l'emprunt de guerre, la libération du territoire, les preuves multiples de vitalité données par la France firent renaître bientôt la confiance et ramenèrent à Paris la riche clientèle étrangère d'Orient, d'Égypte, des deux Amériques, etc. La joaillerie se ranima et son essor fut particulièrement favorisé par la découverte, alors récente, des mines de diamants du Cap, qui mit dans la circulation un nombre considérable de pierres dont beaucoup étaient de dimensions inaccoutumées. Les premiers spécimens étaient d'une couleur jaunâtre qui fit baisser le prix du diamant en général. Mais bientôt la consommation se fit très abondante. La joaillerie qui, sous l'impulsion prépondérante de Massin, de Baugrand, de Falize, de Boucheron, de Fontenay, etc., avait fait de grands progrès à partir de l'Exposition de 1867, continua à prospérer. Les montures en argent, les griffes en platine commencent à remplacer avantageusement les montures en or. De jolis bouquets imitant la nature, des colliers et des bracelets souples à emmaillements invisibles, sortirent des magasins de la rue de la Paix, du boulevard des Italiens et du Palais-Royal dont la vogue avait été si considérable sous Napoléon III.

PENDENTIF (Maison Vever).

Les fêtes que donnaient à l'Élysée les différents présidents de la République n'attiraient guère que les fonctionnaires et ceux qui faisaient la cour au nouveau régime, et ce n'est pas de là que vint le perfectionnement sensible qui se manifesta dans l'industrie du bijou. De plus, la vente des diamants de la couronne, en 1887, qui produisit près de sept millions (6,864,050 francs), jeta sur le marché un nombre considérable de joyaux et de pierreries. Mais le goût français, libre d'entraves ou plutôt privé de direction officielle, se laissa aller à ses propres inspirations. Les expositions universelles nombreuses, rapprochées en France et à l'étranger, facilitèrent les comparaisons et stimulèrent les producteurs. L'enseignement des Beaux-Arts prit une importance insoupçonnée jusqu'alors; les musées s'enrichirent et le goût se développa rapidement. On peut en

suivre la marche dans les expositions et constater quels progrès considérables l'industrie du bijou avait faits de 1878, où Massin, Fontenay, Boucheron, Lucien Falize, Bapst, Fouquet père, Rouvenat, Vever père, Mellerio, Froment-Meurice, Duron, etc., soutinrent avec succès le renom de la bijouterie jusqu'en 1889 où elle brilla à nouveau d'un si vif éclat dans les vitrines de Boucheron, des frères Vever, de Falize et de tant d'autres. Entre temps, l'art du médailleur avait fait des progrès considérables; on montait en bijoux des œuvres délicieuses de Roty, de Vernon, de Bottée, de Vernier. La vogue en fut très grande, elle dure encore aujourd'hui, et permet de posséder des œuvres merveilleuses d'artistes éminents, pour un prix modeste. Il semblait alors que la Bijouterie et la Joaillerie fussent à leur apogée et qu'il fût impossible de mieux faire. C'était presque vrai pour la joaillerie qui depuis Massin avait atteint la perfection dans l'exécution. Mais il appartenait à la fin du dix-neuvième siècle de voir une révolution complète dans le goût et dans le style, révolution dans laquelle les maîtres Grasset et Gallé ont rempli le rôle de précurseurs, et qui eut une influence extraordinaire sur toutes les branches de l'Art Décoratif. Les faits sont encore trop près de nous et nous manquons de recul pour connaître actuellement la genèse de cette évolution si brusque qui, sous les noms d' « art nouveau » et de « Modern style », transformèrent en quelques années les industries d'art; mais, plus tard, on en écrira les origines et l'histoire. Nous pouvons cependant dire que cette renaissance salutaire est due principalement à l'influence inconsciente mais patente de l'art japonais, qui exerça une action différente sur les arts industriels aux États-Unis et en Angleterre, puis en France. On s'était contenté jusqu'alors de pasticher les styles anciens, en les accommodant plus ou moins au goût du jour. L'art japonais et l'étude directe de la Nature, source de toute inspiration, montrèrent qu'il était possible de faire autre chose et de faire mieux.

Dans le domaine du bijou, Lalique fut celui qui, le premier, rompit avec la tradition. Au

8

Palais de l'Industrie, dans les salons de 1895 et des années suivantes, ce grand artiste montra au public émerveillé ce que le génie français est capable de réaliser. Avec un goût parfait, il employa les matières les plus diverses, les pierres et les gemmes les plus ordinaires, en les utilisant, non d'après leur valeur, mais d'après leurs colorations. C'est ainsi qu'il réhabilita l'opale, la corne, l'ivoire, les perles baroques, les cabochons les plus irréguliers et les plus délaissés, et en fit des objets d'un extraordinaire raffinement, ayant un caractère très personnel. Son succès fut prodigieux, foudroyant, et son influence sur l'art du bijou est énorme. La date de 1900 est la limite extrême de cette revue rapide de la bijouterie pendant cent ans, et nous ne saurions porter un jugement sur ceux qui contribuèrent si puissamment au succès de l'Exposition universelle dont les palais sont encore debout. Qu'il nous soit cependant permis de dire quelle gloire c'est pour la bijouterie française d'avoir un maître tel que Lalique, qui rayonne d'un éclat incomparable. Après lui nous devons citer aussi Vever, qui, dans le style moderne également, a montré de la joaillerie resplendissante, mélangée d'émaux translucides, et des bijoux d'art très remarquables,

ÉPINGLE DE CHAPEAU
(Maison Vever).

quoique d'un sentiment différent de ceux de Lalique ; et, dans un genre plus classique, Boucheron, l'illustre doyen des bijoutiers parisiens, qui tient une si grande place dans l'histoire de cette corporation pendant ces quarante dernières années ; les Falize, Chaumet, le successeur de Morel, dont nous avons parlé précédemment ; Rouvenat-Desprès ; les frères Marret, Coulon, les ciseleurs Raux, Richard ; Brateau, qui ressuscita l'art de l'étain en orfèvrerie ; Grandhomme, Tourrette, Alfred Meyer, Thesmar, Bouillon, Feuillâtre, Hirtz, émailleurs de grand talent ; des bijoutiers ou bien des joailliers tels que Fouquet fils, Paul Robin, renommé pour ses bijoux d'or mat, très soigné, Lucien Gaillard, qui est plutôt orfèvre ; et, dans le genre

BROCHE « APPARITIONS » (Maison Vever).
Composition de E. Grasset.

plus courant, Savard, Murat, Piel ; Moche, qui s'est fait une spécialité des bourses en cottes de mailles ; Gross-Langoulant, qui fabrique par an plus de 30 kilomètres de chaînes ; et tant d'autres, comme Le Saché qui, sans prendre part aux expositions, est un des producteurs les plus féconds et les plus intéressants de la dernière période

du siècle. Cette nomenclature, faite sans ordre, est très incomplète, et nous regrettons les omissions que ne peut manquer de contenir un travail aussi rapide. La vogue du Palais-Royal avait atteint son apogée vers 1880. En 1893, il déclinait. Boucheron, qui en était le principal ornement, l'abandonna et vint se fixer au coin de la place Vendôme. Ce fut le signal du départ des autres joailliers. Fontana, Tixier-Deschamps, Leroy, Sandoz, Ecalle, etc., désertèrent à leur tour et vinrent s'établir soit rue de la Paix, — qui est toujours la voie triomphale des bijoutiers, — soit rue Royale, soit encore sur le boulevard de la Madeleine.

Dans ces dernières années, le bijou est plus que jamais en faveur ; on en porte beaucoup, et de très jolis. Les belles perles sont de plus en plus rares et recherchées ; leur valeur a augmenté depuis dix ans dans des proportions extraordinaires et l'on en paye, lorsqu'elles sont parfaites, jusqu'à trente et même quarante fois le poids au grain. Quant aux diamants, la hausse, déjà très considérable grâce aux achats faits par l'Amérique du Nord et les pays d'Extrême-Orient, s'est encore accentuée, depuis la guerre du sud de l'Afrique entre les Anglais et les Boers, et tout fait prévoir qu'il en sera longtemps encore ainsi. Nos élégantes fin de siècle auront, comme au commencement du XXe siècle, des bagues à tous les doigts, mais plus riches que celles de leurs aïeules ; elles se parent de sautoirs en perles ou avec de petits motifs émaillés placés de distance en distance ; de pendants de cou ciselés et émaillés suspendus au corsage par de minces chaînes d'or ; de boucles de ceinture, de peignes. L'or vert est à la mode. On ne porte plus aux oreilles qu'une perle ou un brillant, et encore la mode tend-elle à en être délaissée par les jeunes femmes. La bijouterie brille d'un éclat qui n'a jamais été égalé jusqu'ici ; la joaillerie s'est modifiée, s'est rajeunie ; Vever en particulier a renouvelé les formes et y a mélangé très heureusement l'émail translucide à nervures d'or avec les diamants.

Les manches longues ont exilé momentanément les bracelets, dont la vogue fut si grande, mais qui reviendra sans aucun doute. La plupart des objets dont nous parlons sont composés d'ornements dans lesquels l'iris, le gui, le pavot, le chardon, le chèvrefeuille, le paon, le cygne, jouent un rôle prépondérant. On emploie aussi, et avec succès, la figure humaine, et les jolies têtes féminines à chevelure dénouée sont, avec les fleurs que nous venons de citer, une des caractéristiques du style actuel que l'on apprécie de plus en plus, que nous souhaitons sans décadence, et qui, nous n'en doutons pas, laissera dans l'histoire du bijou une page glorieuse et tout à l'honneur du goût français.

J.-L. BERTRAND.

L'Article de Paris

ARTICLE de Paris ou simplement Article Paris est une dénomination collective propre à un genre d'industrie embrassant principalement tout ce qui s'adresse à la coquetterie féminine avec pour condition de coûter peu. Ce que le magasin de la rue de la Paix fait payer de grosses sommes, ce qui n'est accessible qu'aux matadors de la fortune, la boutique plus modeste des faubourgs populaires l'offre pour quelques francs, parfois même pour quelques sous à l'ouvrière, à la fille employée, au trottin, à la femme ou à la fille d'artisans qui veulent se faire belles. L'article de Paris est de création moderne. Il ne remonte pas plus haut que l'invention de la dorure chimique, car il base ses plus importantes affaires sur la bijouterie en doublé, le chrysocale et ce que l'on est convenu d'appeler en argot de fabrique « le faux. » Il y joint la fantaisie en verroterie et en autres matières de peu de valeur. Le centre de cette fabrication, essentiellement parisienne, au moins jusque dans la seconde moitié du XIXᵉ siècle, est le quartier du Temple. Là, presque dans chaque rue et dans chaque appartement de chaque maison, se voient, assidûment au travail, les petits inventeurs ingénieux qui ont souvent du goût et avec un brimborion de métal peu cher créent un joli colifichet. Généralement ces ateliers en chambre n'occupent guère que la famille du fabricant, mais tout le monde y met la main, père, mère, enfants en âge d'apprentissage. A la bijouterie est venue s'ajouter assez tôt la gainerie, le peigne, le porte-monnaie, le petit sac, etc. tous objets de fantaisie mais ne dépassant pas le prix que peut se permettre la petite bourse. Cet article de Paris, dont il serait impossible de dresser le catalogue complet, se distingue par sa variété toujours inépuisable. Il y a quarante ans, il faisait encore le gagne-pain, et par rencontres la petite fortune de toute une partie, la non moins intéressante, de la population parisienne laborieuse. Il a beaucoup décliné. L'Allemagne lui fait une concurrence ouverte ou occulte en jetant sur le marché parisien même quantité d'objets de peu de revient en plaqué, similor, etc. Plus récemment encore les Américains ont, avec des capitaux qui donnent le moyen d'établir un outillage perfectionné, essayé de rivaliser avec la petite industrie du Temple. Une de leurs spécialités est le faux diamant, qui ne remplace pas le vrai — ni les élégantes de la haute aristocratie ou de la haute finance, ni les demi-mondaines ne consentiraient à encourager cette substitution — mais qui tend à mettre à néant le bijou parisien.

CHARLES SIMOND.

Les jouets parisiens.

LA fabrication des jouets est une industrie très parisienne dont l'extension considérable est tout entière comprise dans le dix-neuvième siècle. Jusque-là, les ménages en poterie ou en étain, les soldats, les poupées et les chevaux de carton, les toupies, etc., venaient de l'étranger et d'ailleurs ne comportaient en aucune façon la variété et le fini de l'exécution qu'ils ont atteint depuis. Exceptionnellement on voyait des marionnettes et des mannequins automates, et aussi de belles petites chambres bien meublées, mais ces jouets coûtaient fort cher, et n'étaient pas de fabrication courante.

Au surplus, dans les classes riches, on achetait aux enfants trois ou quatre jouets par an; dans les autres, les enfants s'amusaient surtout avec ce qu'ils trouvaient à la maison. On était loin des gâteries modernes! Les enfants n'en étaient pas moins gais. Deux ou trois fabricants, notamment Maire, au Marais, se partageaient les commandes d'alors.

C'est la variété plus rapide de la mode et les fluctuations passionnantes de la politique qui ont encouragé l'ouvrier parisien à créer lui-même des jouets par sa seule initiative, et qui furent le point de départ d'une industrie classée aujourd'hui comme l'une des premières de la capitale. Cet ouvrier sur place pouvait suivre de près la mode et tirer parti des idées dominantes du moment. La supériorité de notre jouet résulte de ce que la fabrication a été, et encore maintenant, quoique dans une proportion moindre, reste aux mains de petits tâcherons qui luttent d'ingéniosité pour frapper l'esprit de l'acheteur, et forcer l'intérêt. Groupés dans le quartier du Marais, et le faubourg Saint-Antoine, ces producteurs parisiens travaillaient en famille, achetaient la matière première au jour le jour — c'était d'ailleurs des déchets de peu de valeur, — et veillaient nuit et jour pendant les mois de novembre et décembre pour répondre aux demandes de Noël et du 1ᵉʳ janvier. Si pour cette époque, ils trouvaient une bonne idée, bien attrayante pour les enfants ou pour les parents, qu'ils pouvaient exploiter dans les baraques de la foire des grands boulevards, ils gagnaient facilement plusieurs milliers de francs; sinon ils se contentaient du gain encore appréciable de leur fabrication courante.

On pourrait suivre l'histoire de France, même l'histoire du monde entier, avec les jouets fabriqués à Paris depuis cent ans. Après les petites bastilles et les petites guillotines qui appartiennent au dix-huitième siècle, on vit paraître les maréchaux d'empire, empanachés superbement, puis, en 1814 et 1815, les Anglais vêtus de rouge, les Prussiens traînant le sabre, les Autrichiens blancs et bleus, etc.; puis une question d'Orient, pendant laquelle le jouet favori fut deux alliés tapant à tour de bras sur une tête de Turc; ensuite, la série des Arabes, en 1848 les emblèmes et jouets républicains; sous l'Empire, la poupée dont le luxe grandit: poupée soubrette, poupée alsacienne, poupée cocotte avec son chapeau minuscule et son *suivez-moi jeune homme* en deux longs rubans noirs tombant dans le dos, et posés sur des cheveux faux qu'on pouvait enlever; de cette époque datent les accessoires élégants et bien faits tels que mouchoirs chiffrés, gants, bottines, ombrelles, accessoires de toilette, peignes, brosses, glaces, d'un bon marché étonnant en égard au luxe déployé.

Faut-il ranger dans les jeux la fameuse question romaine, si simple et pourtant si difficile à résoudre? Elle fit fureur en 1866.

De tous temps, dans notre France très militaire, les armes avaient trouvé le succès ainsi que les soldats de plomb, mais les uns comme les autres nous venaient d'Allemagne. Notamment trente mille fusils à aiguille avaient été vendus entre la bataille de Sadowa et le 1er janvier suivant. C'était énorme pour l'époque.

Le siège de Paris nous a valu la simplicité dans les accoutrements de poupée, qui se transforme en cantinière avec képi et bidon, ou en infirmière portant le brassard à croix rouge. Les fusils Chassepot et les canons se chargeant par la culasse ont, naturellement, les préférences des garçons, ainsi que les forts et les canonnières cuirassées.

Peu après cette époque, nos fabricants, qui n'avaient cessé d'améliorer et de perfectionner, s'outillent plus grandement, et leurs moyens d'action permettent d'étendre à des jouets les procédés scientifiques et mécaniques réservés jusqu'alors à la grande industrie. Ainsi l'on voit paraître les jeux instructifs, alphabétiques, géographiques, historiques, les jouets mécaniques, marchant avec l'aide de ressort d'horlogerie, qui nous étaient venus d'Allemagne tout d'abord, mais que bientôt on fabriqua mieux à Paris, notamment les chemins de fer, les bateaux, puis les jeux véritablement scientifiques, ayant trait à l'électricité, à la chaleur, aux propriétés des gaz ou de la vapeur, à l'optique, à la chimie, à la galvanoplastie, etc. Grâce à ses efforts, l'industrie parisienne des jouets a détrôné l'importation des affreux articles allemands: ménages peints lourdement en rouge, maisons de bois carrées, arbres taillés en bonnet d'astrologue et montés sur pied rond, poupées de peau bourrées de sciure, qui ont fait le bonheur des enfants jusque vers 1875.

En 1879, le bébé articulé, habillé avec art et goût par nos ouvrières de Paris, a définitivement remplacé la poupée. M. Jumeau a eu la plus grande part à cette transformation. Les têtes en porcelaine sont montées sur des cartonnages moulés, ensuite habillés à la mode du jour avec une exactitude absolue, car les fillettes sont devenues connaisseuses et exigeantes. Les chapeaux, les robes, sont de petites merveilles.

Les ouvriers en chambre, habitant presque tous le faubourg Saint-Antoine ou Belleville, faisaient autrefois avec des déchets de placage et de bois fins des petits meubles simplifiés; aujourd'hui, le meuble de poupée est l'objet d'un commerce considérable, accaparé par des maisons spéciales travaillant sur du bois neuf, et imitant les modèles de style avec tout le fini de leurs détails; une seule petite chaise en bambou passe par sept outils mécaniques et par onze mains différentes, pour le rabotage, le chantournage, le marquage, le découpage, le ponçage, l'assemblage, le cannage, le vernissage, etc.

Il existe dans le quartier du Marais de véritables manufactures d'équipements militaires pour enfants. Fourot a créé la panoplie; Vilain fabrique les amorces, la maison Andrieux a gardé longtemps la spécialité du fusil, fabriqué journellement par milliers; le petit pistolet à amorces occupe deux cents mains, rien que dans l'usine Rossignol à Belleville, d'où sortent encore les grenouilles sauteuses, les sifflets de métal, les wagons taillés dans les déchets de boîtes de sardines, et qui se vendent un sou au détail; là se fabriquait aussi l'horripilant *cri-cri*, dont on vendit onze millions d'exemplaires pendant la seule année 1876.

La montre qui se remonte, avec les aiguilles qui marchent, inventée par Houy en 1863, occupe plus de mille ouvriers. Dans une seule usine, on fabrique tous les jours trente mille montres, sans chômage dans l'année, et Paris, qui en fait cent mille par jour, en exporte pour plus d'un million de francs.

Richard frères et Blanchon font à eux seuls 1,500,000 francs de jouets métalliques. Roussel et Dufrieu, successeurs de Lefèvre et Vilain, ont aussi une fabrication très considérable. Georges Potier a créé le soldat de fer-blanc, et en a fabriqué annuellement plus de cinq millions. Chez Gerbeau, c'est le soldat en étain qui a vaincu la concurrence allemande.

Ensuite vinrent les jouets mécaniques. Une des premières maisons a été celle de Roullet et Decamps. Parmi les succès de ce genre, citons la poupée nageuse, le chien nageur; Bidal, les oiseaux chanteurs; Bontemps, la voiture en métal; plus tard les automates Georges Parent, qui fut secrétaire du Conservatoire des Arts et métiers, les joueurs de violon, les balayeurs, etc., les jouets télégraphiques Loiseau. Les mirlitons se fabriquent spécialement rue Saint-Jacques; les fouets d'enfants, entourés d'une spirale de papier doré, sont faits uniquement par une colonie d'israélites.

On jugera par ce que nous venons de dire de l'importance et de l'extension de cette fabrication des jouets, qui occupe une armée d'ouvriers ébénistes, tourneurs, menuisiers, cartonniers, mouleurs, sculpteurs, fondeurs, soudeurs, porcelainiers, potiers, costumiers, lingères, opticiens, vernisseurs, etc., travaillant avec deux façons différentes selon que l'article est destiné à la vente en France ou à l'exportation. Environ six mille ouvriers parisiens relèvent de cette industrie, avec des salaires de 5 à 8 francs pour les hommes, de 2 à 4 francs pour les femmes; le maximum de salaire est obtenu dans la fabrication des instruments de musique, le minimum dans le cartonnage.

G. CERFBERR.

MOÏSE ENFANT PRÉSENTÉ A PHARAON. (Tableau d'ORSEL.)

X. — LA VIE ARTISTIQUE DE PARIS AU XIXᵉ SIÈCLE

Les Salons de 1800 à 1900.

LES premiers Salons du siècle, ceux de l'an VIII, de l'an IX et de l'an XII, ne se distinguent pas encore très nettement de ceux qui ont terminé le dix-huitième siècle. Nous y trouvons deux influences diverses et contradictoires. D'un côté, les derniers artistes du siècle précédent continuent leur œuvre commencée sous l'ancien régime. Ce sont tour à tour Greuze (avec l'Inno-cence (1800), Cultivateur remettant sa charrue à son fils (1801), J.-B. Huet, l'auteur de tant de gra-cieuses scènes champêtres, avec ses Jeunes Taureaux (1800), Mlle Gérard, élève de Greuze, Demarne qui reste fidèle à ses petites toiles minu-

tieuses où il représente les paysans; Boilly dont les œuvres sont aujourd'hui recherchées comme celles d'un autre Chardin; Louis Moreau et Moreau le Jeune, l'un délicat paysagiste, l'autre excellant aux scènes de genre; Fidanza, qui continue Joseph Vernet; Clérisseau et Granet, qui peignent à la manière d'Hubert Robert des ruines romaines. A côté de ces maîtres qui iront en s'éclaircissant à mesure que le siècle s'avance, et qui seront à peu près disparus vers 1818, de

MÉDAILLE COMMÉMORATIVE DE L'ACHÈVEMENT DE L'ÉGLISE SAINT-VINCENT-DE-PAUL.

(Musée de la Monnaie.)

ÉGLISE SAINT-VINCENT-DE-PAUL. MÉDAILLE COMMÉMORATIVE.

(Musée de la Monnaie.)

nouveaux artistes paraissent qui incarnent des idées nouvelles et des formules d'art différentes. Tels sont par exemple Girodet, qui expose au Salon de 1800 un *Portrait;* Callet, qui représente le *18 Brumaire* à la même exposition; Gros, auteur de *Sapho à Leucate;* Mlle Mayer, qui tient de son maître Prud'hon l'art des délicates allégories. Ces artistes ne font que s'affirmer davantage au Salon de l'an XII, qui voit des portraits de grands généraux et celui du père de l'Empereur, par Girodet; *les Pestiférés de Jaffa,* de Gros; des scènes romaines par Le Barbier, et *l'Empereur visitant la manufacture des frères Se-*

signaler un tableau de Michel, le véritable précurseur de notre grande école de paysage de 1830, et des sculptures de Canova et de Thomire. Les Salons suivants ne se distinguent guère de ceux-là. Celui de 1812 marque les débuts d'Horace Vernet avec la *Prise d'un camp retranché,* tandis qu'Ingres envoie de Rome son *Don Pedro de Tolède,* et que Scheffer expose un *Abel chantant les louanges du Seigneur.* En 1814, il n'y a guère à signaler que Prud'hon avec une *Justice et Vengeance* et une *Psyché,* car les préoccupations de la France sont ailleurs. En 1817 et 1819, les artistes recommencent à produire. Prud'hon ajoute sa belle *Andro-*

PYTHIAS ET DAMON DEVANT DENYS LE TYRAN
Tableau de FÉRON.
Prix de Rome. — Grand prix de peinture en 1826. — (École des Beaux-Arts).

vène à Rouen, par Isabey. Presque toutes les œuvres de ces salons célèbrent la gloire de l'Empereur. A deux reprises différentes (1806 et 1808), le sculpteur Houdon expose des bustes de l'Empereur et de l'Impératrice. C'est encore au Salon de 1808 que figurent le fameux *Couronnement de Napoléon I*, le *Portrait en pied de Sa Majesté* et *l'Enlèvement des Sabines* par David, *l'Empereur pardonnant aux révoltés du Caire* par Guérin, la *Justice et la Vengeance divine poursuivant le Crime* par Prud'hon, ainsi que *Psyché enlevée par les Zéphyrs et transportée dans le palais de l'Amour* par ce même maître, peintre parfait du nu. On ne saurait passer sur ce salon, qui contient tant de témoignages de la grandeur impériale, sans y

maque à ses chefs-d'œuvre précédents. Abel de Pujol, que l'on retrouvera sans cesse aux expositions suivantes, s'adonne à la grande peinture décorative; Guérin fait le portrait du *Général de Charrette* et de divers personnages de la famille royale, et Ingres arrive au sommet de son talent avec son *Odalisque,* alors que Leprince, en ses paysages, est un des derniers représentants du siècle passé. Mais la grande date artistique du siècle est marquée par le Salon de 1824. Déjà, en 1822, Delacroix se révélait peintre de génie avec son *Dante et Virgile,* et Bonington, qui a influencé si profondément l'évolution du paysage, et qui peut être considéré comme un ancêtre de l'impressionnisme, débutait avec ses vues de *Lille-*

bonne et du *Havre*. En 1824 la révolution romantique éclata presque soudainement. Nulle exposition n'eut un accent plus inédit. Cet aspect de
nouveauté ne lui venait pas seulement du tableau le *Massacre de Scio* où Delacroix découvrait
l'Orient à la peinture. Il était dû aussi à l'invasion
du Salon par les artistes anglais. Les élèves de
David purent y voir non sans surprise un portrait de Lawrence, trois paysages de Constable,
les aquarelles de Copley Fielding, de Proult,
Harding, John Varley, artistes étrangers admi-

maux), de Boulanger, Brascassat, Etex, Gavarni,
Gleyre, et en 1834 celui de Rude qui donne à la
sculpture un essor héroïque.

Parmi les envois les plus importants du Salon
de 1835, il faut retenir ceux d'Alaux, Amaury
Duval, Cabat, Delacroix avec un *Christ en Croix*,
les Natchez, le *Prisonnier de Chillon* ; Dubufe avec
des portraits, Robert-Fleury avec le *Régent prési-
dant le Conseil où fut signé le traité de la Quadruple
Alliance*, Gigoux avec les *Derniers moments de Léonard*, Gudin avec des *Marines*, Tony Johannot

LE XANTHE POURSUIVANT ACHILLE
Tableau de Schopin.
Prix de Rome. — Grand prix de peinture de 1831. — (École des Beaux-Arts.)

rablement encadrés par des artistes français
tels que Delaroche et Isabey.

Ce mouvement romantique continue durant
les années suivantes, et voici que naît avec Corot
l'école du paysage français de 1830. En 1831, ce
maître exposait une *Vue de l'île d'Ischia, Couvent
sur les bords de l'Adriatique, Campagne romaine,
Forêt de Fontainebleau*, et l'on pouvait admirer
cette même année des paysages de Daubigny,
des intérieurs de forêt de Dupré, des scènes d'histoire de Delaroche et de Devéria, des vues d'O-
rient de Decamps, et *la Liberté guidant le monde*
de Delacroix. Aux noms que je viens de citer et
qui réapparaissent dans les salons suivants, il
faut ajouter en 1833, ceux d'Amaury Duval (portraits), de Barye (aquarelle représentant des ani-

avec une *Scène de l'histoire d'Écosse*, Eugène Lami,
Lehmann, Leleux, Loubon, Marilhat, Léopold
Robert, le premier avec des vues d'Orient, l'autre
avec des vues d'Italie ; Ary Scheffer, Winterhal-
ter le portraitiste, et les sculpteurs Bosio et Etex.
En 1836, les noms de Bodmer, Cabat, Cals aujourd'hui très estimé après avoir été longtemps
méconnu, Chassériau, le poète des pures nudi-
tés, Alfred de Dreux, Flandrin auteur d'un
Dante, viennent s'ajouter à ces artistes, qui continuent à exposer régulièrement durant les Salons
suivants. En 1840 Bruscassat montre ses *Bœufs*,
Chassériau son *Jésus au Jardin des Oliviers*, Gleyre
son *Saint-Jean*, Isabey sa *Vue de l'entrée du port
de Marseille*, Leleux des paysans bretons, F. de
Madrazo et J.-F. Millet des portraits, Troyon des

MOÏSE ET LE SERPENT D'AIRAIN
Tableau de ROGER.
Prix de Rome. — Grand prix de peinture de 1833. — (École des Beaux-Arts.)

paysages de Bretagne, Mène des animaux sculptés très vivants sans avoir la force de ceux de Bayer. L'aspect de ces Salons du milieu du siècle ne se modifie du reste que très insensiblement par

HOMMAGE AU MAITRE
Lithographie populaire. — (Collection G. Hartmann.)

l'arrivée de certains nouveaux venus. Celui de 1845 est un des plus importants de cette période. Relevons-y les noms de Delacroix (*Madeleine dans le désert, Dernières paroles de Marc-Aurèle, Sibylle montrant le rameau d'or, le Sultan du Maroc entouré de sa garde et de ses officiers*); Horace Vernet, Haussoullier (*la Fontaine de Jouvence*), Decamps (*Samson*), Robert-Fleury (*l'Atelier de Rembrandt et Marino Faliero*), Granet (*Un Chapitre de l'ordre du Temple*), Achille Devéria (*Naissance de Henri IV*), Boulanger (*les Bergers de Virgile*), Chassériau (*le Khalife de Constantine suivi de son escorte*), Debon (*Bataille d'Hastings*), Glaize (*la Conversion de Madeleine, Galatée*), Mouchy (*Martyre de sainte Catherine d'Alexandrie*), Gleyre (*Apôtres*), Hesse (*l'Évanouissement de la Vierge*), Janmot (*Assomption de la Vierge*), Léon Coignet (*Portrait de femme*); Dubufe, Belloc, Riesener, Haffner, H. Flandrin, Richardot, Diaz (*Portraits*). Parmi les nombreux tableaux de genre de cette exposition : *Un Intérieur d'Alchimiste* par Isabey, *Vierge* par Tassaert, *la Mort de Manon* par Gigoux, *la Saison des Roses* par Périsse, *Châtelaine* par de Dreux, *Un Assaut* par Papéty, *Soldats jouant aux dés, Jeune Homme feuilletant un carton, Deux Buveurs jouant aux cartes* par Meissonier, *Charlotte Corday* par Scheffer; des paysages de Corot, Français, Haffner, Troyon, Flers,

MOÏSE FRAPPANT LE ROCHER
Tableau de PAPETY.
Prix de Rome. — Grand prix de peinture de 1836. — (École des Beaux-Arts.)

CLÉSINGER
D'après un portrait.
(Bibliothèque nationale.)

Dauzats, Loubon, Paul Flandrin, Brascassat, Saint-Jean, Ph. Rousseau, Arondel et Chazal, et des sculptures de Bartolini, David, Bosio, Pradier, Feuchère, Daumas, Etex, Garraud, Debay, Dantan, Clésinger.

Dès 1850 apparaissent au Salon des artistes dont certains vivent encore ou viennent de mourir depuis peu. Tels Félix Barrias (les Exilés de Tibère), Rosa Bonheur, Cabanel, Daumier (Femmes poursuivies par des satyres), Gustave Doré, l'orientaliste Frère, Hébert (avec sa célèbre Malaria), Meissonier, Millet, Ricard, Rousseau, Joseph Stevens. Courbet est, avec son Enterrement à Ornans, ses Casseurs de pierres, son Portrait de Berlioz le premier peintre réaliste, et Jongkind, dont la moindre esquisse se vend aujourd'hui au poids de l'or, expose sans attirer l'attention une Vue de Harfleur. Le sculpteur Frémiet paraît aussi à ce Salon, et nous le retrouverons jusqu'aujourd'hui dans nos expositions annuelles. En 1853, Carpeaux envoie de Rome : Hector portant dans ses bras Astyanax où ce sculpteur annonce la série de chefs-d'œuvre qu'il exposera plus tard.

L'Exposition universelle de 1855 donne au Salon une importance particulière. Ingres, Vernet et Delacroix y occupent chacun une salle à part et les principaux exposants paraissent se grouper sous la bannière d'un de ces maîtres. Flandrin, Picot, Lehmann, Benouville. Delaroche, Gérôme, Hamon représentent l'élément classique, à côté des romantiques que nous avons déjà cités. Au Salon de 1859, beaucoup des maîtres d'alors s'abstiennent de paraître. La peinture religieuse est représentée, cette année-là, par Ziégler (*Notre-Dame de Bourgogne*), par Matout, par Baudry, Cabanel, Hébert, Daubigny, Ziem. Fromentin, Corot, Troyon, Breton (*la Plantation d'un Calvaire* et *les Glaneuses de l'Artois*), Lazerge, Gérôme (*le Cirque

1881 par exemple, nous indiquera les noms des nouveaux venus : Mlle Abbéma, Bastien-Lepage, Besnard, Boldini, Bompard, Louise Breslau, Buland, Carrier-Belleuse, Cazin, Benjamin-Constant, Courtois, Chartran, Delpy, Detaille, Duez, Edelfelt, Falguière, Flameng, Geoffroy, Gervex, Gueldry, Harpignies, Maignan, Morot, de Neuville, Pelouse, Pointelin, Puvis de Chavannes.

En 1890 la monotonie des Salons est rompue par un grand événement artistique : la formation d'un nouveau Salon, la Société nationale des Beaux-Arts, présidée par Meissonier, autour du-

LA ROBE DE JOSEPH PRÉSENTÉE A JACOB
Tableau de LABOUY.
Prix de Rome. — Grand prix de peinture de 1841. — (École des Beaux-Arts.)

romain), Auguste Bonheur, Isabey, Bonnat, Feyen-Perrin. En 1861 les artistes qui exposent encore aujourd'hui se font plus nombreux; tels : Bonnat, Bouguereau, Bracquemond, Breton, Craigneau, Barrias, Bonnat, Fantin-Latour, Lazerges, auxquels il convient d'ajouter Allongé, Cabanel, Caille, Chintreuil et Manet dont les *Espagnols* font sensation.

En 1863, c'est Henner qui débute; en 1865, Degas; et la même année Gustave Moreau, qui avait déjà exposé, prend définitivement place parmi ceux qui honorent l'art français. Il serait fastidieux d'énumérer les artistes qui figurent aux Salons depuis 1863 puisque ceux-ci restent sensiblement les mêmes. Un coup d'œil sur un Salon, celui de

quel se groupent un certain nombres d'artistes et non des moindres, tels que Puvis de Chavannes (*Inter Artes et Naturam*), Carrière (*le Sommeil*), Cazin (*Paysages*), Gervex, Besnard, Ary Renan, Roll, Lhermitte, Sisley, et les sculpteurs Rodin, Ringel, Baffier. Au Salon de 1891, le succès se précise encore grâce au panneau de Puvis de Chavannes l'*Été*, au *Matin* de Carrière, aux paysages de Paris de Raffaëlli, *aux Nuées du soir* de Breslau. En même temps la société encourage les tendances nouvelles et crée une section d'art appliqué, qui voit bientôt paraître et se développer des personnalités de premier ordre telles que Gallé, Prouvé (qui est aussi un grand peintre et expose régulièrement des tableaux et des décorations), Majorelle, Hestaux, Delaherche, Alexandre Bigot, Dammouse, Dalpayrat, Lachenal, Guimard. Plumet, Selmersheim, Grasset, Fix, Masseau, Dampt. Tous ces artistes rénovent la verrerie, la céramique, le cuir, le vitrail. Parmi les œuvres marquantes de ces derniers salons de la *Société nationale* que le vingtième siècle va voir exposer sous le même toit que la Société des artistes français, on ne saurait oublier les toiles religieuses de Burne Jones, des *paysages* de Helleu, un *Christ* de La Touche, un *Réveil* de Besnard, des portraits de Stevens et de

Sorbonne par Aubustin (1897); le *Balzac* de Rodin, le *Portrait de théâtre* de Besnard (1898). Enfin, au dernier salon du siècle figurent Aman-Jean, Auburtin, Baudouin, Billotte, Burnand, Frédéric, Glehn, Meunier, Zuloaga et la plupart de ceux que nous avons nommés plus haut.

Henri FRANTZ.

Les Prix de Rome.

LES prix de Rome comprennent la peinture, la sculpture, la gravure en médaille, l'architecture. Ils se décernent chaque année au

ŒDIPE S'EXILANT DE THÈBES
Tableau de DAMERY.
Prix de Rome. — Grand prix de peinture de 1845. — (École des Beaux-Arts.)

Sargent, des paysages de Sisley, Lebourg, Boudin, la *Maternité* de Carrière, l'*Hiver* de Puvis de Chavannes (1892), les *Portraits de Séailles et de Morice* par Carrière, les paysages de Bretagne d'Ary Renan, la *Célébration du centenaire de 1789* par Roll (1893); les toiles de Friant, Béraud, Sargent, Dinet, Liebermann, Thaulon (1894); les panneaux pour la décoration de la bibliothèque de Boston par Puvis de Chavannes, la *Cène* de Dagnan-Bouveret, la *Décoration pour une mairie* de Prouvé, le *Port de Wimereux* de Cazin, le *Portrait d'Aubrey Beardsley* par Blanche, les *Canaux* de Willaert, les sculptures de Rodin, Bourdelle, Jef Lambeaux (1896); le *Triptyque* de Cottet, la *Décoration pour l'amphithéâtre de zoologie à la*

concours. La rivalité des concurrents, leur entrée en loge, l'exposition publique de leurs compositions précédant la décision du jury qui peut entendre ainsi l'avis du cordonnier sur le talent du futur Apelles, et modifier — cela arrive quelquefois — sa propre opinion en conséquence, autant d'événements qui font partie de la vie artistique de Paris, de ses propos et de ses petits côtés. Ces prix de Rome remontent à Louis XIV et à Colbert. Ils datent de 1644 et plusieurs de ceux qui les remportèrent, en ces luttes de leurs débuts, brillèrent dans la suite parmi les gloires de l'art français.

L'École des Beaux-Arts est la gardienne de ces œuvres dont la collection est précieuse, car elle

CINCINNATUS RECEVANT LES ENVOYÉS DU SÉNAT
Tableau de BARRIAS.
Prix de Rome. — Grand prix de peinture de 1844. — École des Beaux-Arts.)

CAMILLE ROQUEPLAN
D'après un portrait de famille.
(Collection Charles Simond.)

permet de suivre les évolutions du style acadé-mique, d'en constater les défauts et les qualités à chaque époque, d'y noter les progrès du dessin, de l'anatomie, de l'ordonnance, de la facture. Cette collection fut logée jusqu'à la Révolution dans l'une des salles du Louvre réservée à l'Aca-démie royale de peinture. Le décret du 8 août 1793, qui supprima cette institution en même temps que toutes les Académies, dispersa ces morceaux de réception et les rendit aux familles des auteurs. Quelques-unes d'entre elles les vendirent. Un peu après, en 1794, grâce au conventionnel Charles Lacroix, on reconnut l'erreur de cette décision ré-volutionnaire et on la répara, mais malheureu-sement avec des lacunes.

L'École des Beaux-Arts est aujourd'hui en pos-session et expose dans des salles contiguës à celle de Melpomène la série des premiers grands prix de peinture qui a pu être reconstituée. On y voit — et c'est le plus ancien en date — le tableau de Sarrabat : Noé sortant de l'arche, qui reflète bien le style du temps, avec les attitudes du grand siècle. et sa pompe, l'artiste se croyant obligé de compo-ser son sujet selon les conventions du temps. Les deux prix qui suivent dans l'ordre chronologique sont ceux de Galloche (1695) et de Cages (1699), deux noms maintenant tombés dans l'oubli profond, mais qui eurent quelque éclat au commencement du dix-huitième siècle. La différence entre les goûts du jour s'accuse dans les prix de Rome décernés sous le règne de la Maintenon et sous celui des grandes favorites de Louis XV. La sénilité de Louis XIV, la rigidité de la veuve de Scarron régentant Saint-Cyr, la cour et la ville, interdisent le nu dans la composition, et la recommandation en est faite par ordre. Mais, même avant la mort de l'austère marquise, l'indépendance s'affirme dans les prix de Rome. Elle est, il est vrai, encore hésitante avec Le Moyne en 1711,

de Saint-Basile » et « le Faucon ». 1743 révèle un nom qui marquera : Vien obtient le grand prix avec son *David se soumettant à la volonté du Seigneur qui a frappé son peuple de la peste*. On y remarque le fonds d'architecture, resté à la mode depuis Natoire, et aussi la prédilection pour le vert qui est la caractéristique de l'année où mourut Rigaud. Neuf ans s'écoulent ensuite sans que l'attention se fixe sur aucun de ceux à qui l'Académie distribue ses couronnes. 1752 révolutionne Paris avec l'exposition du tableau de Fragonard : *Jéroboam sacrifiant aux idoles*. Par une ironie signi-

ABRAHAM LAVANT LES PIEDS AUX ANGES
Tableau d'Émile Lévy.
Prix de Rome. — Grand prix de peinture en 1854. — (École des Beaux-Arts.)

mais elle se révèle déjà audacieusement quand Charles Natoire, en 1721, dans le *Père de Samson offrant un sacrifice*, échancre les corsages de ses principales figures de femmes. Boucher accentuera encore ces hardiesses dans son *Evilmérodach, fils et successeur de Nabuchodonosor, délivrant des chaînes Joachim* (tableau perdu); Carle Van Loo et son frère, l'un et l'autre élèves de Brunetto Luti, conquièrent la palme en 1724 et 1725 et préludent l'un aux « Grâces enchaînées par les amours », l'autre au « Triomphe de Galatée ». En 1727, à vingt-huit ans, Subleyras, venu de Toulouse, où il débuta tout jeune, se place au premier rang dans le concours, et annonce déjà la double direction de son esprit qui lui dictera « Jésus chez Simon » et les « Oies du frère Philippe », ou bien « la Messe

ficative, le jeune artiste, qui est déjà maître de son pinceau, quoiqu'il n'ait que vingt ans, sacrifie en réalité les idoles académiques, ces bleus, rouges et jaunes somptueux qui avaient survécu jusqu'alors à Lebrun. Il nuance ses étoffes, répand une lumière heureusement comprise sur ses figures, substitue l'aisance et la grâce à la raideur et à la majesté, remplace la lourdeur par la légèreté, et comme ses maîtres Chardin, Van Loo, Boucher, adopte les tonalités douces et délicates qu'il conservera plus tard dans leur écriture blonde lorsqu'il peindra « la Fontaine et le Serment d'amour », le « Sacrifice de la Rose ». L'Académie ne protesta point. Elle l'aurait pu difficilement d'ailleurs. N'était-on pas depuis sept ans dans l'ère de Mme de Pompadour, et les professeurs eux-mêmes n'avaient-ils pas donné l'exemple ? En 1766, un autre élève de Boucher, qui travailla aussi dans l'atelier de Vivien, obtient le premier prix de peinture : Ménageot, avec la reine *Thomyris faisant plonger la tête de Cyrus dans un vase plein de sang ;* il reste dans la gamme légère de Fragonard, en donnant à son principal personnage, la reine, une attitude de nonchalance, qui se reconnaîtra dans

l'Académie. Il dut jusqu'à trois fois briguer le premier prix qu'on lui refusa, même après le lui avoir accordé. Lauréat en 1771, avec son *Combat de Minerve contre Mars* que le Louvre s'honorera dans la suite de posséder, il n'obtient en réalité qu'un second prix ; en 1772 et 1773, on ne le juge digne d'aucune récompense, et ce n'est qu'en 1774 qu'on lui rend justice lorsqu'il l'emporte dans le concours avec son *Erasistrate découvrant la cause de la maladie d'Antiochus dans son amour pour Stratonice,* sujet qui sera repris en 1808, mais dans une conception toute différente. David annonce déjà dans cette œuvre le triomphe qu'il fera acclamer en faveur du néoclassique. Cependant, en 1774, les partisans de Chardin et surtout ceux de Boucher n'ont pas encore abdiqué ; et si Bonvoisin réussit, en 1775, avec une composition romaine, J.-B. Regnault fait prévaloir en 1776 avec son *Diogène visité par Alexandre* la manière de Fragonard et le pittoresque de Van Loo. Il défend victorieusement le faire qu'il enseignera vingt ans après à l'École des Beaux-Arts même, lorsqu'il formera Hersent, Blondel, Guérin, qui à son tour sera le maître de Delacroix conjointement avec David. De 1781 à 1792, les opinions et les goûts se partagent : les néo-classiques comptent à leur avoir les grands prix de Vignault (1781), Gauffier (1784), surtout Drouais (1784), auteur

LA RÉSURRECTION DE LAZARE
Tableau de SELLIER.
Prix de Rome. — Grand prix de peinture en 1857. — (École des Beaux-Arts.)

ses compositions de plus tard, comme les « Adieux de Polyxène à Hécube », l' « Astyanax arraché des bras de sa mère ». Ce nonchaloir, qui exigeait des qualités de facture toutes personnelles, ne se retrouve plus chez Barthélemy (1767), ni chez Le Bouteux (1769), qui le changent en maniérisme. Nous arrivons à David. Celui qui devait devenir un des maîtres de l'école française, Louis David, et dont la manière allait s'imposer à toute la fin du dix-huitième siècle et au début du dix-neuvième, se vit contester sévèrement son talent par

de la *Cananéenne aux pieds de Jésus,* que David n'est pas loin de proclamer un chef-d'œuvre. En 1785, l'école du dix-huitième siècle a un dernier regain de maîtrise avec le succès de Desmarais ; mais c'en est fait désormais de la féerie de couleurs, qu'un seul vainqueur Girodet, avec son *Joseph reconnu par ses frères,* en 1780, fait applaudir pour la dernière fois. On en a la preuve dans la préférence accordée, en 1792, sur Gros à Landon, qui, quoique élève de Regnault, ne s'élève pas au-dessus de la médiocrité, mais est élu parce qu'il sacrifie au brun noirâtre de David et se repent en quelque sorte du peu d'usage qu'il fait des teintes chaudes. Supprimés en 1793, rétablis en 1797, les prix de Rome se disputent par les élèves de David opposés à ceux de Regnault, c'est-à-dire par le dessin hostile à la couleur. Et c'est le dessin qui rallie le plus grand nombre de suffrages, comme le démontrent les tableaux de Bouillon et de Bouchet en 1787, celui de Harriet en 1798, celui de Honnet en 1799. Le dix-huitième siècle clôture avec un *Antiochus renvoyant le fils de Scipion à son père*, œuvre sans valeur de Granger, en 1800.

Dès l'aube du dix-neuvième siècle, le grand prix de Rome est comme un signe précurseur de l'avènement des temps nouveaux. Ingres paraît. Il a vingt et un ans en 1801. Initié aux secrets du métier par un artiste toulousain consciencieux mais obscur, Roques, il arrive à Paris, tout jeune, entre à seize ans dans l'atelier de David, et en cinq ans y conquiert les deux qualités qui le rendront, quand il les aura perfectionnées, indiscutablement immortel : la distinction de la forme et la pureté du dessin. Ses *Ambassadeurs envoyés par Agamemnon à Achille pour l'engager à combattre,* ne sont, comme on doit s'y attendre, qu'un essai de jeunesse, mais on y reconnaît dès ce moment l'admirable science de la figure. Si le coloris fait défaut comme nuance, la ligne est précise. Ingres trace un sillon lumineux. Ceux qui viennent immédiatement après lui le laissent isolé : Menjaud (1802), avec *Sabinus et Eponine devant Vespasien*, Blondel (1803), avec *Enée emportant son père Anchise*, où domine de plus en plus l'opacité de la pâte; Odevaère (1804), avec *la Mort de Phocion*, Boisselier

(1806), avec *le Retour de l'Enfant prodigue*, Heim (1807), avec *Thésée vainqueur du Minotaure*, Guillemot (1808), avec un *Erasistrate* qui ne rappelle en rien celui de David, quoique l'auteur ait eu ce dernier pour maître; Langlois (1809), avec son *Priam aux pieds d'Achille*, encore plus noir et plus bitumineux que le tableau de Blondel. Et ce n'est pas David non plus, ni les grands artistes étrangers

GORIOLAN CHEZ TULLUS, ROI DES VOLSQUES

Tableau d'ULLMANN.

Prix de Rome. — Grand prix de peinture en 1859. — (École des Beaux-Arts.)

qui inspirent Abel de Pujol, vainqueur en 1811 avec son *Lycurgue présentant aux Lacédémoniens l'héritier du trône*, allusion flagrante et adulatrice à la naissance du Fils de l'Homme et par le sujet que l'Académie a choisi et par l'interprétation que le geste de l'empereur a dictée. Sallière, en 1812, trouve une autre allusion politique dans *Ulysse et Télémaque massacrant les poursuivants de Pénélope*, ce qui ne l'empêche point, quoique grand prix de Rome, d'être voué à l'oubli, comme le sera, mais un peu moins, H.-J. Forestier, qui fait couronner *la Mort de Jacob* en 1813 et ne se relèvera, bien après, qu'avec les « Funérailles de Guillaume le Conquérant ». Vinchon, en 1814, doit au souvenir du Poussin son premier prix avec *Diagoras porté en triomphe par ses fils.*

En 1815, retour des Bourbons, exil de David, aurore du romantisme. Celui-ci entre de plain-pied dans l'Académie, et quatre années de suite y bat les opposants. Romantique, Alaux (1815) avec *Briséis trouvant le corps de Patrocle dans la tente d'Achille;* romantique aussi, Thomas en 1816 avec *OEnone refusant de secourir Phèdre*, où le geste est osé et la lumière hardie; romantique surtout, Léon Cognet dont l'*Hélène délivrée par Castor et Pollux*, en 1817, a un accent tout moderne, on pourrait presque dire parisien.

La Restauration, une fois intronisée, n'admet, à vrai dire, pas ces velléités d'indépendance. Si la cour de Louis XVIII est plus mondaine que celle de Charles X, l'une et l'autre proscrivent dans les concours les vivacités d'imagination. Aussi la plupart des Prix de Rome pour la peinture sont-ils donnés, de 1818 à 1830, à la banalité des sujets et de leur intelligence artistique. Les classiques reprennent le dessus. Léon Cogniet rentrera bientôt lui-même dans le giron. A l'école, les récompenses vont à Auguste Hesse (1818). *Philémon et Baucis;* Fr. Dubois (1819), *Thémistocle chez Admète;* Coutan (1820), *Achille et Nestor;* Court (1821), *Samson livré aux Philistins par Dalila;* Debay et Bouchot (1823), *Egisthe découvrant le corps de Clytemnestre;* Larivière (1824), *la Mort d'Alcibiade;* Norblin (1825), *Antigone donnant la sépulture à Polynice;* Féron (1826), *Pythias et Damon devant Denys le Tyran;* Dupré (1827), *Coriolan chez Tullus, roi des Volsques;* Bezand et Vauchelet (1829), *Jacob refusant de livrer Benjamin.* Une lueur de vrai talent se trouve dans *Méléagre reprenant les armes,* qui vaut, en 1830, le prix à Signol, élève de Blondel et de Gros, mais il attendra encore dix ans pour signer une toile de belle valeur : « la Femme adultère. » Schopin, son autre élève de Gros, écrit dans la même note, en 1831, *le Xanthe poursuivant Achille* et se fera valoir un peu plus tard avec de bonnes œuvres remarquées comme son « Charles IX signant la Saint-Barthélemy », son « Don Quichotte et les Filles d'auberge ».

1832 oblige à s'arrêter longtemps et attentivement devant le *Thésée reconnu par son père* d'Hippolyte Flandrin, composition remarquable où éclatent dès ce moment les beautés qui rendront l'artiste cher à la postérité : la simplicité, la conscience du dessin, l'ordonnance du décor, la science impeccable des effets, la supériorité du portrait, surtout le sentiment. Tout cela se prévoit, s'exprime, se révèle en un ensemble qui en fait un des meilleurs grands prix du siècle. Mais 1832 n'est, dans cette éclosion des jeunes réputations, qu'une date toute fugitive : avec 1833 et jusqu'en 1837, s'indiquent, pour disparaître aussitôt, les noms de Roger (1833), Jourdy (1834), Blanchard et Papety (1836), Murat (1837) : *le Sacrifice de Noé.* En 1838 s'inscrit le nom de Pils : *Saint Pierre guérissant un boiteux,* élève de Lethière

et de Picot, et c'est son nom qui survivra lorsqu'il aura signé le « Débarquement des troupes en Crimée », la « Bataille de l'Alma ». Pils a, dès sa première toile, des mérites précieux, qui se traduisent en une fougue d'un genre particulier, et qui feront de lui, mais avec un caractère distinct, un continuateur d'Isabey et de Gros avec une puissance personnelle de coloris. En 1839, Hébert est, lui aussi, différent de tout autre, avec sa *Coupe de Joseph trouvée dans le sac de Benjamin,* où la naïveté s'allie intimement à la science.

A partir de 1840 il n'y a plus qu'à faire l'énumération des vainqueurs, qui subissent, chacun selon son tempérament, les influences du milieu du moment : celui-ci plus littéraire, celui-là plus social, cet autre plus esthétique. Les bonnes toiles sont celles de Cabanel et Léon Bénouville (1845), *Jésus au prétoire;* Lenepveu (1847), *la Mort de Vitellius;* Gustave Boulanger (1849), *Ulysse reconnu par Eurydice;* Baudry et Bouguereau (1850), *le corps de Zénobis trouvé sur les bords de l'Araxe;* Chifflard (1851), *Périclès au lit de mort de son fils;* Elie Delaunay (1856), *le Retour du jeune Tobie;* Sellier (1857), *la Résurrection de Lazare;* Henner, qui, en 1858, avec *Ève trouvant le corps d'Abel,* saisit déjà, dans leur charme symphonique, les colorations rousses si chaudes, les tons nacrés si doux et si lumineux à la fois; puis Lefebvre (1861), avec *la Mort de Priam;* Henri Regnault, en 1866, avec *Thésée apporte à Achille les armes forgées par Vulcain;* Luc-Olivier Merson (1869), *le Soldat de Marathon;* Toudouze (1871), *les Adieux d'OEdipe;* Chartran (1877), *Rome prise par les Gaulois;* Popelin (1882), *Mathatias refusant de sacrifier aux idoles;* Baschet (1882), *OEdipe maudissant son fils Polynice;* Danger (1887), *la Mort de Thémistocle;* Sabatté (1900), *Un Spartiate conduisant son fils devant un ilote ivre pour le corriger de l'ivrognerie.*

Nous n'avons à parler ici que sommairement des prix de sculpture, gravure et architecture, dont nos *Centennales* ne donnent pas de spécimens. La série de grands prix de sculpture antérieurs à 1790 manque à l'Ecole des Beaux-Arts. Les principales œuvres couronnées au dix-neuvième siècle sont celles de David d'Angers, Seurre (1818), Augustin Dumont (1823), Barye (1823), Simart (1833), Ferraud et Maillet (1847), Crauk (1851), Chapu (1855), Falguière (1859), Barrias (1865), Mercié (1868), Carpeaux et Marqueste (1869), Idrac (1873), Injalbert (1874), etc.

Dans la médaille figurent tous ceux qui se sont illustrés : Oudiné, Alphée Dubois, Ponscarme, Chaplain, Degeorge, Daniel Dupuis, Patey, Vernon, Bollée, Roty.

L'architecture peut citer parmi ses premiers grands prix les plus remarquables au dix-neuvième siècle : Huyot, Huvé, cinq fois lauréat de l'Ecole des Beaux-Arts; Gauthier, Lesueur, Blouet, Van Cleemputte, Garnaud, Vaudoyer, Duban, Duc, les deux Labrouste, Vaudremer, V. Baltard, Clerget, Lefuel, Paccard, Ballu, Alfred Normand, Charles Garnier.

CHARLES SIMOND.

Les Ventes et les Collections du dix-neuvième siècle

Il y aurait de la prétention à vouloir donner en quelques pages une idée complète d'un aussi vaste sujet, que trois ou quatre volumes suffiraient à peine à épuiser. Notre désir est seulement de présenter un aperçu général de tout ce mouvement de la curiosité qui a pris, de 1800 à 1900, une aussi grande extension. Nous avons pensé que la manière la plus sûre de passer en revue les collections disparues serait d'énumérer les grandes ventes du dix-neuvième siècle; quant aux collections qui ont su se maintenir intégrales ou se former depuis, nous les examinerons ensuite.

Les premières années du siècle ne sont guère favorables aux amateurs d'art; cependant, en 1806, est vendu le cabinet de M. Marivaux, riche en tableaux, miniatures, gouaches, dessins des trois écoles, estampes, marbres, terres cuites et curiosités; puis, en 1807, c'est la collection Rohan-Chabot, et l'année suivante le cabinet de Bouchardon, sculpteur du roi Louis XV; les tableaux précieux et meubles anciens du duc de Choiseul-Praslin, et deux ventes d'ateliers d'artistes, ceux de Hubert Robert et d'Augustin de Saint-Aubin, contenant naturellement un grand nombre de leurs œuvres, et d'autres peintres du dix-huitième siècle,

(1833), des œuvres du maître; ceux des ventes Talleyrand (1833), de Penthièvre (château d'Eu) (1835), des tableaux des vieilles écoles et des portraits de l'école française. La vente Brown (1837) voit disposer de cent dix aquarelles de Bonington, tandis que celles du château de Ruffé (1838) et du château du Petit-Bourg (1840) contiennent surtout des meubles anciens. En 1852, quatre beaux panneaux de Boucher, provenant de l'hôtel du

ORPHÉE AUX ENFERS

Tableau de MACHARD. — Prix de Rome. — Grand prix de peinture en 1865. — (École des Beaux-Arts.)

Boucher, Watteau, Fragonard. Relevons encore dans cette période la disparition des collections de Cossé-Brissac, de la Michodière (1813), du maréchal Junot, duc d'Abrantès (1818), Prud'hon, de Saint-Victor (1823), Fruchère, Géricault (1824), La Rochefoucauld-Liancourt (1827), Houdon (1828), Boilly, Demarne (1829), de Caraman (1830). Le catalogue de la vente de La Mésangère (1831) décrit de curieux pastels et miniatures de la Rosalba Carriera; celui de la vente Greuze

duc de Richelieu, ne connaissent pas encore les prix des ventes Goncourt et Muhlbacher. Viennent ensuite les ventes Fromentin, d'Hautpoul (tableaux anciens et modernes), Païva (tableau de Greuze connu sous le titre des *Petits Orphelins*) (1853), Barroilhet (tableaux de l'école française) (1856), Lannes, Viel-Castel (1857) (meubles ayant appartenu à Marie-Antoinette). En 1859, ce sont deux collections contenant toutes deux des miniatures. Celle de M. Jacquinot-Godard (objets d'art, parmi

9

JOSEPH RECONNU PAR SES FRÈRES
Tableau de LAYRAUD.
Prix de Rome. — Grand prix de peinture en 1863. — (École des Beaux-Arts.)

lesquels une jolie boîte décorée par de Boissieu) et celle de F. Villot; une vente de Jongkind (1860) n'attire guère l'attention; la même année, à la vente Demidoff, des miniatures de Van Blarenberghe atteignent déjà les prix de 7.000 et 10.000 francs, et le *Colin-Maillard* de Lawrence monte à 2.610 francs (vente Soret). Relevons ensuite les ventes des collections *La Béraudière* (1864), Pourtalès (1865) (beaux étains du seizième siècle), Eugène Tondu (miniatures, émaux, portraits sur ivoire) (1865), Lecarpentier, Roussel (1866), Berthon (précieuse collection d'objets d'art) (1867), château de Villeneuve-l'Etang (1870), quatre tableaux de Boucher provenant du château de Sceaux, Montesquiou (statuettes de Clodion adjugées 4.400 francs et 3.700 francs), Allègre (portrait de la baronne de Mouchy, par Vestier, divers miniatures de Hall), Clère (*Une Danse de village*, vélin, par Blarenberghe) (1872), Carrier-Belleuse, Hervier (1873), Lenoir (sculp-

LARIVIÈRE, peintre français (1798-1876).
(Collection Albert Maignan.)

tures du premier empire), et quelques autres. En 1880 a lieu la vente de la collection San-Donato, l'une des plus importantes du siècle, qui comprenait des spécimens uniques de l'art français : bureau de dame de Cressent (12.500 francs), grand meuble de Jacob, surtout de table Louis XVI (10.700 francs), gobelets, calices, hanaps, vidrecomes d'Augsbourg et de Nuremberg, groupe en argent, de Jamnitzer (57.000 francs), tabatière de Fossin (28.000 francs), boîtes et bonbonnières de tout genre, magnifique cartel de Caffiéri (10.300 francs), candélabres, par Gouthière et Clodion (37.000 fr.), deux vases ciselés, par Forestier (66.000 francs), candélabre par Gouthière (22.000 francs), pendule de Boulle (12.700 francs), *l'Automne*, par Clodion (19.000 francs). Telles sont quelques-unes des pièces de cette collection fameuse. Celle de M. Double, qui eut lieu l'année suivante, contenait, elle aussi, certaines œuvres remarquables :

JOSEPH RECONNU PAR SES FRÈRES
Tableau de MONCHABLON.

Prix de Rome. — Grand prix de peinture de 1863. — (École des Beaux-Arts.)

encoignures de Riesener, médaillon de Marie-Antoinette par Germain, des boîtes en or signées Boucher, Lesueur, Lagrénée, un meuble de salon Louis XVI, en tapisserie des Gobelins et provenant de la chambre du roi (80.000 francs), un salon de Beauvais, d'après Boucher (110.000 francs), et de superbes Gobelins. En 1883, les collections Escudier, de la Béraudière, Lécuyer, Minard, permettent encore d'admirer de beaux spécimens de l'art français. Relevons ensuite, en 1886 : la dispersion des collections des châteaux de Dornans, de Langeais, de Montmorency ; en 1887, les ventes Victor Hugo, Isabey, Portalis, des châteaux de Bonnemare et de Chenonceaux ; en 1890, celles du comte d'Armaillé, de Champfleury ; en 1891, celles de M. Binder, du prince Borghèse (écoles primitives italiennes) ; en 1892, les tableaux du comte Daupias ; en 1893, celles de M. Destailleurs (dessins). Enfin, les ventes Goncourt et Muhlbacher sont encore dans toutes les mémoires et clôturent brillamment la série des collections qui se sont éparpillées au vent des enchères.

A côté de celles-là, il y a les collections qui existent encore aujourd'hui dans leur ensemble et dont je vais essayer d'énumérer les principales. Mme André possède de très beaux meubles du seizième siècle, quatre chaises à porteur du dix-huitième siècle, des bijoux du seizième siècle, de riches tabatières de Fragonard, Blarenberghe et autres maîtres du dix-huitième siècle, un triptyque en émail de Limoges de Léonard Pénicaud, et un plat de Jean III Pénicaud, des tapisseries de la Renaissance, le livre d'heures du maréchal de Boucicaut payé 71.000 francs et des tableaux surtout italiens et flamands ;

HORACE VERNET
D'après une estampe d'authenticité douteuse. (Biblioth. nation^{le}.)

M. Beillebache s'est borné à réunir des aquarelles de Gustave Moreau, dont MM. Herriman, Ephrussi, Hayem possèdent aussi de belles œuvres; M. S. Bardac a des ivoires des sixième et treizième siècles, de l'orfèvrerie et des émaux. M. Léon Bonnat a recherché des dessins de toutes les écoles depuis le treizième siècle; ses dessins de Goya, de Wat-

UNE SCÈNE DU DÉLUGE
Tableau de Fernier.
Prix de Rome. — Grand prix de peinture. — (École des Beaux-Arts.)

teau, d'Ingres, de Rembrandt sont particulièrement admirables.

La collection du comte I. de Camondo est une des plus intéressantes de Paris par sa variété et son éclectisme. J'y trouve tout d'abord des objets d'art de la Renaissance, des tapisseries et des meubles du dix-huitième siècle, parmi lesquels un petit fauteuil du Dauphin, la fameuse pendule de Falconet, les Trois Grâces. Enfin, M. Camondo s'est mis de bonne heure à acheter des tableaux de l'école impressionniste, parmi lesquels les Cathédrales de Monet, des paysages de Sisley

qui voisinent avec un beau Passage du gué de Delacroix, des toiles de Corot et de Jongkind, des pastels de Degas et des estampes japonaises.

La collection de tableaux de M. Chauchard est également très importante; elle comprend des œuvres de maîtres du dix-huitième siècle et du dix-neuvième siècle (Corot, Millet, Meissonier, Cazin). M. Chéramy, tout en possédant des tableaux de diverses écoles, recherche tout particulièrement deux maîtres : Delacroix, dont il a une quarantaine d'œuvres parmi lesquelles une scène des Massacres de Scio, un Saint Georges, un Portrait de Paganini, et Constable qui figure chez lui avec trente tableaux et esquisses. A noter encore d'autres œuvres des maîtres anglais Turner, Bonington, Reynolds, Romney, Sir Thomas Lawrence. La galerie Groult est riche, elle aussi, en maîtres anglais; parmi ses nombreux Turner, certains sont d'une authenticité indiscutable. Fragonard, Latour, Lawrence, Watteau sont également très bien représentés dans sa vaste galerie du bois de Boulogne. M. Chéramy et M. Groult sont des exceptions au point de vue de la réunion des maîtres anglais; la plupart des amateurs parisiens recherchent, en effet, surtout des œuvres françaises,

soit du dix-huitième siècle depuis que les Goncourt ont mis cette école à la mode, soit modernes. Ainsi, M. Doucet, un couturier parisien, a su former une des plus belles reconstitutions de l'art du dix-huitième siècle qui se puissent voir. Il n'a pas seulement des morceaux de choix de Watteau, Pater, Lancret, Boucher, Saint-Aubin, Péronneau, Moreau le Jeune, mais il a placé ces œuvres dans leur milieu parmi les meubles, les tapisseries, les faïences de leur siècle, et, à ce point de vue, sa tentative est l'une des reconstitutions les plus complètes et les plus intéressantes de notre époque. Dans un siècle différent, M. Gustave Dreyfus a suivi le même plan que M. Doucet. Tout chez lui est de la Renaissance italienne : tableaux de Botticelli, de Lorenzo Costa, du Ghirlandajo, de Piero Della Francesca ; sculptures de Mino de Fiesole, remarquable tête de saint Jean par Donatello, et la collection la plus complète qui existe de médailles du même temps, œuvres précieuses autant au point de vue de l'histoire que de la curiosité. La comtesse de Béarn a des meubles, des tapisseries, des tableaux anciens en même temps que des objets d'art et des tableaux de l'école moderne, parmi lesquels de remarquables sculptures et le bas-relief *le Temps*, de Jean Dampt et de Rodin, des tapisseries d'Aubert, *la Cène*, de Dagnan-Bouveret, des paysages de Cazin, des aquarelles d'Auburtin. Nous trouvons également chez M. Charles Ephrussi, le savant directeur de la *Gazette des Beaux-Arts*, des tableaux modernes,

ivoires, des armes, un grand nombre de travaux de ferronnerie : clés à chimères, à dauphins, à fleurs de lis, à couronnes ; coffret en fer marqué de quatre A, chiffre d'Anne de Beaujeu, et des tapisseries provenant du château d'Anet. Les tableaux du dix-huitième et du dix-neuvième siècles, de la collection Goldschmidt, sont justement célèbres ; ils sont encadrés par un grand nombre de bronzes des onzième et douzième siècles, des tapisseries, de l'orfèvrerie ancienne, des flambeaux de Garraud. M. Haviland a, outre des bronzes anciens et des terres cuites de Clodion, des tableaux de Puvis de Chavannes, de Monticelli, de Fantin-Latour ; M. R. Kahn, des tableaux de Rembrandt, Hals, Ruysdael, Hobbema, Van Dyck ; M. Martin-Leroy, une vierge en ivoire du seizième siècle, des bronzes anciens, des émaux champlevés, une crosse du treizième siècle, des broderies du quatorzième siècle ; Mme la prin-

BERTIN L'AINÉ
Tableau d'Ingres (Musée du Louvre).

des meubles et des bijoux des diverses époques, des émaux de Pénicaud, une suite de cinq tapisseries de Flandre tissées d'or et d'argent, représentant des jeux d'enfants ; des céramiques japonaises et un buste par les Della Robbia. Les tapisseries du baron d'Erlanger sont remarquables entre toutes. Ce sont des chefs-d'œuvre de Flandre du seizième siècle (*la Création*, *le Christ inspirant la foi*, scènes allégoriques du Nouveau Testament, *le Combat des Vices et des Vertus*, *le Triomphe du Christianisme*, *le Jugement dernier*), des tapisseries, d'après Raphaël et signées Jan Raes, l'*Histoire d'Alexandre*, par Johannes Hicke et trois pièces de Marc de Vos. M. Fould a, outre des meubles, des

cesse Mathilde, des souvenirs napoléoniens. Les collections de Rothschild possèdent, dans des genres divers, certaines des œuvres les plus remarquables. Chez la baronne Adolphe de Rothschild, notons des colliers et des diadèmes grecs antiques, des spécimens d'orfèvrerie et de bijoux, des garnitures de cheminée, flambeaux, girandoles, bras d'appliques des plus habiles ciseleurs du dix-huitième siècle, des clés d'or armoriées ayant appartenu à Charles-Quint, une grande pendule astronomique Louis XIV, au chiffre de Marie-Thérèse ; chez le baron Alphonse de Rothschild : des faïences de Bernard de Palissy et de la fabrique de Saint-Porchaire, des émaux de Jean II Pénicaud, des coffrets émaillés, des manuscrits, des tableaux des écoles flamande et italienne; chez le baron Gustave de Rothschild : des éventails ayant appartenu à Marie-Antoinette, des émaux de Léonard Limosin, des flambeaux de Jean Courteys, des sculptures de Coysevox; chez le baron Edmond de Rothschild : un portrait de Catherine de Médicis, émail de Léonard Limosin; des objets d'art du moyen âge, des gravures, des dessins des maîtres du dix-huitième et du dix-neuvième siècle, des tableaux modernes parmi lesquels d'importants Meissonier. M. Manzi a su réunir, avec une grande sûreté de goût, un ensemble unique de dessins, pastels et tableaux de Degas et des meilleurs maîtres de la fin du dix-neuvième siècle. MM. Henri et Alexis Rouart, eux aussi, se bornent aux tableaux de cette époque et possèdent des œuvres de Corot, Daubigny, Millet, Delacroix, Tassaert, Devéria, Tony-Johannot, Roqueplan. Quoiqu'il ne soit pas possible de noter ici tous les collectionneurs de Paris, retenons du moins quelques-uns de ceux qui, même après les grands amateurs que nous avons nommés, méritent une place dans l'histoire de la curiosité. Ce sont : M. le Dr Blanchard (jetons et médailles concernant les sciences); duc de Broglie (bibliothèque et objets anciens); Moïse de Camondo (meubles, dessins des artistes du dix-huitième siècle, sculptures de Caffieri, Clodion); marquis de Castellane (tableaux de Vernet); comte de Castellane (tableaux anciens, dont certains discutables); de Champeaux (portrait de Lassalle, par Gros); Jules Claretie (souvenirs de la Révolution); comte de Cossé-Brissac (modèles de voitures Louis XV); M. Cottereau

L'ASSAUT, de W. Bouguereau.

(émailleurs limousins); M. Deutsch (tableaux du dix-huitième siècle); M. Paul Dollfus (tableaux de Millet); M. Arosa (tableaux flamands modernes, œuvres de Willaert); M. Gueneau de Mussy (collection japonaise); M. Paul Le Roux (souvenirs du premier empire); M. Klotz (boîtes à parfum, objets de toilette, estampes sur la coiffure); vicomtesse de Janzé (œuvres de Daumier, Gavarni); M. le Dr Labbée (tableaux de Corot, Daubigny, Boudin, Jongkind, objets d'art du dix-neuvième et du quinzième siècle); M. Lutz (tableaux du siècle dernier); le comte de Girardin (objets militaires du premier et du second Empire); M. Charles Roux (très belles faïences, tableaux de Ricard, Ziem, Diaz, tapisseries anciennes); M. Menier (maîtres du dix-huitième siècle); M. Marmottan (très importante collection des œuvres de Boilly, et la plus remarquable du genre, en outre reconstitutions du premier empire avec papiers de tenture de l'époque); M. Jacques Normand (tableaux de Vernet); M. Pereire (meubles du premier Empire); M. Frédéric Masson (documents sur le premier Empire, meubles et objets d'art; M. de Schickler (objets d'art anciens, statues de l'école de Bourgogne); M. Henri Vever (estampes et objets de l'Extrême-Orient. Parmi les collectionneurs de gravures, citons M. P. Le Vayer, MM. Georges Cain (illustrations et cartographie); Charles Normand, directeur de l'Ami des monuments (collection de pièces uniques sur Paris); Georges Hartmann, amateur passionné et sagace de tout ce que l'estampe a produit sur l'histoire de Paris. M. Edgar Mareuse possède tout ce qui concerne la topographie parisienne.

Henri FRANTZ.

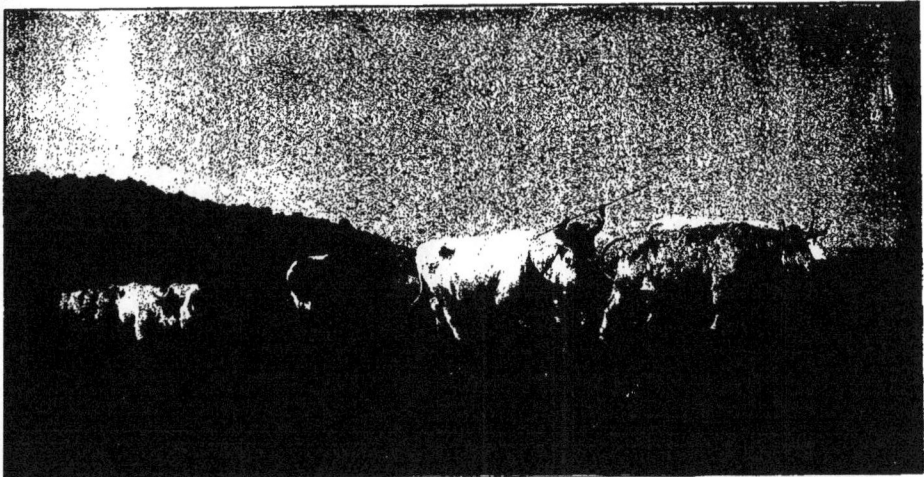

LE LABOURAGE NIVERNAIS
Tableau de Rosa Bonheur.

Les Musées de Paris de 1800 à 1900.

Paris est la ville des Musées. Il en possède plus d'une vingtaine. Ce sont des sanctuaires, consacrés les uns aux beaux-arts, les autres aux grands souvenirs, quelques-uns aux sciences. Il y en a qui datent de loin comme le Louvre et même le Luxembourg. La plupart ont été créés au cours du dix-neuvième siècle et un certain nombre à la fin de cette période pendant laquelle tous d'ailleurs ont fait des acquisitions importantes.

Le Louvre brille au premier rang. Bâti au centre

L'AMOUR MATERNEL
Tableau allégorique de l'Éducation du Roi de Rome.
D'après une eau-forte. (Bibliothèque nationale.)

LE SOLDAT DE MARATHON
Tableau de Luc-Olivier MERSON.
Prix de Rome. — Grand prix de peinture en 1869. — (École des Beaux-Arts.)

de la capitale, il en forme le plus beau joyau d'architecture en même temps qu'il offre à l'admiration du monde entier, dans ses diverses collections, des trésors de peinture, de sculpture ét d'autres merveilles incomparables. Sans rival, il a une renommée universelle. Les conquêtes du Directoire et du premier Empire y avaient apporté les chefs-d'œuvre tombés en Italie et ailleurs au pouvoir de nos armées triomphantes. En 1815, à la chute de Napoléon Ier, les étrangers reprirent en grande partie ce qu'on leur avait enlevé, mais ils ne réclamèrent pas tout. Le règne de Louis XVIII marqua dans les annales de ce Musée. C'est dans les premières années de la Restauration que la perle de la galerie des antiques, la Vénus de Milo prit place parmi ces marbres magnifiques dont la possession fait l'orgueil de Paris. Sous le même roi, la galerie de peinture s'accrut de 111 toiles. En 1824, la sculpture moderne entre au Louvre avec 94 œuvres de haute valeur. Charles X favorise l'organisation du Musée des antiquités grecques et égyptiennes, dont le premier noyau est formé par les collections Revoil et Durand. Le Louvre acquiert aussi, avant 1830, le beau tableau si populaire de Géricault : le Naufrage de la Méduse. Une salle entière sera réservée à l'école française de l'Empire : David, Guérin, Gros, Girodet, Gérard, Régnault, Drouais, Prud'hon, Mme Vigée-Lebrun y figurent; d'autres maîtres se joindront plus tard à cette glorieuse pléiade; tels Sigalon et Decamps.

Louis-Philippe seconda, dès son avènement, l'extension des galeries du Louvre. De 1830 à 1848, le Musée acquit 33 tableaux remarquables, entre autres la Nativité, du Pérugin, les Moissonneurs, de Léopold Robert et un portrait de Carondelet dû à Jean de Mabuse. En cette même époque fut commencé le Musée assyrien.

En 1848, la direction de Charles Blanc inaugura l'amélioration des installations, l'embellissement des salles, surtout de la galerie d'Apollon, où le splendide plafond d'Eugène Delacroix déploie, dans son flamboiement romantique, la fougue de la lumière étincelante, page superbe de conception décorative qui s'harmonise avec les tapisseries des Gobelins ornant les murailles dans leurs riches encastrements. Le salon carré, réunissant les princes de toutes les grandes écoles, italiens, espagnols, flamands, hollandais, français, reçut également un meilleur aménagement digne des illustrations qui s'y trouvaient réunies.

En 1851, les tableaux sont rangés définitivement dans des salles déterminées et l'on entreprend de les cataloguer, grâce à la science méthodique de Frédéric Villot. Les ventes du roi de Hollande, de Louis-Philippe, du maréchal Soult, permettent l'achat de 22 toiles, dont un Rubens, un Murillo (la Conception) et deux Géricault (le Chasseur et le Cuirassier).

Napoléon III donne l'exemple du Mécénat. Il

achète la célèbre collection Campana, il fonde le Musée des souverains, qui cessera d'exister en 1870. Des collectionneurs en renom lèguent leurs plus beaux tableaux au Louvre : Sauvageot en 1856, La Caze en 1869. De 1852 à 1870, le Musée achète 53 œuvres et dans le nombre un Murillo (*la Nativité*), un Rembrandt (*le Bœuf à l'étable*) un Hobbema (*Paysages*), et ce Velasquez dont Théophile Gautier avait déploré l'absence. La troisième République n'est pas restée inférieure à ses devanciers dans la tache de protection artistique qui s'impose à tous les gouvernements modernes. De nombreux legs sont venus enrichir successivement le Louvre depuis 1870. His de la Salle a donné ses bronzes et ses dessins; la famille Lenoir, ses miniatures; Mme Duchatel, ses toiles de très grands maitres; M. Thiers, ses collections; le baron Davillier, son cabinet d'un prix inestimable; la comtesse Sommariva, ce chef-d'œuvre de Prud'hon *Psyché*. Mme Boucicaut, en 1889, M. Piot, en 1890, ne sont pas moins généreux. Et ce sont également des dons qui apportent au Louvre la *Barque de Don Juan*, de Delacroix; *les Glaneuses*, de Millet; pendant que l'on acquiert, par des sacrifices d'argent, la fresque de la Magliana, l'*Apollon et Marsyas*, la collection Timbal, et qu'on dispute victorieusement à l'étranger, avec le concours de l'élite du public riche et éclairé, l'*Angelus* de Millet. C'est à la troisième république aussi qu'est due la création du salon de la pein-

ture française moderne et de celui des portraits d'artistes. Les missions artistiques et scientifiques fournissent tour à tour leur tribut d'antiquités. La Perse, la Phénicie, l'Assyrie, dépouillées de leurs monuments archéologiques, de leurs curiosités, s'installent et les salles, toujours augmentées, sont toujours insuffisantes, le zèle des explorateurs, des découvreurs, ne tarissant point. La mission Dieulafoy dote le Louvre d'un musée de la Susiane, dont l'intérêt égale la beauté; la salle de Magnésie reçoit le « Combat des Amazones »; la salle de Milet, le « Lion de la Nécropole » : la salle de Phénicie, le « Vase d'Amathonte » ; la salle d'Esmouhazar, le « Sarcophage »; la Grande-Galerie, les « Taureaux ailés » et le « Génie ailé ». Les antiquités égyptiennes offrent aux regards le « Sphinx » de granit rose, les stèles, le « Scribe assis », « le Horus » de la salle funéraire, la « Momie » de la Salle des Dieux. La céramique a ses vases de verre, son lit funéraire étrusque, surtout

LA STATUE DE BALZAC, par RODIN.

ses si jolies statuettes de Tanagra que les Parisiennes copieront dans leurs rêves de grâce et d'élégance. Le Musée de la marine décore ses salles des bustes de nos plus illustres marins, des modèles de navires de toutes les époques, sans oublier les vaisseaux anciens et les galères, les pirogues siamoises, les types de la flotte de 1789 à 1824, les cuirassés, les torpilleurs alternant avec les clippers à voiles. Le Musée d'ethnographie présente des armes, des instruments, des étoffes, le tableau de Vichnou : le Musée chinois des meubles incrustés offerts par la maréchale de Mac-Mahon. Il est impossible, dans une énumération forcément sommaire comme celle-ci, de signaler tout ce qui, dans ce palais des mille et une merveilles, provoque l'enthousiasme dans les salles de peinture, tels, pour ne citer que des œuvres du dix-neuvième siècle, le *Pâris et Hélène*, de David ; la *Source* et la *Jeanne d'Arc*, d'Ingres ; l'*Enterrement à Ornans*, de Courbet.

Le Musée du Luxembourg est de fondation plus récente que le Louvre. Celui-ci remonte à Louis XIV et à Lebrun ; celui-là fut dû tout d'abord à un amateur Font de Ste-Yenne, qui, en 1750, donna l'idée d'affecter une partie du palais à des tableaux, transportés plus tard à Versailles, et de là au Louvre. Louis XVIII fit reconstituer au Luxembourg une collection des œuvres de peinture et sculpture des artistes vivants. On y joignit dans la suite des médailles et des camées, des œuvres d'artistes étrangers. On a dit du Musée du Luxembourg qu'il est l'antichambre du Musée du Louvre, où ne peuvent être admis que les ouvrages d'auteurs morts depuis cinq ans au moins. Les œuvres d'art réunies au Luxembourg ont souvent changé de local et de place, suivant les exigences du moment et selon les vues des conservateurs, dont les principaux furent, sous la troisième République, Etienne Arago, qui les fit transférer du Palais dans l'ancienne Orangerie, et M. Léonce Bénédite, qui administre aujour-

d'hui le Musée et l'a complètement réorganisé. Les œuvres les plus remarquées dans les onze salles de peinture auxquelles se sont annexées la Salle Caillebotte et la Salle des écoles étrangères, étaient, en 1900, *les Hommes du Saint-Office*, de Jean-Paul Laurens ; le *Pauvre pêcheur*, de Puvis de Chavannes ; le *Ruisseau*, de Courbet ; le *Caïn*, de Cormon ; le *Labourage nivernais*, de Rosa Bonheur ; le *Carpeaux*, d'Albert Maignan ; le *Rezonville*, de Morot ; les *Avoines en fleur*, de Quignon ; la *Vérité*, de Lefèvre ; le *Rêve* et la *Reddition de Huningue*, de Detaille ; la *Femme chantant*, de Meissonier ; la *Conjuration*, de Hérigot ; l'*Apparition*, de Moreau ; le *Chevalier aux fleurs*, de Rochegrosse ; la *Famille de chats*, de Lambert ; le *Portrait du cardinal Lavigerie*, par Bonnat ; la *Vierge consolatrice*, par Bouguereau ; le *Patrie*, de Bertrand ; le *Solférino*, de Meissonier ; le *Graveur*, de Mathey ; *A l'hôpital*, de Geoffroy ; le *Déjeuner*, de Monet ; l'*Olympia*, de Manet ; le *Conciliabule*, de Marie Bashkirtseff. Une salle spéciale est attribuée aux Meissonier. C'est là que se trouve le portrait du peintre par lui-même. Dans les salles de sculpture se rencontrent le *Tanagra*, de Gérome ; l'*Hébé*, de Carrier-Belleuse ; le *David*, de Mercié ; la *Femme*, de Rodin ; le *Chanteur florentin*, de Dubois ; les *Gracques*, de Guillaume ; *Gallia*, de Vauthier-Falaise ; la *Pieuvre*, de Carlier ; le *Baiser suprême*, de Christophe ; l'*Hippomène*, d'Injalbert ; le *Mozart enfant*, de Barrias ; l'*Eros*, de Coutan ; le *Vainqueur*, de Falguière ; l'*Aveugle et le Paralytique*, de

LE SCULPTEUR DALOU.

Turcan. Les vitrines de médailles et d'œuvres d'art appartiennent aux ouvrages de Roty, Daniel Dupuis, Cazin, Fremiet, Chaplain, Roty.

Le musée de Cluny, installé dans le palais de Julien ou palais des Thermes, constitue une des curiosités de Paris. Ses collections comprennent plus de onze mille objets d'art de toutes les époques, sculptures en marbre, bois, pierre, ivoire, métaux; terres cuites, bronzes, meubles, tableaux, vitraux, bijoux, tapisseries, faïences, verreries, serrureries, souvenirs de toute date, disposés à dessein avec une sorte de désordre qui est un véritable effet de l'art, et qui éveillent le goût, captivent l'intérêt, rappellent à la mémoire les temps passés, témoignent de l'industrieux et actif travail des aïeux. Il y a là des spécimens de ces chefs-d'œuvre dont les imagiers employaient toute leur existence à les concevoir, à les créer, à les exécuter; chefs-d'œuvre d'admirable élégance, d'incroyable patience, souvent de vraie génie. La Re-

RODIN DANS SON ATELIER

naissance y est représentée par des ouvrages attribués à Germain Pilon, à Jean Cousin. Les ivoires de Cluny sont célèbres: beaucoup proviennent des trésors d'église: quelques-uns de tombeaux. L'orfèvrerie religieuse y est riche en pièces considérables et rares, comme l'autel d'or de l'empereur d'Allemagne Henri II, acheté pour le Musée par le gouvernement français à Bâle, en 1854; comme la pièce en argent repoussé, doré. ciselé et gravé appelée : « le Prix de l'Arba-

lète » ; comme aussi le reliquaire en argent, dit « châsse de Sainte-Anne, » la rose d'or donnée par le pape Clément V au prince évêque de la ville de Bâle, au commencement du dix-neuvième siècle. L'orfèvrerie civile se distingue par le Trésor de Guarrazar, composé de neuf couronnes d'or du septième siècle, trouvées, en 1858, aux environs de Tolède et ornées de saphir, de pierres fines ; le Trésor Gaulois, provenant de fouilles aux environs de Rennes, et comprenant neuf pièces en or massif. Le Musée de Cluny possède aussi une collection complète d'armes et armures anciennes, épées, boucliers, cuirasses, casques, morions, etc. La céramique y est peu nombreuse, mais choisie avec goût et science. Oiron, Nevers, Moustiers, Rouen, tous nos grands centres de fabrication artistique française y ont leurs spécimens depuis le seizième siècle. Quelques-unes des pièces ajoutent la rareté à la beauté. Les verreries de Venise, les émaux limousins, les plaques émail-

lées, les précieux ouvrages de Léonard Limousin, Pierre Rémond, Pénicaud, Jehan Laudin, Pierre et Jehan Courteis s'y imposent à la séduction. La peinture n'a pas été exclue, mais les morceaux que l'on y a réunis sont plutôt anciens et remontent aux primitifs. Une des principales richesses de Cluny est constituée par sa collection de meubles, coffres, bahuts, crédences, cabinets, bancs-d'œuvre, sièges, lits, tables, qui se rattachent tous à l'histoire du mobilier

L'ASTRONOMIE, de ROYBET.
D'après une photographie.

français du treizième siècle au dix-septième.

Ce que le musée de Cluny a fait dans des conditions si louables et si admirables, pour les souvenirs éloquents du passé en général, le Musée Carnaval et le poursuit, grâce à son conservateur actuel, M. Georges Cain, avec une ténacité indémentie et un grand succès pour tout ce qui, plus spécialement, concerne l'histoire de Paris et de la Révolution. On n'a toutefois réalisé le programme que sous un seul de ses aspects, en réunissant tout ce qui mérite le nom de souvenirs, peintures curieuses, tableaux représentant des événements, portraits de personnages célèbres, statues et statuettes, estampes et gravures, stèles et sarcophages, urnes, objets divers trouvés dans le sous-sol de Paris et de la banlieue, anciennes plaques de rues, plaques d'anciennes cheminées, etc.

Il reste à créer le véritable *Musée de l'Histoire de Paris*, qui ferait passer sous les yeux de Paris même toutes les phases de son évolution, avec la reconstitution de ses diverses enceintes, de ses rues et places disparues, de ses anciennes barrières, des monuments que la pioche a détruits, avec aussi le rappel en des inscriptions lapidaires de ces faits glorieux dont, depuis Camulogène jusqu'à nos jours, Paris fut le théâtre, pendant que les Parisiens en étaient les héros. Cette leçon de choses où figureraient les annales de Paris rendues saisissantes par le panorama, les peintures murales, les modelages, constituerait, dans l'ensemble, la vie vécue de Paris, dès le temps où les Parisiens vinrent, un siècle avant César, s'établir dans les îles de la Seine, et de

salle en salle, conduisant, à travers la Lutèce gauloise, la Lutèce gallo-romaine, le Paris des premiers temps chrétiens, le Paris mérovingien et capétien, le Paris des Valois, de François Ier, de Henri IV, de Louis XIII, Louis XIV, Louis XVI, le Paris de la Révolution, de Napoléon Ier, de la Restauration, de Louis-Philippe, de Napoléon III, de la troisième République.

Aux musées que nous venons de parcourir, il convient d'en ajouter d'autres également intéressants : le musée de l'École des beaux-arts, où se trouve l'œuvre la plus considérable de Paul Delaroche, cette théorie des maîtres de toutes les écoles et de toutes les époques assemblés autour des grands aïeux, Ictinus, Appeles et Phidias; le musée Guimet, où se groupent tous les objets relatifs aux religions et aux arts de l'Extrême-Orient ; le musée Cernuschi, legs de plusieurs milliers de pièces provenant de la Chine et du Japon; le musée Galliéra, legs aussi de marbres, objets d'art, bronzes, tapisseries ; le musée de la Monnaie, comprenant les coins et médailles frappés par cet établissement, collection unique au monde; le musée de l'Opéra, le cabinet des estampes et le cabinet des médailles de la Bibliothèque nationale, le musée des arts décoratifs, le musée des moulages du Trocadéro, etc.

Paris peut être fier de ces richesses; il en est digne.

CHARLES SIMOND.

NAPOLÉON Iᵉʳ ET LES PUISSANCES OU LE PARTAGE DE L'EUROPE

Caricature du premier Empire. — (Bibliothèque nationale. — Cabinet des estampes.)

La Caricature
au dix-neuvième siècle.

L a caricature politique qui, pendant la période révolutionnaire, fut aux mains des partis une arme redoutable, avait presque entièrement disparu sous le Directoire. Ni le Consulat ni l'Empire ne la firent revivre : aucune allusion aux hommes ni aux institutions du régime napoléonien n'aurait été permise et, pendant quinze années, toute la verve de nos caricaturistes dut s'exercer uniquement contre les Anglais qui, de leur côté, soutenaient vigoureusement cette guerre à coups de crayon, principalement avec Rowlandson et Gillray, dont les mordantes railleries pénétraient en France, en dépit de la police.

Hors du domaine politique, les estampes françaises de ce temps s'attaquent surtout aux côtés grotesques de la société ; elles ridiculisent les modes bizarres adoptées par les successeurs des Incroyables et des Merveilleuses, plaisantent doucement les nouvelles découvertes, la vaccine et le télégraphe, et flattent les goûts grivois de l'époque par la représentation de scènes légères où les étoffes à demi transparentes et les coups de vent, les chutes, les accidents de voiture, les incidents de toutes sortes, propices aux indiscrétions, jouent le principal rôle. Trois artistes surtout, Carle Vernet, Debucourt et Duplessis-Berteaux, ont donné à leurs œuvres un caractère artistique par le soin avec lequel ils ont su rendre, sans violence et sans grossièreté, les types et l'esprit de leurs contemporains.

En 1814, la satire politique renaît. L'*Ogre de Corse* n'est pas mieux traité par les dessinateurs que par les libellistes, et ses anciens serviteurs,

LES INFORTUNES DE L'ABBÉ GEOFFROY, critique des *Débats*.

Caricature du commencement du dix-neuvième siècle. — (Musée Carnavalet.)

LE RÈGNE DES ANIMAUX
Caricature du commencement du siècle. — (Musée Carnavalet.)

Cambacérès surtout, servent de cibles aux plaisanteries royalistes. Mais Napoléon revient de l'île d'Elbe et, pendant les Cent-Jours, le gros ventre de Louis XVIII remplace celui de Cambacérès dans les caricatures. C'est alors que le malicieux *Nain Jaune* crée l'ordre de *l'Eteignoir* pour ridiculiser l'obscurantisme des gens de l'ancien régime, et celui de la *Girouette*, digne récompense des hommes qui, après avoir trahi l'empereur pour le roi, puis le roi pour l'empereur, devaient, au lendemain de Waterloo, jurer à nouveau fidélité aux Bourbons.

La seconde Restauration, en 1815, est marquée par un véritable déluge de pamphlets et de caricatures contre Napoléon, d'enthousiastes apothéoses en l'honneur de *notre père de Gand*. Et comme en France l'aimable gauloiserie ne perd jamais ses droits, les moustaches graisseuses des Cosaques et les jupons courts des Écossais fournissent aux artistes parisiens d'inépuisables sujets de plaisanteries.

Avec le règne de Louis XVIII s'ouvre, pour la

LE RÈGNE DES ANIMAUX
Caricature du commencement du siècle. — (Musée Carnavalet.)

production de l'estampe, une période d'activité intense qu'accentue encore l'emploi de la lithographie, inventée par Senefelder, à Munich, au commencement du siècle et introduite en France dès 1814. La société d'alors veut rire et ses crayonneurs, Naudet, Cœuré, Pigal, complètent à souhait le roman de Paul de Kock. Cependant Carle Vernet et ses *Singeries*, Boilly et ses *Grimaces*, Traviès et son bossu Mayeux, créent une formule d'art supérieure; Henri Monnier, l'observateur précis, publie ses premiers dessins au moment où Philipon se prépare à rénover la caricature politique. Car la lutte qui met aux prises les partisans de l'ancien Régime et ceux de la Révolution a sa répercussion dans le domaine de l'image. En dépit de la censure, Charlet, Raffet, Horace Vernet, Bellangé, consacrent leur crayon à célébrer la gloire de *l'Ancien* et de ses grognards. Delacroix, Decamps, nombre d'autres déclarent la guerre à la Congrégation et aux ultras :

LES GOURMANDS
Caricature politique du commencement du XIXᵉ siècle. — (Musée Carnavalet.)

Louis XVIII, Charles X surtout, ne sont pas épargnés; aux vitrines des libraires s'étalent des planches représentant des écrevisses, des éteignoirs symboliques, des serpents à têtes de jésuites ; le premier recueil périodique méritant le titre de journal de caricature, la *Silhouette*, paraît en juin 1829. C'est une guerre incessante qui ne prend fin qu'en juillet 1830, avec la monarchie des Bourbons. Celle-ci disparaît sous les coups de plume des journalistes, et les coups de crayon des caricaturistes y ont leur part.

Louis-Philippe, quoique porté sur le pavois par Thiers et les vainqueurs des trois glorieuses, est, dès le lendemain de son avènement, attaqué avec la plus grande violence. De 1831 à 1835, les journaux satiriques, la *Caricature* et le *Charivari* surtout, le travestissent de toutes les façons: Philipon, le fondateur de la *Caricature*, — l'une des publications les mieux conçues et les plus

UN PREMIER MINISTRE
Caricature de Pitt sous le Consulat. (Bibl. de la Ville de Paris.)

PHYSIONOMIE A DOUBLE VISAGE
Caricature de 1820. (Bibliothèque nationale. — Cabinet des estampes.)

intéressantes qui aient jamais vu le jour, — imagina, profitant d'une vague ressemblance, de représenter la tête du roi sous la forme d'une poire. L'invention fit fureur et l'ironie a survécu non seulement au régime, mais au siècle. Procès, condamnations, rien n'y fit. La poire devint, pour Paris, toujours frondeur, l'emblème de la nouvelle royauté. Les hommes du Juste-Milieu n'étaient pas plus respectés que le souverain. Daumier les modelait et pétrissait d'après nature, au cours des séances parlementaires, et d'après ces petits bustes, dont la collection est conservée au musée Carnavalet, il crayonnait ses lithographies, qui furent l'origine et sont restées le chef-d'œuvre du portrait-charge, tel que nous le concevons.

La loi de septembre 1835 supprima presque radicalement la caricature politique. Par contre, la caricature de mœurs s'éleva à un niveau qu'elle n'a plus dépassé. En dehors des fantaisies sur les événements journaliers, querelle des classiques et des romantiques, établissement des chemins de fer, invention du daguerréotype, du diorama, guerre d'Afrique, etc., elle fait œuvre de critique sociale; elle prend au hasard, dans cette société industrielle et boutiquière où l'argent est maître, un type ca-

ractéristique et l'analyse avec une précision rigoureuse; elle fait réfléchir plutôt qu'elle n'amuse. La gravure sur bois réapparaît, permettant l'introduction de la caricature dans le livre et le développement de la littérature satirique. En de multiples publications, Bouchot, Scheffer, Bourdet, Philipon, Traviés, Bouquet, Forest, Devéria, fixent, pour la postérité, les traits caractéristiques des hommes de leur temps, pendant que tout Paris s'amuse des charges sculptées de Dantan jeune. Les satiristes d'alors, qui sont restés les maîtres incontestés de la caricature moderne, sont au nombre de quatre : Daumier, Gavarni, Grandville et Cham.

Le premier, créateur de Robert Macaire, — car, si Philipon le conçut, on peut dire que c'est Daumier qui lui donna la vie, — s'est placé à côté des grands ironistes anglais et espagnols, égalant Hogarth et Goya. Gavarni, lui, est le prodigue aimable d'épigrammes ; sceptique et railleur, il fait peu de politique ; son type, c'est le chiffonnier Thomas Vireloque, désabusé de tout, se moquant de tout, rejetant dans sa hotte, en murmurant une boutade.

LA DOULEUR DE PHÈDRE
Caricature de Mlle Georges. — (Collection G. Hartmann.)

LE BANQUET DES SOUVERAINS
(Bibliothèque nationale. — Cabinet des estampes.)

aussi bien le bouquet tombé du corsage d'une marquise que la loque ramassée au coin d'une borne sur un tas d'immondices.

LES PLAISIRS DU PRINTEMPS
D'après une estampe. — (Bibliothèque nationale.)

Quant à Grandville, rêveur et fataliste, il ne s'apitoie pas outre mesure sur les petites misères de la vie humaine : si cela est, c'est que cela devait être. Ce qui l'intéresse, c'est le trait. A l'imitation du bon Lafontaine, il prêta aux animaux tout l'esprit qu'il avait et, comme lui, créa un chef-d'œuvre. Cham (pseudonyme du comte de Noé... maudit par son père) entre au *Charivari* en 1843, et y reste jusqu'à sa mort, survenue en 1879. Pendant près de quarante années, pas un événement ne se produit, pas un jour ne se passe sans que, en une ou plusieurs vignettes accompagnées de légendes, il n'en conserve le souvenir.

La République, proclamée le 24 février, rendit la liberté à la caricature qui put, dès lors, s'attaquer à tous les hommes politiques, critiquer toutes les solutions proposées aux multiples problèmes sociaux soulevés par la démocratie essayant sa première révolution vite avortée. Philipon, inlassable, fonde le *Journal pour rire*, auquel collaborent Bertall et Gustave Doré, ce dernier à peine âgé de seize ans. Presque en même temps débutent Marcelin, le dessinateur de toutes les élégances; Randon, l'imagier des soldats et des paysans ; Nadar dont la popularité sera rivale de celle de Cham.

Ce n'est plus la poire de Louis-Philippe, c'est le petit chapeau et l'aigle de Louis-Napoléon, candidat, puis président, qui excitent la verve des caricaturistes. Bertall surtout le prend à partie. Cham et de Beaumont ridiculisent les utopies socialistes. Daumier croque les représentants et invente Ratapoil, ce type extraordinaire, à l'œil louche, à la moustache formidable, sanglé dans une immense houppelande, le chef coiffé d'un chapeau bosselé, toujours armé d'un énorme gourdin.

Après le coup d'État du 2 Décembre comme après celui de Brumaire, toute allusion politique étant interdite, la critique sociale pouvant difficilement être exercée, les caricaturistes sacrifient au goût du jour et s'occupent presque exclusivement de la femme, surtout de la *petite femme*. C'est le règne de la cocodette, la domination de la crinoline. L'une et l'autre absorbent Cham et Daumier lorsqu'ils ne tirent pas à boulets rouges contre la Russie, l'Autriche, l'Angleterre ou la Prusse; car, ainsi que le Joseph Prudhomme esquissé par Monnier dès 1830 et parachevé en 1852, ils sont devenus chauvins et belliqueux; mais, entre deux campagnes, ils se joignent volontiers aux Marcelin, aux Grévin, aux Régamey pour flatter les goûts légers d'une société décadente.

Vers la fin de l'Empire, une liberté bien précaire est rendue aux artistes comme aux écrivains. Malgré l'obligation de l'autorisation préalable, le portrait-charge reprend une place importante à la première page des journaux satiriques et assure à Nadar, à Carjat, à Alfred Le Petit, à Gilbert-Martin, à Gill, une véritable popularité. Par la hardiesse de ses conceptions, par le fini de l'exécution et la ressemblance des types, Gill reste le maître incontesté de la caricature française pendant cette période troublée qui, de 1867, s'étend jusqu'à la fin du Septennat du maréchal de Mac-Mahon.

L'Empire s'est effondré. Le siège puis la Commune ont désolé Paris. La caricature pleure sur les malheurs de la France et Daumier y trouve l'inspiration d'une de ses plus belles pages, émouvante de vérité et de douleur. Mais bientôt la passion politique s'empare à nouveau du

LE DINER DES DIPLOMATES
D'après une estampe (Bibliothèque nationale).

LE TRIOMPHE DE LA VACCINE
Caricature de l'époque (Bibliothèque nationale).

LES BONS ET MAUVAIS GÉNIES
D'après une estampe (Bibliothèque nationale).

10

LES TOURLOUROUS
Caricature d'après une scène de la pièce du même nom.

LA PETITE POSTE
Caricature de l'époque (Collection G. Hartmann).

LA QUEUE DES CLIENTS
Caricature de l'époque (Bibliothèque nationale).

crayon et Thiers, Mac-Mahon, Gambetta, se voient à leur tour travestis de la façon la plus fantaisiste. Toutes les têtes sont justiciables de la satire.

Depuis que la troisième République est devenue le régime définitif de la France, une nouvelle ère de caricaturistes s'est inaugurée, traduisant les préoccupations et les espérances des jeunes générations. La charge politique, qui a trouvé dans l'affaire Wilson, dans le boulangisme et le panamisme, dans l'affaire Dreyfus, de multiples sujets de satire, semble n'avoir plus la même portée qu'autrefois. Les maîtres de l'estampe moderne, les Forain, les Steinlen, les Caran d'Ache, les Ibels, les Léandre, les Hermann-Paul, le si Parisien Willette lui-même, sont surtout d'amers critiques sociaux. Reprenant, avec des formes nouvelles, l'œuvre ancienne des Daumier et des Gavarni, c'est bien plus aux vices ou ridicules de l'humanité qu'ils s'attaquent qu'aux événements ou aux individualités politiques. Cependant, les toutes dernières années de cette période centennale sont marquées par des publications où l'esprit parisien perd la finesse qui lui est propre. La caricature y devient article de journal. Elle s'enhardit d'autre part à des audaces que le goût condamnait autrefois. Le vingtième siècle accentuera cette tendance. Il innovera, en outre, la caricature âpre qui veut moraliser par les effets excessifs.

Autre point à signaler : le rôle de la femme devient, dans la caricature comme dans la société parisienne, plus significatif : les *dégrafées*, les *momentanées* de Bac et d'Albert Guillaume n'ont rien à envier aux *épinglées* de Robida ni aux *Filles d'Ève* et aux *Petites Dames* de Grévin.

Résumée en une phrase, la caricature de mœurs au dix-neuvième siècle fut celle de la Parisienne, depuis la Merveilleuse qui, à pied, faisait l'admiration des Incroyables, dans le jardin des Tuileries, jusqu'à la mondaine dernier cri qui, en 1900, fait au Bois le tour du lac, en chauffeuse d'automobile.

HENRI LUCAS.

L'Affiche illustrée.

Elle est née à Paris, et c'est de Paris qu'elle a pris son vol pour faire le tour du monde. Elle date d'un peu plus d'un siècle et demi. C'est en 1742 qu'on la vit paraître pour la première fois sur les murs de la capitale, au grand émerveillement des badauds — il y en avait déjà, il y en eut toujours.

. Ce premier essai d'art de la rue, comme on l'appelle aujourd'hui, ne fut pas compris ; dédaignée, l'affiche se promit d'attendre son heure. Horace Vernet fit une tentative, bien peu hardie à la vérité, pour la remettre en honneur. Puis il y eut pour elle encore un long intervalle de prescription. Des gens, parents sans doute du fameux Joseph Prudhomme, soutinrent que c'était un attentat à la virginité des murailles, sur lesquelles

LE JUSTE MILIEU
(Collection Raoul Deberdt.)

LE JOURNALISTE MINISTÉRIEL
(Collection Raoul Deberdt.)

s'inscrivaient en grandes lettres des rappels d'ordonnance de police : défense d'afficher. Manet, Courbet, Gustave Doré, d'autres artistes de talent violèrent l'interdiction sous les yeux de la police vigilante. Leurs affiches ne vécurent comme les roses que l'espace d'un matin. Courbet qui fit les Casseurs de pierre était lui-même un Casseur de vitres. Manet préludait à l'impressionisme qui allait révolutionner le dessin et la peinture. Deux jacobins donc. Les édiles ne parlèrent de rien

COMMENT ON SE DÉSABONNE
Caricature de Daumier (Collection Raoul Deberdt).

LES NOUVELLISTES
Caricature de Gavarni (Collection Raoul Deberdt).

LA LETTRE
Caricature de Scheffer (Collection Raoul Deberdt).

moins que d'une insur-
rection. Les affiches ne
pouvaient obtenir grâce
devant ces timides con-
servateurs de la routine.
Chéret, lui, triompha des
résistances et des obsta-
cles. Il créa l'affiche moderne, et il eut avec lui
les critiques de la presse,
qui préparent l'opinion,
la décident et la convain-
quent. A partir de 1886
les affiches illustrées de-
meurent un embellisse-
ment de Paris. Bien au-
paravant, entre 1855 et
1857, Chéret avait pro-
duit des affiches d'inté-
rieur, aujourd'hui introu-
vables et destinées à l'annonce des romans. Elles
se recommandèrent surtout à l'attention de l'étranger qui s'empressa de
les imiter ; mais l'élan était donné :
Chéret lui-même d'ailleurs alla passer
sept ans en Angleterre où il se perfectionna. Les nouveaux procédés de la
chromolithographie lui vinrent en
aide. Grâce à elle, il put donner à l'affiche illustrée la valeur d'un tableau
peint, en associant avec une géniale
harmonie les tons, deux ou trois seulement, vert, rouge, bleu, avec toute
la gamme de leurs dégradations de
nuances. Chéret fut le maître et le
demi-dieu autour duquel vinrent se
grouper bientôt des émules qui furent
par moments des rivaux : Willette,
qui possédait tous les secrets de la
lithographie, met au service du métier
la causticité d'un esprit très poussé ;
Henri de Toulouse-Lautrec, qui donna
avec une entente toute personnelle et

LE JOURNALISTE DE L'OPPOSITION
(Collection Raoul Deberdt.)

très remarquée à l'affiche les teintes plates du décor, en même temps
qu'il se faisait le satiriste des fê-
tards du jour ; Grasset, qui maria
la grâce de la couleur au charme
du dessin ; Ibels, qui se fit le peintre
des misérables et des gueux, en ra-
contant la navrante épopée du pauvre ; Steinlen, qui apporta dans la
conception et l'exécution de l'affiche les qualités qui lui avaient déjà
valu sa réputation d'illustrateur
hors ligne ; Valloton, qui excella
dans le portrait ; Grévin, qui fut
comme affichiste l'Homère des cabarets artistiques ; Guillaume, qui
surpassa Grévin dans ses silhouet-
tes de petites femmes si vivantes
et leurs attitudes si parisiennes, en
leurs élégances obtenues avec un
nœud de ruban, une ondulation ;
un retroussis de jupe ; Robida, qui
fut dans toutes ses créa-
tions si bien lui-même
qu'il n'avait pas besoin
de signer ses composi-
tions pour en faire nom-
mer l'auteur ; Stick et
Lamouche, qui firent en-
trer hardiment l'affiche
dans la politique ou la
politique dans l'affiche.
   L'affiche, en ces vingt
dernières années, a été,
pourrait-on dire, fré-
quemment à l'avant-gar-
de de l'art. On l'a vue
tour à tour réaliste, im-
pressionniste, natura-
liste, symboliste, rêveuse,
délurée, batailleuse, mo-
deste, sachant s'assimiler
les goûts du jour et la
note du moment, tout en
restant, en toutes circons-

JE MARQUE LE ROI
Caricature de Bellangé (Collection Raoul Deberdt).

ACHETEZ-MOI DONC UNE COURONNE, CITOYEN !
La République et M. Thiers
Caricature de Daumier (Collection des *Actualités* d'Aubert).

LA LUTTE DES PARTIS
(Collection Raoul Deberdt.)

LE CRITIQUE INFLUENT, SAINT-MARC GIRARDIN
Caricature de l'époque
D'après une lithographie (Collection Prévost).

tances, originale. Avant Chéret qui lui conquit la popularité par la couleur, elle avait plutôt figuré dans les milieux littéraires, et fourni son élément de vogue à telle pièce de théâtre. Les caricaturistes s'étaient fait d'elle l'auxiliaire de leurs campagnes contre tels travers, contre tels événements ou tel régime. Grandville et Gavarni, Bertall et Daumier y avaient eu recours: mais il lui manquait le clairon qui lui donne aujourd'hui sa couleur à laquelle va forcément le regard.

Beaucoup de ces affiches actuelles, très recherchées par les collectionneurs, et dont on devrait faire un musée spécial, ont fait sensation. Quelques-uns de leurs auteurs lui doivent leur célébrité et leur fortune comme Mucha, qui inaugura la reproduction ou plus exactement la création du vitrail. La rivalité, sœur de la concurrence, obligea les artistes affichistes à ne point se parquer dans la banalité. Aussi telles de leurs œuvres peuvent-elles être comparées à des toiles

LA CAPOTE GRISE
Caricature de Daumier.

de prix. Paris ayant donné l'impulsion, tous les pays adoptèrent l'innovation. Très rapidement chacun d'eux eut ses créateurs, ses inventeurs. Sattler et Bœcklin, se distinguèrent en Allemagne, Rassenfosse en Belgique, Aubrey-Beardsley, Walter-Crane, Dudley-Hardy en Angleterre, Bradley, Penfield, Will-Croqueville du Mauver en Amérique, d'autres en Espagne, en Italie, en Hollande. L'affiche eut aussi ses organes spéciaux, ses journaux, ses albums, ses livres d'or.

Ces productions de l'étranger ayant toutes un cachet distinct atteignirent souvent la perfection. Aucune d'elles, toutefois, n'égala les merveilles dues à Chéret. Il est demeuré le maître devant lequel on s'incline, quelqu'un a dit le Titien de l'affiche, et des enthousiastes ont prononcé le Titan.

CHARLES SIMOND.

La Carte postale.

PETITE sœur de l'affiche, mais bien plus jeune, la carte postale, qui ne compte encore que peu d'années de succès, a déjà des millions de fanatiques, plus passionnés même que les philatélistes. Vient-elle d'Allemagne, comme on le prétend à Berlin, ou est-elle due en réalité à l'esprit ingénieux d'un Français — on a nommé le Dr Japy, — toujours est-il qu'elle s'est introduite dans la vie de Paris avec une sorte d'impétueuse invasion. On ne s'explique pas pourquoi. Elle n'est, en définitive, ni une œuvre d'art ni une création originale. Reproduction, très souvent médiocre, d'un cliché photographique, elle pouvait offrir un certain intérêt de curiosité lorsqu'elle se bornait, comme au début, à des vues de villes et de monuments, et alors elle avait une raison d'être, parce qu'elle rappelait des lieux visibles auxquels se rattachaient d'agréables souvenirs, ou parce qu'elle les faisait connaître à des amis inconnus; mais quand elle a étendu son domaine à tout ce qui est image, portraits de célébrités, chansons illustrées de Botrel et d'au-

LUI !
Caricature de Daumier.

tres, scènes allégoriques, tableaux de maîtres en renom, fantaisies plus ou moins heureuses, avec lesquelles elle inonda Paris en flattant tous ses goûts, jusqu'aux moins délicats, elle a perdu de sa valeur pour quiconque collectionne sérieusement, le collectionneur n'ajoutant qu'à ce qui n'est pas à la portée de toutes les mains et de toutes les bourses. On ne saurait toutefois nier le prodigieux engouement dont elle est restée l'objet et qui semblerait dénoter une tendance des masses à accorder à l'iconographie une attention

LE MAITRE DU JOUR
Caricature de Daumier.

qui lui avait été, jusqu'en ces dernières années, refusée par le grand public. Il ne faut toutefois pas confondre cette vogue de la carte postale avec le mouvement accentué qui se produit en faveur de l'art populaire. On peut même dire que la carte postale est, sauf quelques exceptions, plutôt une sorte d'hommage rendu à l'art barbare, et pourtant elle pourrait rendre des services réels à la culture esthétique, si la concurrence qui est inouïe sous ce rapport n'avait fait prévaloir dans le choix des sujets l'insignifiance et la banalité. Autant l'affiche artistique avait mérité depuis ses premiers essais l'approbation des connaisseurs, en produisant des chefs-d'œuvre signés par des noms universellement applaudis, autant cette carte postale anonyme. ou ne faisant mention que de la firme qui l'édite, est dédaignée par ceux qui recherchent dans une composition graphique la sensation du beau. Quoi qu'il en soit, le flot de la carte postale monte, monte, et il y a peu de regards qui n'en subissent l'obsession. Il n'y a qu'une chose à laquelle on puisse comparer cette furia qu'elle provoque, c'est l'idiote bataille de confetti, ceux qui s'y adonnent jetant dans l'un et l'autre cas leur argent au marchand sans obtenir en échange rien qui vaille. Ne soyons cependant ni exclusifs ni pessimistes : un sage a dit qu'il y a en tout un côté qui doit intéresser et qu'il faut savoir le découvrir. Constatons pour le moment que la carte postale fait événement : elle s'empare de tout le monde, elle pénètre partout : le palais des rois ne lui est pas plus fermé que l'humble chaumière. elle a ses fidèles à la ville, au village et elle vainc toutes les résistances.

CHARLES SIMOND.

LES PUISSANTS
Caricature de Henri Monnier

LE CHAMP DE MARS

On en revient toujours   A ses premières amours.

(Musée Carnavalet.)

XI. — La Centennale de la Presse.

Huit cents journaux environ — sans compter ceux qui existaient déjà — ont été fondés pendant la période révolutionnaire. Presque tous ont disparu avec les partis qui les inspiraient, mais il en reste encore trop pour Bonaparte, qui n'aime pas qu'on discute ses actes ou ses opinions. Un arrêté du 17 janvier 1800 en réduit le nombre à treize (*Moniteur, Journal des Débats, Publiciste, Gazette de France, Ami des lois, Clef des Cabinets des Souverains, Citoyen français, Journal des défenseurs de la Patrie, Journal du soir, Journal du Commerce, Journal de Paris, Décade philosophique, Bien Informé*). Le nombre des abonnés à cette époque varie depuis 20 (*Anciennes Affiches*) jusqu'à 8,160 (*Journal des Débats*).

Fondé en 1789, acheté en 1799 par les frères Bertin, le *Journal des Débats*, qui deviendra en 1809 le *Journal de l'Empire* (il ne peut plus y avoir de débats sous un souverain absolu), reste le type le plus complet des feuilles politiques de cette période. Une importance plus grande donnée aux annonces (1799), la création d'un feuilleton consacré à des articles littéraires (1804), et surtout la vogue de la critique dramatique de Geoffroy, augmentent considérablement le nombre de ses abonnés qui atteindra, sous l'Empire, le chiffre de 32,000.

Quelque réservés qu'ils soient dans leurs appréciations, ces journaux ne paraissent pas assez respectueux des volontés du maître, qui en supprime neuf en 1811. Les autres se cantonnent de plus en plus dans la littérature et le public en définitive y gagne.

Les Cent-Jours et le règne de Louis XVIII — publiciste occasionnel — donnent à la presse plus de liberté. De nouveaux journaux paraissent : *l'Indépendant* (1er mai 1815), qui prendra en 1819 le titre de *Constitutionnel*; les *Annales politiques, morales et littéraires*, qui deviendra en 1820 le *Courrier français* (avec Guizot, Kératry et Villenave comme principaux collaborateurs); le *Censeur européen* (avec Auguste Comte, Dunoyer, Augustin Thierry). *la Renommée* (Benjamin Constant), *le Conservateur* (Chateaubriand); *la Minerve*, ex-*Mercure de France* (Benjamin Constant, Jouy, Étienne, Paul-Louis Courier, Béranger); *le Globe* (Dubois, Guizot, Jouffroy, Ampère, Sainte-Beuve). Ce sont des journaux d'opposition, d'opposition assez discrète; mais le gouvernement est défendu et même compromis par le *Drapeau blanc*, la *Gazette de France* et la *Quotidienne* qu'on appellera, à cause de sa violence, la « Nonne sanglante ».

En 1824, les journaux de l'opposition ont

IL Y A QUELQUE CHOSE

Caricature de la Restauration (Collection Raoul Deberdt).

L'AUMONE

Caricature de la Restauration (Collection Raoul Deberdt).

HIER ET AUJOURD'HUI
Caricature des mœurs du jour (Collection Raoul Deberdt).

près de vingt ans – ne devait être qu'une courte halte dans la marche du siècle, chaque parti organise la lutte, crée pour se défendre ou pour attaquer de nouveaux journaux. Les démocrates, qui ignorent encore s'ils veulent réformer ou supprimer la monarchie, ont *la Tribune* et *le Réformateur* (fondés par Raspail), *le Bon Sens* (dirigé par Louis Blanc); les légitimistes : *le Rénovateur*, *la France*, *la Nation*, *l'Opinion publique*; les bonapartistes : *la Révolution, 1830*, *le Capitole*, *le Commerce*.

En dehors de ces partis bien tranchés, *le Charivari* (1832) ne sait pas trop ce qu'il préfère et s'amuse de tout et *l'Avenir* fondé par Lamennais et auquel succédera *le Monde*, où collaborent Montalembert et George Sand, représente un vague socialisme, teinté de christianisme.

En 1835, la presse parisienne se compose de 20 journaux, qui ont en province 50,000 abonnés (41,200 pour les feuilles de l'opposition). Ce petit nombre d'abonnés s'explique facilement. Les journaux, suivant la remarque très juste de Cormenin, « sont une marchandise qui coûte trop cher. » Comment réduire le prix, sans compromettre leur situation financière, si peu florissante?

Un des esprits les plus avisés de ce temps, Émile de Girardin, trouve la solution du problème. « C'est aux annonces, affirme-t-il, de payer le journal. » Mais pour augmenter le nombre et le prix des annonces, il faut augmenter le tirage du journal.

Le prix ordinaire des abonnements était de

41.330 abonnés ; ceux du gouvernement, 44,344.

Sous le règne de Charles X, moins libéral cependant, une nouvelle législation, depuis longtemps réclamée, garantit dans une certaine mesure quelques-uns des droits de la presse. A la faveur de cette législation se fondent en 1829 *le National* (Armand Carrel, Thiers, Mignet), en 1830 *la Réforme* (Flocon, Ledru-Rollin).

A ces journaux d'allures graves, il convient d'ajouter pour cette période des feuilles légères qui dans la lutte contre le gouvernement jouent le rôle d'éclaireurs et de tirailleurs : *l'Album*, *le Miroir*, continué par *la Pandore*, (1er janvier 1826), *le Corsaire*.

Les ordonnances du 26 juillet 1830 suppriment les libertés accordées par la Charte. La presse proteste et, par un manifeste belliqueux, elle donne le signal d'une révolution qu'elle a préparée, rendue inévitable.

Elle en profite plus encore que le peuple. Deux causes la favorisent : une législation plus libérale et le merveilleux essor des lettres en 1830. Jamais le journalisme ne fut mieux représenté qu'à cette époque, jamais son influence ne fut plus grande et plus justifiée.

Comme si le règne de Louis-Philippe — qui dura

LE TRIOMPHE DE LA LITHOGRAPHIE PAR H. BELLANGÉ
(Musée Carnavalet.)

80 francs ; Émile de Girardin, en fondant la *Presse*, l'abaisse à 40 francs.

Le même jour que le premier numéro de *la Presse* (1er juillet 1836), paraît, dans les mêmes conditions, le premier numéro du *Siècle*, fondé par Dutacq. Des protestations s'élèvent contre une réforme qui lèse les intérêts des uns et effraie la délicatesse des autres, de ceux qui craignent que le journalisme en devenant plus riche ne devienne moins probe. La plus véhémente des attaques est celle d'Armand Carrel, le plus loyal représentant de la presse doctrinaire et littéraire. Un duel en résulte dans lequel le vaillant journaliste est tué (1836).

La République de 1848 fait surgir une innombrable quantité de journaux, parmi lesquels *le Peuple constituant* (Lamennais), *l'Ami du Peuple* (Raspail), *le Représentant du Peuple* (Proudhon), *le Bien public* (Lamartine), *la Montagne* (George Sand, Lamennais, Proudhon, Pierre Leroux), *la Patrie*, *la Liberté* (le premier journal à cinq centimes), *l'Événement* (patronné par Victor Hugo).

La plupart de ces journaux ne tardent pas à mourir, et le gouvernement les y aide de son mieux. Le cautionnement est rétabli le 9 août 1848, et le 16 juillet 1850, l'Assemblée nationale vote la loi Tinguy confirmée par le décret organique pour la presse du 17-23 février 1852 (cautionnement, signature obligatoire pour les articles politiques, timbre pour les journaux périodiques, juridiction de la police correctionnelle).

Sous le second Empire, s'accentue la révolution de la presse à bon marché. *Le Petit Journal* se crée, en 1863, à cinq centimes et il a presque aussitôt de nombreux concurrents. Le public devient chaque jour plus exigeant, et une augmentation de format accompagne une diminution de prix. Le nombre des journaux s'élève à 500 en 1860, à plus de 2,000 en 1869, dont 900 pour Paris. Un curieux essai est fait en 1868 : *l'Événement illustré*, journal quotidien, publie un dessin en première page dans chaque numéro.

La Révolution du 4 septembre augmente les libertés de la presse et le nombre de journaux, qui pendant la Commune deviendra excessif. Citons parmi ces feuilles éphémères, *le Combat* et

le Vengeur (Félix Pyat), *la Patrie en danger* (Blanqui), *le Mot d'ordre* (Rochefort), *le Cri du Peuple* (Vallès), *le Père Duchêne* (Vermersch). Sans compter *le Moniteur des Citoyennes*, *le Trac*, *l'Œil de Marat*, *le Feu grégeois*, et *le Journal secret*, d'autant plus secret en effet que personne ne le lisait.

Les journaux fondés sous la seconde Républi-

CARAN D'ACHE
(D'après une photographie.)

que, avec des fortunes diverses, sont très nombreux, et je dois me borner à mentionner les principaux avec la date de leur création : *République française*, *XIXe Siècle* (1871), *Soleil* (1873), *Voltaire* (1878), *Gil Blas*, *Petit Parisien* (1879), *Intransigeant* (1880), *Écho de Paris* (1883), *Matin* (1883), *Autorité* (1886), *Éclair* (1889), *Journal* (1892), *Libre Parole* (1892).

Henri D'ALMÉRAS.

DUPREZ (de l'Opéra)

MADAME DORUS-GRAS (de l'Opéra)

XII. — PARIS CHANTANT.

LA Révolution a brisé les privilèges, ceux du théâtre comme tous les autres. A l'aurore du siècle nouveau, les scènes sont nombreuses qui se font hospitalières à la musique. L'empereur, non moins jaloux que les rois de jadis, va relever les barrières abattues; et les théâtres par lui épargnés, plus que jamais privilégiés, rentrent dans le rang et dans les étroites limites d'un petit nombre.

L'opéra-comique, ou plutôt la comédie à ariettes, le seul genre qui soit permis à Feydeau, a ses fournisseurs attitrés qui sont Berton le second,

BELLINI
D'après une lithographie (Monde dramatique).

GIULIA GRISI (de l'Opéra)
(D'après un portrait de l'époque.)

Souvenir offert à Rosine Colleuil
Rosine Bloch
le 7 octobre 1871

BORGHI-MAMO (de l'Opéra)
(Bibliothèque de l'Opéra.)

ROSINE BLOCH (de l'Opéra)
(Bibliothèque de l'Opéra.)

Dalayrac, Méhul, ceux-ci Français, mais en concurrence avec les Italiens Paer et Cherubini, ce dernier hanté d'ambitions plus hautes et que ses œuvres de musique religieuse, surtout la messe écrite pour le sacre de Charles X, recommandent plus aujourd'hui que les *Deux Journées*, *Médée* ou *Ali-Baba*. Le clairon qui sonnait *la Marseillaise* et le *Chant du départ*, s'est tu. Berton écrit cependant le *Chant du retour*; mais le retour ne vaut pas le départ. Toutefois Dalayrac, par hasard passé Tyrtée impérial, emprunte à l'un de ses opéras galants et anodins, le thème : « *Veillons au salut de l'empire*, » que doit accompagner le canon, ou plutôt le tonnerre déchaîné sur tous les champs de bataille de l'Europe.

L'astre charmant de Boïeldieu se lève; et la *Dame Blanche* (décembre 1825), abandonnant sa main si jolie à son bel officier, fait battre les mains longuement inlassées. Nicolo balance quelques jours la gloire de Boïeldieu; et le rendez-vous est encore accepté quelquefois à ses joyeux *Rendez-vous bourgeois* (1807). Spontini, Grec ou Romain, comme alors on se plaisait à l'être ou le paraître, ne menace d'enterrer sa *Vestale* (1807), que pour la mieux

PONCHARD (Opéra-Comique).

ressusciter en une apothéose retentissante. Vainement Lesueur, avec ses *Bardes*, dispute à Spontini la royauté suprême sur la scène de l'Opéra. Auber, avec *la Muette de Portici*, décide la défaite de Caraffa qui, l'année précédente (1827), en son *Masaniello*, a traité le même sujet. Au reste, comme Nicolo est le suivant de Boïeldieu, comme Fromental Halévy sera le suivant de Meyerbeer, Caraffa badine et gazouille, non pas gràce, sur les traces de Rossini. Celui-ci tue Gessler, mais pour faire vivre *GuillaumeTell* (3 août 1829). Il décoche en plein cœur la flèche de son génie. Après cela son œuvre est faite. Il désespère de s'égaler lui-même, et n'écrira plus que pour le bon Dieu, estimant sans doute que le hasard en est moins redoutable.

En 1828, une tradition commence, glorieuse comme pas une autre; en la salle du Conservatoire, Habeneck inaugure le culte de la musique pure. Beethoven monte à l'horizon.

Le 21 novembre 1831, *Robert le diable* triomphe; c'est un événement et un avènement. A l'heure même où le romantisme révolutionne et rajeunit la scène de notre traditionnelle comédie, l'opéra, lui aussi, abandonne les Grecs de Gluck et les Romains de Spontini pour les chevaliers de ma patrie, les inquisiteurs, les cardinaux de *la Juive*, les reîtres et les soudards des *Huguenots*. Voici fondé l'opéra historique. Il envahit jusqu'à l'empire de son petit frère, la scène ci-devant dite de Feydeau.

Le *Pré-aux-Clercs* d'Hérold est du 12 décembre 1832. Dès lors l'histoire et la légende, les fabliaux et les chroniques sont exploités, longtemps avec un singulier bonheur. Scribe et sa suite, toute une légion, arrangent, dérangent, et font chanter Charlemagne et Fra Diavolo, Shakespeare et Vasco de Gama. Mascarille voulait mettre en madrigaux toute l'histoire romaine ; ainsi ont fait, du moins en romances, en duos, trios, finales et cavatines, Scribe et les siens, non pas de l'histoire romaine, quelque temps un peu démodée, mais du moyen âge, de la Renaissance, de l'ancien monde et du nouveau. Auber inlassable, mène le bal. Il a de l'esprit jusqu'au bout de ses doubles croches. Au reste, ainsi qu'il arrive presque toujours aux auteurs vraiment créateurs et bien inspirés, l'interprétation, complète l'œuvre joyeusement conçue.

Les grands généraux ont toujours de bons soldats Meyerbeer, Halévy, Auber entraînent à des victoirespresque certaines, Falcon et Dorus-Gras, Damoreau et Nourrit, Levasseur, Roger et Bataille, Cabel, Couderc et Sainte-Foy.

La lignée d'Auber est d'un patriarche, joyeux du reste plutôt que vénérable. Si lui-même doit quelque peu à Rossini, qui dira ce qui lui doivent Adam, Clapisson, Bazin, Ambroise Thomas, Victor Massé, Maillart, combien d'autres ? La seule énumération en est impossible.

Le dominateur suprême de l'opéra, pendant plus

Mlle VAN ZANDT (de l'Opéra-Comique)
dans le rôle de « Lakmé ».

CHARLES VI
Baroilhet dans le rôle de Charles VI
(Bibliothèque de l'Opéra).

CHARLES VI, Rôle d'Odette
(Mme Rosine Stolz)
(Bibliothèque de l'Opéra.)

d'un demi-siè-cle, est Meyer-beer.

Halévy, même escorté de sa *Juive* (1835), de son *Charles VI*, de sa *Reine de Chypre*, n'apparaît en quelque sorte que pour lui ménager les longs répits, la lente élaboration des *Huguenots*, du *Prophète* et de l'*Africaine*.

Verdi traverse l'opéra; ce ne sont que des incursions plus ou moins heureuses, jamais décisives. Il est vrai que les *Vêpres Siciliennes* (juin 1855) ne sont pas un sujet fort bien choisi pour un public français. *Le Trouvère*, *Rigoletto*, plutôt que des grands opéras français, sont des passants italiens en représentation à Paris. Berlioz essaie malheureusement son *Benvenuto Cellini*. Au reste, ce génie puissant, mais orageux et inégal, semble à la gêne en la forme dramatique. Ses chefs-d'œuvre et le meilleur de sa

CHARLES VI
Rôle de Raymond (Levasseur)
(Bibliothèque de l'Opéra.)

gloire ne seront jamais là.

Le 13 mars 1861 apparaît, se dressant en concurrence de Meyerbeer, un rival plus redoutable. La cabale le force à se taire. Le *Tannhauser* a trois représentations. C'est trop tôt, Wagner reviendra; il est revenu: il l'emporte, bien que Meyerbeer n'ait pas abdiqué sans retour, et qu'il ait encore des rebondissements victorieux. Toutefois Wagner sifflé, battu, ou plutôt ajourné, conquiert, non sans résistance furieuse, les programmes des concerts.

Pasdeloup, un précurseur et un initiateur, lève son bâton de chef d'orchestre, aux dernières années de l'empire, et s'acharne à révéler, aux oreilles du présent, la musique de l'avenir.

Un genre nouveau s'est fondé, l'opérette. Déjà Adam l'avait préparée, Grisart l'avait essayée.

Des *Pantins de Violette*, de *Gilles le ravisseur*, à *Orphée aux Enfers*, à *Geneviève de Brabant*, il n'était plus qu'une enjambée à faire. Encore y fallait-il le bel élan d'un Allemand plus Parisien qu'un fils du boulevard, Offenbach. Lui aussi quelque temps a sa créatrice favorite et toute charmante. Schneider, c'est *la Grande-Duchesse* et la

CHARLES VI
Rôle du Dauphin (Duprez.)

CHARLES VI
Rôle d'Isabeau (Mme Dorus-Gras)
(Bibliothèque de l'Opéra.)

Belle Hélène, selon le rêve du poète et comme dans le sourire complaisant des déesses. Offenbach trouve son double, mais exaspéré, sa caricature, dirait-on, dans Hervé. Quelle lignée lui aussi enfante! Serpette, Planquette, Lecocq, Audran, Roger, Varney, non celui qui le premier chanta l'hymne des *Girondins*, l'autre, celui qui nous réjouit encore, procèdent d'Offenbach. Quelquefois l'opérette se relève aux élégances plus fines de l'opéra-comique; ainsi la voyons-nous faire, il y a quelques jours à peine, aux mains merveilleusement habiles de Messager.

M. MASSOL, rôle de Kilian dans *Freischütz*.

MAX, dans *Freischütz*.

Pessard lui aussi badine et se joue non sans grâce, évitant la farce vulgaire et basse.

Cependant un homme est apparu que le doigt des fées a touché : Gounod. Son *Faust*, en sa forme première, est du 19 mars 1859. C'est un maître qui se révèle. Il sait tout

années du siècle consommé, la musique française, c'est Saint-Saëns, habile comme pas un autre, rivalisant avec Haendel dans son *Déluge*, avec Beethoven, lorsqu'il adapte quelques inspirations du maître souverain à des formes nouvelles, avec Gluck, lors-

ROSSINI SUR SON LIT DE MORT
(Bibliothèque de l'Opéra.)

des autres, mais il sait, ce qu vaut mieux encore, être lui, païen ou chrétien, suivant des folles Ménades ou confident des anges, il semble le favori de sainte Cécile, aussi bien que d'Apollon. *Mors et Vita, Rédemption* ouvrent le ciel; cependant *Juliette* soupire, *Mireille* gazouille et meurt, oiselet de l'aurore et du printemps; enfin ce chœur de rêves si divers, mais d'âmes toujours aimantes, chante Gounod comme en l'apothéose d'un paradis retrouvé.

Bizet a passé, mais laissant à *Carmen* le soin fidèle de sa gloire; Lalo de même: toutefois *le Roi d'Ys* hautement le glorifie; Reyer, après *la Statue*, se surpasse lui-même dans *Sigurd* et *Salammbô*. Aux dernières

ERIC (*Lucie de Lamermoor*)

LE ROI DE LAHORE, rôle d'Alnis
(Bibliothèque de l'Opéra.)

qu'il jette Samson aux pièges de Dalila, avec le maître de l'opéra-comique et du ballet lorsqu'il se joue aux entrechats de Javotte et aux roueries de Phryné; la musique française, c'est encore Massenet qui met, dans l'histoire, une date fameuse, le 19 janvier 1884, en nous présentant sa délicieuse Manon, toujours si jeune qu'elle nous fait toujours plus jeunes à l'écouter, nous qui devenons vieux; Massenet, celui dont nous espérons encore de joyeux lendemains.

Saint-Saëns, Massenet, très sûrs d'eux-mêmes, écoutent sans doute les voix qui montent sur leur passage, mais ils n'en sont pas troublés. Nous ne saurions parler ainsi des autres. Si César Franck vivait dans son rêve jalousement solitaire, et qui ne semble pas toujours encore accessible à tous, combien d'autres semblent hésiter aux chemins divers qui les sollicitent! Jamais floraison chantante ne multiplia plus abondamment aux alentours de nos scènes parisiennes, nous ne dirons pas sur la scène, car jamais il ne fut plus malaisé de forcer les portes d'un théâtre. Cependant que d'essais! que de tentatives! Bruneau, et son Messidor et son Ouragan, est là; d'Indy et son Fervaal, Duvernoy, Vidal, Pierné conduisant par la main la Fille de Tabarin, Hue, Pfeiffer, Hirschmann, Leroux, Charpentier, celui-ci glorieux de sa Louise plus que centenaire déjà. Que de promesses! Mais aussi parfois que d'inquiétudes!

L. AUGÉ DE LASSUS

Le Conservatoire de musique.

Né de l'école royale de chant et de déclamation qui fut fondée par le baron de Breteuil et dirigée par Gossec, le Conservatoire de musique s'installa dans les mêmes bâtiments jusqu'alors affectés aux menus plaisirs du roi et aujourd'hui situés rue Poissonnière. Sa création date de l'arrêt du Conseil d'État du 3 janvier 1784, son ouverture de 1793, en pleine tourmente révolutionnaire. Les orages politiques passèrent sur lui sous les divers gouvernements de 1800 à 1900 sans le mettre en péril. Bernard Sarrette, qui l'administra avec habileté jusqu'à la Restauration, le mit à l'abri des décrets impériaux, coutumiers d'ingérence dans le théâtre et dans ce qui y touche. Les Bourbons le tinrent pendant quelques mois en suspicion à leur retour en 1815 et le fermèrent même, en attendant que l'on décidât de son sort, mais il fut rouvert dès 1816 sous la direction de Perne; seulement il redevint l'École royale, pour ne pas garder une dénomination émanant de la République et confirmée par l'Empire. Il reprit son appellation de Conservatoire dès l'avènement de Louis-Philippe, qui reconnut ainsi l'origine de l'installation. Ses directeurs furent depuis cette date successivement Cherubini, Auber, Ambroise Thomas, Dubois.

P.-A. DEGLAISIÈRE.

M. VAGUET (de l'Opéra-Comique)
dans le rôle de Konrad, de la « Cloche du Rhin. »

XIII. — Le Théâtre de 1800 à 1900.

Pendant tout le cours de la période révolutionnaire, le théâtre avait présenté les caractères les plus variés et les plus contradictoires. Aux pastorales un peu doucereuses de 1789 avait succédé, de 1792 à 1794, un genre plus osé, plus libre, qui se transforma, sous le Directoire, en comédie aristophanesque, à tendances contre-révolutionnaires, contre laquelle

Mlle VOLNAIS (du Théâtre Français)
Rôle d'Iphigénie dans *Iphigénie en Aulide*. (Bibliothèque de la Ville de Paris.)

curent à lutter les gouvernants républicains. Le régime napoléonien ne fut pas plus tendre pour les auteurs dramatiques que pour les écrivains. Sa police inquiète voyait partout des allusions; un mot à double entente pouvait valoir au théâtre la clôture, à l'auteur l'embastillement. En 1807, un décret rétablissant le monopole des théâtres en supprima brusquement quinze, n'en laissant subsister que neuf : le grand acteur qui remplissait à lui seul la scène du monde suffisait à exciter l'admiration d'un public toujours enthousiaste. Aussi la tragédie, que servait pourtant le

talent d'un Talma, continua-t-elle sa lente agonie. Marie-Joseph Chénier, l'auteur de *Charles IX*, fit jouer, à l'occasion des fêtes du couronnement, un *Cyrus* qui n'ajouta rien à sa gloire, et Raynouard dont, en 1805, *les Templiers* avaient obtenu un succès mérité, vit interdire ses *États de Blois*. Ducis ne produisit rien tant que dura l'Empire; ni Népomucène Lemercier, ni Luce de Lancival, ni Baour-Lormian ne réussirent à rendre quelque éclat aux vieilles formules classiques.

La comédie, plus libre dans ses allures, fut moins terne. Picard, Collin d'Harleville, Andrieux, Étienne, Alexandre Duval, ne firent pas oublier Molière, mais cependant certaines de leurs œuvres, telles que *la Petite Ville*, *les Ricochets*, *M. Musard*, de Picard, *Brueys et Palaprat*, d'Étienne, *les Étourdis*, *le Vieux Célibataire* de Collin d'Harleville, valent encore d'être lues.

Quant aux vaudevillistes, Barré, Radet, Desfontaines, Dupaty célébrèrent Mars et Vénus, plaisantèrent les Anglais et chantèrent nos victoires et la gloire de l'empereur. Ils devaient, un peu plus tard, avec autant de sincérité et d'un égal talent, acclamer le retour des Bourbons.

Pendant la Restauration, la politique envahit la scène; le *Germanicus* d'Arnault, *les Vêpres siciliennes* de Casimir Delavigne, le *Louis IX* de Lancelot, sont appréciés bien plutôt en raison de leur libéralisme ou de leur royalisme que de leur valeur littéraire. Dans le vaudeville, Dumarsan, l'auteur du *Soldat laboureur*, crée un type qui doit rester légendaire, et Scribe débute, en 1821, par un *Combat des montagnes* que suivront bien d'autres combats, bien d'autres victoires.

Mais un souffle nouveau est passé sur la scène française. En 1823, Lemercier donne son *Charles VI* où s'affirment déjà les formules nouvelles; la même année Guizot traduit Shakespeare, de Barante Schiller; on publie les œuvres des grands auteurs espagnols, Calderon et Lope de Vega. Alfred de Vigny, Alexandre Dumas ont recueilli leurs premiers applaudissements. Victor Hugo, enfin, lance en 1827, dans la préface de *Cromwell*, le manifeste de la nouvelle école : l'heure du romantisme a sonné.

Le romantisme régna, en effet, pendant quinze années sur le théâtre français, depuis la première représentation de *Hernani* qui assura sa victoire jusqu'à celle de la *Lucrèce* de Ponsard qui remettra en honneur la tragédie renouvelée et rajeunie. La bataille fut terrible; ce fut une véritable guerre civile littéraire et les écrits du temps ont gardé la trace de l'acharnement, de la férocité même avec laquelle classiques et romantiques se ruèrent au combat. L'*Othello*, traduit et arrangé par Alfred de Vigny; *Henri III et sa cour*, *Antony*, d'Alexandre Dumas père, *Marion Delorme*, *le Roi s'amuse* (interdit à la deuxième représentation), *Ruy Blas*, de Victor Hugo; les drames en prose du même : *Lucrèce Borgia* et *Marie Tudor*, mirent aux prises le Cénacle — qui s'obstinait à ne pas amener le vieux pavillon de Corneille et de Racine — et le bataillon des Jeune-France conduit par Théophile Gautier.

Cependant, celui des romantiques qui obtint le plus grand et le plus durable succès ne fut ni Victor Hugo, malgré toute la magnificence de son vers, ni Alfred de Vigny, malgré le retentissement qu'obtinrent sa *Maréchale d'Ancre* et surtout son *Chatterton*. Ce fut Alexandre Dumas père, le puissant et fécond amuseur, dont *les Mousquetaires*, sous leur double forme de roman et de drame, redressaient encore fièrement, à la fin du siècle, leur panache glorieux.

L'échec des *Burgraves* de Hugo, le triomphe de la *Lucrèce* de Ponsard, marquent l'avènement d'une nouvelle école, celle du « bon sens », régime de juste-milieu dramatique, dont le maître sera Émile Augier.

Pendant ce temps, la comédie de mœurs et de caractère, devenue le domaine incontesté de Scribe, poursuivait honorablement sa carrière, et l'éternel mélodrame du boulevard du Temple, après avoir, sous l'Empire et la Restauration, fait la fortune de Pixérécourt, de Victor Ducange et Dinaux, continuait à émouvoir le public spécial qui, à travers toutes les révolutions politiques et littéraires, lui est resté fidèle et aime, chaque soir, à voir, à la fin du cinquième acte, le vice puni et la vertu récompensée. Le mélodrame, qui ne fut pas étranger à la victoire du romantisme sur la vieille tragédie, est demeuré de nos jours ce qu'il était alors. MM. d'Ennery ni MM. Pierre Decourcelle ou Jules Mary n'ont rien changé à ses procédés, qu'un en perfectionnant la mise en scène, mais ni d'Ennery ni MM. Pierre Decourcelle ou Jules Mary n'ont rien changé à ses procédés.

Le premier effet de la victoire de l'École du « bon

sens » fut de faire disparaître les classifications, de mélanger les genres dans lesquels, jusqu'ici, les auteurs s'étaient cantonnés. Tandis que Ponsard renouvelle la tragédie en prenant ses héroïnes dans notre histoire nationale, — *Agnès de Méranie* et *Charlotte Corday*, — et s'apprête à aborder avec une lourdeur solennelle la comédie en vers dans *le Lion amoureux* et *l'Honneur et l'Ar-*

BEAUVALET (du Théâtre-Français)
Rôle de Maurique dans *Don Sanche d'Aragon*. (Bibl. de la Ville de Paris.)

gent, Émile Augier, avec une fécondité inlassable, en vers comme en prose, flagelle les vices de son temps, l'hypocrisie surtout, avec un rigorisme qui ne s'interdit à l'occasion ni l'indulgence, ni la pitié. A côté d'eux, Alexandre Dumas fils, Théodore Barrière, Victorien Sardou créent la comédie moderne, et Labiche renouvelle le vaudeville en découvrant des sources inépuisables de rire. Grâce à eux la scène française, pendant trente ans, de 1845 à 1875, brille d'un éclat qui rappelle ses périodes les plus glorieuses.

De *la Dame aux camélias* à *Denise*, Alexandre

11

Dumas fils fait de chacune de ses pièces un plaidoyer en faveur d'une thèse sociale. Ses idées rénovatrices considérées aujourd'hui par beaucoup comme banales, « réactionnaires » même, semblaient, lorsqu'il les défendait en longues et vibrantes tirades, d'une hardiesse qui s'élevait parfois à la hauteur d'un défi. Moins passionnés, désireux avant tout d'amuser le public léger du second

actualité palpitante : Émile Augier écrivit *Jean de Thommeray*, Henri de Bornier *la Fille de Roland*, et Victorien Sardou *Patrie*.

Très discuté, attaqué souvent avec une âpreté haineuse, Victorien Sardou peut s'enorgueillir d'une œuvre immense. Il a abordé tous les genres avec une égale fécondité, avec un succès constant. Dans les *Pattes de mouche* comme dans *Patrie*, qu'il s'agisse d'une satire politique comme *Rabagas* ou d'une comédie historique comme *Madame Sans-Gêne*, partout il a déployé une connaissance de la scène, une science des goûts du public qui ont assuré ses triomphes.

Il serait injuste de clore l'histoire du théâtre à Paris au cours de cette brillante période sans rendre à l'auteur de *l'Étincelle* et du *Monde où l'on s'ennuie*, Edouard Pailleron, l'hommage auquel lui donnent droit son esprit fin et subtil et sa grâce légère.

Les quinze dernières années du dix-neuvième siècle sont marquées par une évolution nouvelle.

Tout d'abord le naturalisme, se réclamant de la vérité même laide, de la réalité même brutale, triomphe avec les de Goncourt, avec Émile Zola, avec Henri Becque. Puis une réaction se produit, en grande partie sous l'influence du symbolisme scandinave, si puissamment affirmé par Ibsen, et du mysticisme flamand, qui a trouvé en Maeterlinck sa plus belle expression. Les naturalistes, cependant, ne manquent pas non plus d'appuis à l'étranger. Le Russe Dostoïewski, l'Allemand Gerhardt Hauptmann ont leurs admirateurs, et les

DAZINCOURT (du Théâtre-Français)
Rôle de Dubois dans les *Fausses Confidences*. (Bibl. de la Ville de Paris.)

Empire, Meilhac et Halévy inventaient ce que l'on a appelé *la Comédie parisienne*, et, avec la collaboration d'Offenbach, transformaient l'ancien vaudeville à couplets et en faisaient l'étourdissante opérette, qui, sur le rythme joyeux de *la Belle Hélène* et de *la Grande-Duchesse*, devait conduire le galop final du régime impérial.

Les désastres de 1870-71 eurent leur contre-coup sur notre théâtre. Pendant quelques années, le rire devint plus discret ; de graves problèmes avaient été posés dont la solution tenta les dramaturges ; le patriotisme fournit des sujets d'une

dramaturges des deux mondes sont joués sur nos scènes parisiennes, de plus en plus hospitalières.

Quant aux jeunes auteurs français, la satire leur semblant trop bénigne, ils ont inventé le théâtre *rosse*. Les situations les plus exceptionnelles sont présentées par eux avec une hardiesse toujours plus osée, dans une langue où l'argot entre pour une large part. Beaucoup, et il est vrai — et des meilleurs, — dédaignant l'éternel adultère, ont abordé l'étude des questions sociales qui préoccupent le plus vivement le monde moderne.

Tantôt licencieux, tantôt révolutionnaires, MM. Octave Mirbeau, Brieux, Lucien Descaves, Henri Lavedan, Paul Hervieu, Maurice Donnay, Alfred Capus, Marcel Prévost, pour ne citer que les plus fréquemment applaudis, fouillent, disséquent, analysent, parfois avec cruauté, toujours avec éloquence, non plus comme jadis les vices ou les ridicules humains, mais la société elle-même.

Il n'est pas jusqu'au vaudeville qui ne renouvelle ses antiques formules. L'ancienne pièce à tiroirs, que MM. Hennequin, Gandillot et Grenet-Dancourt firent revivre un instant, a beau se faire de plus en plus folle et pimenter à l'excès les qui-propos sur lesquels elle se fonde, son rire grimace et détonne. MM. Valabrègue, Bisson, Courteline et Georges Feydeau ont résolument abandonné ces errements et fait franchir au vaudeville une partie de la distance qui le séparait de la comédie. Leurs principales œuvres, *Durand et Durand*, *les Surprises du divorce*, *Boubouroche*, *Champignol malgré lui*, obtiennent ainsi le plus retentissant succès.

Quant aux deux adversaires de jadis, le drame romantique et la tragédie classique, aujourd'hui réconciliés, ils valent encore à la Maison de Molière et à l'Odéon, où ils ont trouvé asile, de triomphantes et glorieuses soirées. Paul Meurice, traduisant Shakespeare et Sophocle, Leconte de Lisle évoquant les Erinnyes, François Coppée ciselant les beaux vers de *Severo Torelli* et des *Jacobites*, Jean Richepin présentant ses rudes types du *Chemineau* et des *Flibustiers*, Théodore de Banville, Henri de Bornier, ont tour à tour su émouvoir et charmer un public qui, se croyant sceptique parce que le scepticisme est à la mode, est resté et restera toujours sensible à la pure et vraie poésie.

Sans doute, ceux qui prétendent faire du vingtième siècle un âge exclusivement utilitaire et qui s'y sont appliqués déjà dans le dix-neuvième, réclament un théâtre tout nouveau où l'on mettrait en scène comme autant de leçons de choses l'art de faire fortune avec peu de mise et peu d'idées, mais, quoi qu'ils fassent, ils ne détrônent pas encore la poésie.

Et c'est en effet la poésie qui, avec M. Edmond

JENNY COLON (des Variétés)
Rôle de Marie dans *Oncle Rival*. (Bibl. de la Ville de Paris.)

Rostand, armé de la flamberge de *Cyrano de Bergerac*, a remporté sur la scène la dernière grande victoire du siècle de Hugo et de Dumas.

ANDRÉ HÉLIE.

XVI. — LES RÉCEPTIONS ACADÉMIQUES.

Un jour, tout à coup, en quelque saison que ce soit, quelque temps qu'il fasse, bise glaciale et ténèbres d'hiver, cinglantes giboulées de printemps, chaleur déjà torride d'été, torrentielles pluies d'automne, de chaque côté des lions débonnaires montant la garde devant la coupole de l'Institut, une queue de gens entassés s'allonge, résignée, et donne une vie inaccoutumée à la place d'habitude déserte qui s'étend entre le palais Mazarin et le pont des Arts.

Les errants de ces heures matinales, les petites modistes, les employés se rendant à leur travail lèvent la tète, dévisagent ces physionomies faméliques ou typiques et décident d'un ton connaisseur :

— Aujourd'hui, réception à l'Académie !

D'ordinaire ces premiers patients sont des loqueteux, des commissionnaires, des domestiques venus là pour garder les places ; ils seront successivement remplacés par des messieurs soigneusement gantés de clair et par des dames en toilette élégante qui leur paieront, suivant un prix convenu d'avance, leurs patientes heures de pose.

Vers midi déjà, bien que la séance ne soit que pour deux heures, le public a complètement changé d'aspect ; plus de loqueteux, à peine çà et là un domestique, un commissionnaire à plaque de cuivre, noyé au milieu des vrais gourmets de discours académiques ; et, sur le quai, étagés le long des marches du pont, des curieux regardent, essayant de distinguer quelques célébrités, quelques personnages connus.

Mais les aiguilles de l'horloge, là-haut, sous le dôme, continuent d'avancer ; voici le piquet d'infanterie commandé par un lieutenant et le piquet de cavaliers de la garde républicaine qui viennent prendre leurs places de bataille ; enfin des équipages, des landaus, à travers les glaces desquels on aperçoit des toilettes féminines, des habits brodés de vert, des bicornes empanachés de noir, des poignées de nacre d'épées.

Il y a réception à l'Académie française.

A l'intérieur, sous la haute coupole, après que la foule a peu à peu empli jusqu'au moindre vide,

THÉRÈSE ELSSLER
D'après un buste de l'époque. (Monde dramatique.)

que tout est comble, que le tambour a battu aux champs et que la séance est ouverte, le nouvel élu se lève, lit son discours, couvre de fleurs son prédécesseur, s'efface modestement ; puis celui qui doit le recevoir se lève à son tour pour lui répondre, et alors....

Parmi toutes les cérémonies qui se disputent les faveurs du monde parisien, il n'en est pas de plus recherchées, de plus courues, que ces réceptions de l'Académie française.

Comme pour les répétitions générales ou les premières représentations de nos grands théâtres, beaucoup tiennent à y assister pour se faire voir ou pouvoir dire qu'ils s'y trouvaient ; mais un attrait beaucoup plus vif, plus piquant, appelle ce jour-là, en ce lieu, les curieux et les curieuses : c'est la perspective, l'attente un peu féroce du duel qui se livre souvent entre le récipiendaire et celui qui le reçoit, duel inégal, car si le premier, dont le discours a été préalablement épluché avec un soin jaloux par une commission, est tenu à la plus complète urbanité, le second, dans sa réponse, peut user des traits les plus acérés, parfois même de flèches empoisonnées.

Si le sang ne coule pas la vanité subit de terribles atteintes. Pour certains académiciens ce jour de triomphe s'est transformé, soit pour des motifs politiques, soit pour des raisons de religion, soit enfin par suite de simples dissentiments littéraires poussés à l'aigu, en un jour d'amertume profonde et de véritable torture morale, parfois même physique.

TALMA ÉTUDIANT SON ROLE
Caricature de l'époque. (Musée Carnavalet.)

L'ANCIEN OPÉRA
D'après une gravure. (Collection G. Hartmann.)

Don Juan de Marana, acte I, d'Alexandre Dumas.
(Monde dramatique.)

Hâtons-nous de reconnaître que ce ne sont là que des exceptions et que, généralement, la critique reste courtoise, la raillerie prenant ce tour convenu, presque passé en coutume, qui a pris le nom d'académique. On égratigne simplement pour prouver que les plus belles roses ont toujours des épines, et que les plus savoureux éloges sont ceux que ravive le vinaigre des critiques.

Dans cette centennale des réceptions académiques, dont nous traçons ici une rapide esquisse, nous pourrons nous rendre compte que, très rarement, la juste mesure a été dépassée, et que, toujours, le critique trop amer ou le trop virulent censeur n'eut pas l'opinion publique pour lui et desservit sa cause en essayant de la défendre violemment.

Mais il est nécessaire de donner auparavant un court historique de l'Académie à la fin du dix-huitième siècle.

La Révolution, en bouleversant de fond en comble et en réformant l'ancienne Société française, ne pouvait, sans y toucher, laisser de côté une institution comme celle de l'Académie.

Dès 1789, l'Assemblée constituante s'émeut des anciens errements suivis depuis Richelieu pour la succession des membres de l'Académie et pour l'observation des statuts de cette société. A l'heure où l'on réforme tout, elle annonce le dessein de « donner une constitution nouvelle à l'Académie. » Puis, l'Assemblée législative, mettant à exécution cette

menace, interdit à l'Académie de remplacer ceux de ses membres qui viendraient à mourir. Enfin, le 8 août 1793, la Convention supprime toutes les sociétés savantes.

Cependant, après Thermidor, un revirement se fait dans les esprits, et la Convention décrète la création de l'Institut, destiné à remplacer les Académies. L'Institut sera divisé en trois classes : 1° sciences mathématiques et physiques ; 2° sciences morales et politiques ; 3° littérature et beaux-arts. Si bien que, non seulement l'Académie française ne vient plus qu'en troisième, mais même n'existe plus qu'à la condition de se fondre avec les beaux-arts. Le Directoire laisse les choses en l'état.

Le Consulat, sous la double impulsion de Bonaparte et de son frère Lucien, ministre de l'intérieur, va reconstituer l'Académie française. Les délibérations durent trois ans, de 1800 à 1803, date à laquelle un décret divise l'Institut en quatre classes : 1° sciences physiques et mathématiques ; 2° langue et littérature françaises ; 3° histoire et littérature ancienne ; 4° beaux-arts. Des anciens académiciens, quinze vivaient encore ; trois sont exclus par le nouveau décret, douze rentrent et le Premier Consul en nomme vingt-huit nouveaux.

Mais lorsque, le 21 mars 1816, Louis XVIII rétablit les Académies, l'Académie française est composée de trente-huit membres dont cinq seulement ont été pris parmi les anciens, et deux

Don Juan d'Autriche, acte IV, de Casimir Delavigne.

FLEURY (Comédie-Française).

mer, il y avait urgence. » C'est cette même année 1811 que Napoléon veut que Chateaubriand soit de l'Académie et lui fait donner le vingt-cinquième fauteuil, celui de Marie-Joseph Chénier, malgré la crainte, exprimée par certains, de voir l'illustre écrivain profiter de l'occasion pour flétrir les crimes de la Révolution. Ce fut, en effet, ce qui arriva, à la grande fureur de l'Empereur, ne voulant pas laisser prononcer un discours où il était traité d'usurpateur ; aussi exila-t-il Chateaubriand.

L'année 1816, Louis XVIII faisait entrer à l'Académie, au vingt-neu-vième fauteuil, l'abbé Montesquiou, qui n'avait publié aucun ouvrage, donnait à Lally-Tollendal, fils de l'illustre victime de 1766, le quin-zième fauteuil, celui de Sieyès, exclu de la compagnie comme ré-gicide ; et l'Académie élisait au trente-deuxième fauteuil le philo-sophe et littérateur Auger, plus tard nommé secrétaire perpétuel ; c'est lui qui devait se jeter dans la Seine, le 2 janvier 1829, fournis-sant par son suicide la fin tragique que de nos jours Alphonse Daudet utiliserait dans son roman l'Im-mortel, pour mettre un terme aux souffrances morales de son héros,

seront nommés par le vote des trente-huit.

Ce que nous relèverons ici, ce sont moins les académiciens célè-bres, que ceux dont l'élection ou la réception a donné lieu à quel-ques particularités curieuses.

En 1810, Népomucène Lemer-cier, le poète fameux par sa haine contre les Romantiques, élu au dix-huitième fauteuil, s'est trouvé dans un embarras terrible, lors-qu'il lui fallut parler de son pré-décesseur Naigeon, connu pour ses opinions farouches et dont il devait faire l'éloge suivant la coutume ; il s'en tira par des phrases gênées, ambiguës ; mais Merlin de Douai, directeur de l'Académie, n'hésita pas dans sa réponse à attaquer violemment Naigeon, en flétris-sant ses doctrines « non moins antisociales qu'antireligieuses ».

Le chansonnier Laujon, titulaire du huitième fauteuil, qui devait mourir à quatre-vingt-sept ans, n'est élu qu'à quatre-vingts ans en 1811 et son discours débute par ces mots résignés et un peu ironiques : « Vous avez bien fait de me nom-

Mme PRADHER.

l'académicien Astier Réhu. Le douzième fauteuil valait à l'auteur dramatique Laya cette noble parole de Louis XVIII en 1817 : « C'est une dette nationale que l'Académie vient de vous payer en vous nommant. » Le souverain reconnaissant faisait allusion à cette comédie *l'Ami des Lois*, qui, jouée le 2 janvier 1793, pendant le procès du roi, plaidait si éloquemment la cause de Louis XVI que les spec-

tateurs enthousiasmés faillirent courir délivrer le prisonnier du Temple.

C'est en 1821, à peine âgé de trente et un ans, que Villemain, successeur de Fontanes et désigné, au lit de mort de celui-ci, aux suffrages de l'Académie, par Fontanes lui-même, occupait le vingt-deuxième fauteuil.

1824 voyait le comte de Quélen, archevêque de Paris, succéder pour le premier fauteuil au cardinal de Bausset, et le prélat, qui n'avait composé aucun livre, disait dans son discours de réception que, n'ayant aucun titre pour être élu membre de l'Académie, « c'était à la religion

MOUNET-SULLY.

seule que cet honneur en sa personne était accordé. »

Le 8 avril 1827 fut une solennité superbe, où triompha le *Journal des Débats*, en la personne de l'abbé de Féletz, brillant rédacteur de ce journal, et qu'on eut la surprise de voir s'avancer pour occuper le vingt-sixième fauteuil, en soutane et en petit rabat, lui qui depuis la Révolution ne portait plus le costume ecclésiastique.

Cette année aussi, Royer Collard, en un beau discours, plein de modestie sur ses propres mérites, faisait un magnifique éloge du grand savant

Laplace, auquel il succédait pour le huitième fauteuil.

Le librettiste, auteur dramatique et journaliste de Jouy, l'*Ermite de la Chaussée d'Antin*, répondait en 1828 au brillant historien des ducs de Bourgogne, M. de Barante, qu'en lui donnant le fauteuil de M. de Sèze, le trente-troisième, « l'illustre compagnie n'avait fait que payer une vieille dette de famille. »

Arnault, le poète tragique, recevant M. de Ségur, en 1830, au trente-neuvième fauteuil, sut faire un compliment au récipiendaire des critiques qu'on lui faisait d'habitude à propos d'une certaine grandiloquence dans ses récits de l'Empire ; il le félicita au contraire de ce que son « style s'élevait parfois à la hauteur épique», ajoutant: « Quand on parle d'Achille et d'Hector, le ton naturel n'est-il pas celui d'Homère ? »

Eugène Scribe, reçu au dix-septième fauteuil par Villemain, en 1834, s'entendait louer ainsi : « Le secret de votre prospérité théâtrale, d'avoir heureusement saisi l'esprit de votre siècle et fait le genre de comédie dont il s'accommode le mieux et qui lui ressemble le plus », paroles que Feuillet, successeur de Scribe, devait paraphraser et confirmer vingt-huit ans plus tard.

Pour Guizot, en 1836, c'est à l'unanimité absolue qu'il fut élu au quarantième fauteuil, et son discours fut un magnifique et ample tableau de la philosophie du dix-huitième siècle, à propos de de Tracy. De Ségur qui lui répondait fut aussi très éloquent.

L'année 1841, Victor Hugo, qui s'était déjà présenté vainement trois fois, était enfin élu au dix-huitième fauteuil, succédant, par une antithèse violente qui devait le charmer, à ce même Népomucène Lemercier qui avait écrit ce vers :

Avec impunité les Hugo font des vers.

Le discours du grand poète fut un véritable discours ministériel, plein d'aperçus politiques et louant l'Empire et la Convention, « ces choses augustes », ce qui lui attira une fort acerbe réplique de M. de Salvandy.

Egalement en 1841 M. de Tocqueville, reçu au vingt-troisième fauteuil par Mathieu Molé, s'entendait louer par lui avec une hauteur voisine du dédain.

Le septième fauteuil, attribué en 1844 à Sainte-Beuve, pour remplacer Casimir Delavigne, donnait aux assistants le double régal d'un éloge de Casimir Delavigne successivement fait par Sainte-Beuve et par Victor Hugo, chargé de recevoir le nouvel élu.

Avec Alfred de Vigny, l'année 1845, nous assistons à l'une des réceptions à scandale, heureusement fort rares, dont nous parlions au début de cette étude. En effet, par esprit de parti, Mathieu Molé, déjà si sec avec M. de Tocqueville, s'attaqua avec la plus grande violence au récipiendaire, lui reprochant sa fortune, sa naissance, ses avantages physiques et l'écrasant de ce mot : « Vous êtes le Néant ». Ce fut si dur, si injuste, qu'Alfred de Vigny refusa d'aller avec Molé aux Tuileries voir le roi selon l'usage. La postérité n'a

pas ratifié ce dur jugement sur le grand poète et Alfred de Vigny survit à Mathieu Molé.

La réception d'Alfred de Musset en 1852, au vingt-quatrième fauteuil, fournit à Nisard un prétexte pour faire au poète illustre des remontrances sur les libertés qu'il prenait avec la prosodie; et critiquant lord Byron, il critiqua par contre-coup l'admirateur de lord Byron, cherchant ainsi à donner une leçon au récipiendaire. Ici encore, Nisard n'est plus et Alfred de Musset demeure.

Les amateurs, en 1860, eurent le régal élevé de la réception de Lacordaire au vingt-troisième fauteuil; Guizot, en un merveilleux discours, comblant d'éloges l'historien de saint Dominique, blâma l'inquisition et l'Église catholique.

Octave Feuillet, qui remplaçait Eugène Scribe au dix-septième fauteuil, compléta en ces termes, en 1862, l'éloge de l'auteur dramatique fait en 1834 par Villemain : « Un des arts les plus difficiles dans le domaine de l'invention théâtrale, c'est celui de charmer l'imagination sans l'ébranler, de toucher le cœur sans le troubler, d'amuser les hommes sans les corrompre. Ce fut l'art suprême de Scribe. »

Les rapports qui existent nécessairement entre l'expérimentation des phénomènes naturels et les doctrines philosophiques furent le sujet du discours de réception de Claude Bernard, en 1868 au trentième fauteuil, où il remplaçait le savant Flourens.

L'élection d'Auguste Barbier le 29 avril 1869,

Mme SEGOND-WEBER.

par dix-huit voix contre quatorze données à Théophile Gautier, amena par la suite quelques incidents; d'abord sa réception, constamment retardée, n'eut lieu que le 17 mai 1870, plus d'un an après; ensuite le poète des *Iambes*, comme Berryer quinze ans auparavant, demanda à être dispensé de faire visite à l'empereur, au neveu de celui dont il avait dit :

> Je n'ai jamais chargé qu'un être de ma haine....
> Sois maudit, ô Napoléon !

L'année 1870 devait amener pour l'Académie une de ces situations difficiles, dont il lui faut toute sa diplomatie, tout son tact pour sortir. Emile Ollivier ayant été élu en 1870 au quatorzième fauteuil, celui de Lamartine, et ayant quitté la France, n'était rentré qu'en 1873. Lorsqu'il lut son discours en commission, Guizot releva vivement le passage où Ollivier, parlant de l'adresse des deux cent vingt et un parlementaires, appelait ce vote « un coup d'État parlementaire ».

Il y eut dispute, échange de propos outrageants, et, par vingt voix contre six, l'Académie décida que la réception officielle était indéfiniment ajournée, mais Ollivier, considéré comme reçu, siégea dès ce jour. Jamais la séance de réception n'eut lieu; seuls les journaux publièrent les discours non prononcés d'Emile Ollivier et d'Emile Augier, qui devait le recevoir.

En 1871, autre incident. Littré ayant été reçu au vingt-deuxième fauteuil, Dupanloup donna sa démission, pour ne pas se trouver en compagnie d'un athée; puis il la reprit, mais ne vint désormais presque plus à l'Académie.

Alexandre Dumas fils, en 1873, força les portes de l'Académie par la haute autorité de son talent et la double puissance de son nom, universellement connu, grâce à son père et à lui, pour venir prendre place dans le fauteuil du médiocre auteur tragique de *Marie Stuart*, Pierre Lebrun. On chercha à lui faire payer en égratignures savantes et en flèches barbelées cette prise de possession du sixième fauteuil, et ce fut M. d'Haussonville qui, le 11 février 1875, critiqua avec une malice toute académique les doctrines soutenues et les milieux dépeints par le célèbre auteur dramatique.

Le discours de Renan, qui remplaça Claude Bernard en 1878 au trentième fauteuil, fut une attaque si vive contre les Allemands et les fruits de leur conquête que le grand écrivain lui-même en comprit la violence et chercha plus tard à l'atténuer dans son article des *Débats* sur l'Allemagne : *Lettre à un ami.*

Emile Ollivier souleva une nouvelle tempête lors de la réception d'Henri Martin en 1878 au onzième fauteuil, en refusant de retoucher quelques passages trop acerbes de sa réponse au récipiendaire. M. Mézières proposa alors de charger M. Marmier de la réponse, ce qui fut accepté par l'Académie, et la réception eut lieu le 13 novembre 1879.

Cherbuliez eut le bonheur, en 1881, d'être reçu au trente-quatrième fauteuil, par Renan, qui lui adressa l'éloge suivant : « Toujours une haute

Mme WORMS-BARRETTA.

pensée vous guide. Loin de songer à une imitation servile de la réalité, vous cherchez des combinaisons capables de mettre en lumière ce que la situation de l'homme a de tragique et de contradictoire. »

Remplaçant de Laprade au vingt-quatrième fauteuil, en 1884, François Coppée prononça ces poétiques paroles : « Vous m'avez élu pour succéder à M. de Laprade.... Après le grave contemplateur des glaciers et des hautes futaies, vous appelez à vous un rêveur des rues de Paris; ayant entendu le rossignol des Alpes emplir de sa voix puissante les échos du vallon, vous écoutez la petite chanson du bouvreuil en cage sur une fenêtre de faubourg. Il suffit que les deux oiseaux chantent à votre gré et vous faites le même accueil aux deux poètes. »

Pasteur recevait ainsi Joseph Bertrand, succédant en 1884 à J.-B. Dumas, pour le quarantième fauteuil. « Nous sommes ici, vous et moi, monsieur, par faveur de tradition au milieu de tous ceux qui y sont par droit de conquête. Monsieur, vous étiez célèbre à dix ans.... »

Et voici encore, à propos du quatrième fauteuil, un de ces petits événements assez rares, où l'immortalité conférée se

RÉJANE.

montre tristement éphémère. Edmond About remplace Jules Sandeau en 1884 et meurt en 1885, avant d'avoir été officiellement reçu.

C'est Léon Say qui, sans autre bagage que ses discours, fera, en 1886, le double éloge de Jules Sandeau et d'Edmond About, en prenant leur succession à ce quatrième fauteuil.

Ernest Lavisse, remplaçant l'amiral Jurien de la Gravière au trente-neuvième fauteuil, en 1893, nous tracera un fort joli tableau de la marine d'autrefois et de la marine d'aujourd'hui, de l'époque où le marin et le navire vivaient d'une vie intime, étant « deux personnes ».

Et Henri de Bornier, la même année, le 25 mai,

ayant au côté l'épée de Scribe, que lui avait donnée la famille de l'auteur dramatique, vantera l'amabilité exquise de son prédécesseur Marmier, la sérénité de sa vie et de sa mort, en ces termes : « Marmier souriait aux visiteurs qu'il aimait, il sourit à la mort. »

M. Jules Claretie recevra le 14 décembre 1893 M. Thureau-Dangin au trente-huitième fauteuil par une réponse fine, émue et patriotique, à l'évocation militaire suggérée au récipiendaire par l'œuvre de Camille Rousset.

Enfin nous arrivons aux élus d'hier; Henri Houssaye, Jules Lemaître, joignent leurs noms d'une manière brillante et caractéristique à ces réceptions académiques du dix-neuvième siècle.

Henri Lavedan succède pour le vingt-neuvième fauteuil, en 1898, à Henri Meilhac, et son discours libre et hardi, faisant revivre l'homme de théâtre sous l'académicien, fait presque scandale dans ce milieu compassé et rigide.

Paul Hervieu, prenant, en 1899, au cinquième fauteuil, la place laissée par Edouard Pailleron, sait parler de son prédécesseur en des accents d'une éloquence distinguée, d'une affection touchante.

En 1900, avec Emile Faguet la critique moderne, neuve, hardie et franche en même temps, vient siéger sous la coupole.

Tel est l'historique extrêmement condensé de ces réceptions académiques de 1800 à 1900.

Et c'est pourquoi, noctambules, chiffonniers, errants des premières heures du jour, petites modistes, employés, badauds de tout genre se sont arrêtés durant ce dix-neuvième siècle et continueront de s'arrêter pendant les autres, pour contempler le double alignement de gens entassés, à certains jours, auprès des lions débonnaires gardant la coupole de l'Institut : — parce que ces jours-là, il y a réception à l'Académie française.

Gustave TOUDOUZE.

XX. — LA LIBRAIRIE DE 1800 A 1900.

Paris ne saurait vivre sans lire. Il lui faut l'aliment de la pensée et il compte pour le lui fournir sur la presse et sur le livre. Or, il arrive — cela dépend de l'esprit des gouvernements, — que ce besoin de nourriture du cerveau parisien est considéré comme un danger pour le public, et alors on le restreint. Napoléon Ier était de cet avis. La Révolution avait garanti à tout homme la liberté d'écrire, d'imprimer et de publier ses pensées, sans que ses écrits pussent être soumis à aucune censure ni inspection avant leur publication.

La Convention confirma les principes de la Constitution de 1791. Dès son avènement, le Consulat les viola : l'arrêté du 8 pluviôse an VIII (17 février 1800) soumit l'insertion des articles de journaux à l'arbitraire des consuls. C'était un premier pas. L'arrêté du 27 septembre 1804 fit le second. Sous prétexte d'assurer la liberté de la presse (!) on défendit à tout libraire de mettre en vente un ouvrage quelconque avant de l'avoir présenté à une commission de censure. Le décret du 5 février 1810 est le troisième pas. Il limite le nombre des imprimeurs de Paris à soixante ; le décret de 1811, quatrième étape, étend le chiffre des privilégiés à quatre-vingts, mais rétablit la censure un moment abrogée.

La Restauration feint d'être plus tolérante ; elle autorise sans restriction les publications ayant plus de vingt feuilles d'impression, mais maintient les rigueurs pour celles de moindre étendue, de même que pour les journaux. La charte de Louis-Philippe proclame la liberté de l'impression, mais ce n'est qu'un don de joyeuse entrée : les lois de septembre mettent de nouvelles entraves à la presse. Le livre seul est laissé à l'abri de toute vexation.

La République de 1848 revient à la Constitution de 1791, mais les journées de juin mettent aussitôt fin à ce régime. Dès 1849, l'Assemblée nationale vote des lois qui bâillonnent les journaux et les libraires.

Le second Empire aggrave encore l'état des choses par le décret qui, comme suite aux faits de décembre 1851, édicte de sévères mesures contre les imprimeurs-libraires, les oblige à se prémunir d'un brevet, à se conformer aux règlements spéciaux de police, à accepter comme un joug le bon vouloir du gouvernement qui peut leur reprendre le libre exercice de leur profession.

Le décret du 10 septembre 1870 vient briser ces liens, dès le lendemain de la proclamation de la troisième République. La loi du 29 juillet 1881 abolit ensuite toute interdiction quant à l'édition et à la vente des ouvrages non périodiques et ne conserve que la répression contre les imprimés délictueux ou contraires aux bonnes mœurs.

Les libraires-éditeurs de Paris représentent une élite commerciale. Ils ont, dans les divers genres d'ouvrages, acquis à leurs maisons, dont quelques-

unes datent de loin, une notoriété européenne. Plusieurs ont disparu au cours du dix-neuvième siècle, après avoir joui d'une grande réputation.

La plus ancienne librairie importante de Paris est celle des Didot. Fondée en 1713 par François Didot, à l'enseigne de la Bible d'or, elle a eu successivement pour chefs ses descendants en ligne directe. François Didot fut l'éditeur de Manon Lescaut et des autres œuvres de l'abbé Prévost. Son fils, François-Ambroise, qui mourut en 1804, publia la merveilleuse collection en 64 volumes des Ouvrages français imprimés par ordre du comte d'Artois, qui est restée un chef-d'œuvre de la typographie française. On lui doit aussi la Collection de classiques français en 32 volumes, destinée à l'éducation du dauphin. Il fit graver par Wafflard et par son propre fils François des caractères qui joignaient l'élégance à la clarté. Il fut aussi l'introducteur en France du papier vélin, produit jusqu'alors exclusivement par l'Angleterre. Son frère Pierre-François perfectionna avec lui la fonte des caractères. Les fils de François-Ambroise et de Pierre-François leur succédèrent. Didot jeune édita le célèbre Voyage du jeune Anacharsis. Pierre Didot fit paraître les magnifiques éditions du Louvre. Firmin Didot inventa la stéréotypie et, ne se contentant pas d'être imprimeur et éditeur, il traduisit Théocrite et Virgile en vers français. Il mourut en 1836. Dès 1811, il s'était associé ses deux fils : Ambroise (1790-1876), qui fut comme lui un érudit, commença la publication de la Bibliothèque des auteurs grecs, et Hyacinthe (1794-1880) prit la direction de la papeterie. Alfred-Firmin-Didot, fils d'Ambroise, devint, après la mort de celui-ci, le principal représentant de cette illustre maison, et comme son père se voua en même temps à l'étude des langues anciennes. Il compléta la collection des Auteurs grecs et y donna lui-même une traduction des fragments de Nicolas de Damas. Ses héritiers directs continuent brillamment la gloire de cette famille qui occupe si légitimement une page d'honneur dans les annales de la librairie parisienne.

Le nom de Ladvocat était dans toutes les bouches parisiennes au temps du romantisme. Sa librairie, qui occupait un des principaux magasins de la galerie de bois du Palais-Royal, était avant 1830 le rendez-vous de tous les lettrés. Elle eut une vogue extraordinaire. C'est là que parurent les Messéniennes de Casimir Delavigne, les Odes et Ballades de Victor-Hugo, les œuvres d'Alfred de Vigny, de Sainte-Beuve, de Chateaubriand, les Mémoires de la duchesse d'Abrantès, le livre des Cent et un, tous les succès glorieux de l'époque. Il eut l'imprudence de quitter le Palais-Royal, où la fortune l'avait trouvé et ne songeait pas à l'abandonner. Il alla s'installer au quai Voltaire, passa les ponts et perdit sa clientèle. De la même époque datent Bossange, Panckoucke, qui éditèrent des classiques ; Pagnerre, puis Furne, qui furent les éditeurs de Lamartine, de Thiers et plus tard de Henri Martin. Parmi les disparus il faut citer encore Poulet-Malassis, à qui on doit de jolies éditions de poètes; puis, plus proche de nous, Dentu, qui eut, sous le second Empire, la spécialité du roman et de la brochure politique.

Georges Decaux, qui donna, au lendemain de la guerre de 1870, une extension considérable à la librairie illustrée et populaire, créa un très grand nombre de publications auxquelles remonte le journalisme hebdomadaire à Paris : *le Musée universel* (1872), le *Journal des voyages*, qui existe encore depuis 1877, la *Science illustrée*, qui est son aînée d'un an. Decaux mit en lumière des écrivains de grand talent : Richepin, Alphonse Daudet; il fut l'un des plus hardis et des plus heureux propagateurs de la librairie de vulgarisation.

Les grandes librairies d'édition sont aujourd'hui à Paris, en outre de celle de Didot, les maisons Hachette, Calmann Lévy, Hetzel, Colin, Belin, Delalain, Plon-Nourrit et Cie, Larousse, Delagrave, Alcan, Charpentier (successeur Fasquelle), Garnier, Ollendorff, Flammarion, Perrin, Lemerre, Picard, Laurens, Fontemoing, Chevalier-Marescq, etc. Il faut y joindre les éditeurs d'ouvrages de science, Masson, Gauthier-Villars, Baillière, Berger-Levrault, Dunod, Michelet, les éditeurs catholiques Poussielgue, Lecoffre, Henri Gautier, Bloud et Barral, Lethielleux, Oudin, Tolra, les éditeurs d'ouvrages d'art, Goupil, Baschet, Jules Comte, Carteret, Pelletan, Floury; d'ouvrages d'économie politique, Guillaumin, Brière, Schleicher ; d'ouvrages militaires, Berger-Levrault, Chapelot et Lavauzelle; d'ouvrages sociologiques, Stock; la Société française d'imprimerie et de librairie (ancienne maison Lecène, Oudin et Cie), les librairies orientales d'Ernest Leroux et de Maisonneuve, etc., etc.

La librairie Hachette, achetée en 1826 à Brédif par Louis-Christophe-François Hachette, élève de l'Ecole normale, né en 1800 et mort en 1864, atteignit, à partir de 1850, une puissante prospérité, grâce à ses livres classiques, à ses dictionnaires, à ses collections de traductions, d'ouvrages littéraires, d'ouvrages pour la jeunesse. Sous les successeurs de ce fondateur, dont l'habileté et la probité sont restées proverbiales, elle agrandit encore ses opérations avec de nouvelles publications, qui acquirent une renommée universelle, telles que le *Tour du monde*, le *Journal de la Jeunesse*, l'*Almanach Hachette*, les *Lectures pour tous*, etc. les beaux volumes de luxe, comme le *Napoléon* d'Armand Dayot, le *Gainsborough*, etc.

La librairie Hetzel eut pour créateur, en 1862, l'ancien chef de cabinet et secrétaire général du pouvoir exécutif en 1848, M. Jules Hetzel, qui fut proscrit en 1851, alla en Belgique où il se fit éditeur d'une collection littéraire à laquelle il contribua lui-même sous le pseudonyme de P.-J. Stahl, et il y publia les fines anthologies dues à Émile Deschanel. Rentré en France en 1859, il s'y établit libraire-éditeur et fonda le *Magasin d'éducation et de récréation* dont Jules Verne et plus tard André Laurie (Paschal Grousset) firent l'immense succès. Son fils lui a succédé.

La librairie Calmann Lévy, dirigée aujourd'hui par les fils de ce dernier, débuta en 1821 par des publications théâtrales ; dès 1845, elle était solidement établie, le fondateur Michel Lévy s'étant associé ses deux frères, Calmann et Nathan. Celui-ci se retira en 1850 et Calmann devint en 1875, à la mort de Michel, le seul directeur de la maison. C'est à cette librairie que revient l'honneur d'avoir édité les trois collections théâtrales du *Théâtre contemporain*, de la *Bibliothèque contemporaine*, des *Romans* dont les catalogues comprennent toutes les illustrations littéraires depuis plus d'un demi-siècle.

La maison Plon-Nourrit et Cie a des origines plus anciennes. Elle doit sa création à M. Henri Plon, issu d'une famille de typographes qui remonte à l'invention de l'imprimerie. Associé d'abord à M. Béthune de 1832 à 1845, puis de 1845 à 1855 à ses deux frères Hippolyte et Charles, M. Henri Plon fonda en 1855 sa librairie dont l'importance s'est successivement accrue. C'est des presses de cette maison que sortirent les *Œuvres de Napoléon III* et l'*Histoire de Jules César*, les grandes publications des Archives nationales, et une collection de classiques très estimée. Après la guerre de 1870, elle commença une collection de mémoires et d'ouvrages historiques qui est restée unique en son genre et dans laquelle figurent entre autres les *Mémoires de Marbot*, de Pasquier. M. Henri Plon mourut le 25 novembre 1872 et eut pour successeurs son fils, M. Eugène Plon, et son gendre, M. Robert Nourrit, avocat au Conseil d'État, qui devint l'associé de son beau-frère. M. Eugène Plon était lui-même un écrivain de valeur et ses ouvrages sur les arts, *Thorvaldsen*, *Benvenuto Cellini*, *Bissen*, son livre sur *Leone et Pompeo Leoni* furent très remarqués. Après sa mort et celle de M. Nourrit, la librairie conserva sa firme primitive, Plon-Nourrit et Cie, sous la direction des gendres de M. Robert Nourrit et de son fils.

La librairie Delalain rivalise d'ancienneté avec la librairie Didot. Le premier Delalain (Nicolas-Auguste) fut reçu libraire en 1764 et sa maison est restée, de père en fils jusqu'à nos jours, une des plus considérables de Paris, surtout depuis qu'en 1808 elle acquit le fonds d'imprimerie de Barbou. Auguste-Henri Delalain, petit-fils du fondateur, fut un des promoteurs du Cercle de la librairie et de l'imprimerie.

La librairie Charpentier et la librairie Lemerre employèrent leur activité à éditer des romanciers et des poètes; la première publiant entre autres les œuvres d'Émile Zola, la seconde celles de François Coppée.

Le mouvement de la librairie parisienne pendant le dix-neuvième siècle fut grand et bienfaisant, grâce à lui s'établit ce courant fécond qui répandit dans le pays et à l'étranger les bienfaits des idées françaises et contribua si largement à l'honneur de la nation.

CHARLES SIMOND.

XVI. — LES SPORTS AU XIXe SIÈCLE.

HIPPISME. — De 1800 à 1815 le seul véritable sport national fut la guerre. Elle suffisait à absorber toutes les activités, mais dès le retour de la paix, à l'imitation des Anglais, les Parisiens commencèrent à s'engouer des courses de chevaux. Ce furent d'abord des paris entre officiers, entre clubs, des *raids* accomplis par de vigoureux cavaliers, des promenades en mail-coach, mais en 1833 se fonda la Société d'encouragement pour l'amélioration de la race chevaline; les initiateurs étaient le comte de Morny, le baron de la Moskowa, le baron James de Rothschild, Eugène Suë, pour ne citer que les plus célèbres, et leur action détermina un mouvement qui prit bientôt des proportions considérables. L'année suivante, les fondateurs de la société se constituaient en cercle fermé qui prit le nom de Jockey-Club.

Les premières réunions de la Société d'encouragement se tinrent au Champ de Mars; elles n'étaient fréquentées que par un public assez restreint; mais, à partir de 1866, la fièvre du jeu gagna la foule; des bourgeois, des industriels, des commerçants eurent leur écurie et arborèrent leurs couleurs sur des champs de course que, de plus en plus, fréquentèrent des parieurs effrénés appartenant à toutes les classes sociales. Les ouvriers, les employés surtout, ne furent pas les moins assidus.

La guerre de 1870-71 amena une interruption momentanée de ces réunions, mais aussitôt que Paris eut retrouvé sa vie normale, elles furent reprises, d'année en année plus fréquentes et plus fréquentées. Les anciens hippodromes de Longchamp pour les courses plates et d'Auteuil pour les courses d'obstacles sont depuis longtemps devenus insuffisants. Vincennes, Chantilly, Maisons-Laffitte, La Croix de Berny, Saint-Germain, Enghien, La Marche, Colombes, pour ne citer que les localités de la banlieue parisienne, sont aujourd'hui des centres sportifs très fréquentés. Chevaux et jockeys, propriétaires et entraîneurs suivent en outre le Tout-Paris dans ses déplacements et villégiatures : à la mer et dans les villes d'eaux en été, sur la Côte d'azur en hiver.

AVIRON. — Le canotage fut, de tout temps, l'un des plaisirs favoris des Parisiens. Chaque dimanche, les bords de la Seine et de la Marne, depuis Joinville jusqu'à Chatou, étaient envahis par des bandes de joyeux rameurs, parmi lesquels on ne distinguait ni professionnels ni amateurs.

Depuis vingt ans, la bicyclette a enlevé au sport nautique le plus grand nombre de ses adhérents : les canotiers amateurs se sont faits cyclistes et les professionnels de l'aviron se sont groupés en sociétés dites de rowing qui, dans leur fonctionnement, s'attachent à imiter les associations similaires d'Angleterre.

CYCLISME. — Les *draysiennes* n'avaient été pour nos pères au temps de la Restauration qu'un divertissement passager dont les estampes de l'époque nous rappellent seules le souvenir. La pratique de la vélocipédie ne remonte pas au delà de 1863, la première course ne fut courue qu'en 1868, et c'est seulement treize ans plus tard, en 1881, que, par la fondation de l'Union vélocipédique de France, ce sport prit un essor réel et commença à intéresser le grand public. Les coureurs, montés sur de grands bicycles, s'exerçaient alors à Saint-James et autour de l'hippodrome de Longchamp.

L'invention de la bicyclette en 1886 rendit la vélocipédie populaire. Elle n'a cessé dès lors d'être pratiquée par un nombre de plus en plus considérable d'amateurs et de professionnels. Des vélodromes ont été construits un peu partout; en dehors de l'Union vélocipédique et du Touring-Club de France, de multiples sociétés organisent sans cesse des courses sur piste et sur route, nationales et internationales, que les pouvoirs publics encouragent par des subventions et qui fournissent aux champions victorieux une gloire passagère mais retentissante.

AUTOMOBILISME. — L'application de la force mécanique à la traction des voitures sur route a déterminé la création d'un nouveau sport qu'encourage l'Automobile-Club de France, fondé en 1895. En outre du petit nombre des chauffeurs professionnels, la pratique du *teuf-teuf*, pour parler le langage parisien, devient chaque jour plus générale. L'automobile-Club tend à être le centre de la haute société parisienne. On n'est pas « gens de qualité » si l'on n'en fait pas partie; de même que l'on ne compte point parmi les richissimes si l'on ne possède un de ces véhicules bruyants, écrasants, dont le privilège est de faire céder la place à quiconque les arrête dans leur élan vertigineux. Cette innovation, qui nous américanise de plus en plus, prend, en dépit des réclamations du public et des empêchements suscités par la police soucieuse de la vie des passants, — trop souvent victimes de l'imprudence ou de l'inexpérience des automobilistes, — une extension tellement considérable qu'on voit approcher le moment où le vieux Paris, jadis si calme, aujourd'hui déjà si enfiévré, devra donner à toutes ses voies la largeur de ses boulevards et n'aura plus que des avenues comme New-York. Le vingtième siècle verra cela très probablement.

AÉROSTATION. — L'aérostatique et avec elle l'aviation participent du sport. Le ballon monté, le ballon captif a figuré dans les expositions depuis plus de vingt ans. Il y figurera encore. En attendant, de modernes Icares s'occupent, avec des chances encore douteuses de succès, du problème de la direction de l'aérostat, de l'aéroplane et autres machines volantes. On assiste aux ascensions de ces pionniers de l'espace. Et les plus incrédules affirment qu'avant cent ans d'ici on voyagera régulièrement par air comme par mer et par terre.

HENRI LUCAS.

XVII. — LES CAFÉS ET LES RESTAURANTS DE 1800 A 1900.

Sous le Consulat et le premier Empire, le Palais-Royal est le véritable centre des plaisirs de Paris. C'est là qu'on trouve les principaux cafés et les restaurants à la mode.

Des artistes, des gens de lettres se réunissent au *Café Foy*, fondé en 1749, rue Richelieu, transporté plus tard dans le jardin du Palais-Royal et dont la vogue a été augmentée par la célèbre hirondelle, peinte au plafond par Carle Vernet. Entre deux campagnes, entre deux victoires, les officiers viennent se reposer au *Café Lemblin*, auquel fait concurrence le *Café du Perron*, devenu en 1802 le Pavillon de la Paix (en souvenir de la paix d'Amiens) et plus tard *Café de la Rotonde*. Beaucoup plus mêlée est la clientèle du *Café des Aveugles*, où des provinciaux, des boutiquiers, des ouvriers trouvent un plaisir toujours nouveau à écouter l'orchestre des musiciens aveugles et, en guise d'intermède, les ventriloques Valentin (l'homme à la poupée) et Fitz-James.

Le pouvoir absolu semble favorable aux estomacs troublés et affamés par la Révolution. Manger et digérer deviennent les deux occupations principales de bien des gens. Le *Gastronome*, — type amusant que nous ne reverrons plus, — après avoir pris un chocolat exquis au *Café Corazza*, se rend avec une hâte joyeuse chez *Beauvilliers*, qui conserve les traditions de l'ancienne cuisine, chez *Véry* ou chez *Robert*. S'il s'éloigne par hasard du Palais-Royal, c'est pour aller chez *Hardy* qui excelle dans la préparation des coquilles, ou chez *Riche*, dont les rognons à la brochette sont incomparables.

Deux restaurants, presque aussi célèbres, attirent au boulevard du Temple les amateurs de bonne chère : la *Galiote ;* le *Cadran bleu*, fondé en 1780 au coin de la rue Charlot et qui rappelle le souvenir de Fanchon la Vielleuse.

Les dîners de corps, les banquets, les noces se donnent au *Rocher de Cancale*, où Baleine, qui porte un nom prédestiné, sert le meilleur poisson de Paris.

LE CAFÉ DES COMÉDIENS
(Collection G. Hartmann.)

Enfin, à défaut d'une nourriture très soignée, l'*Ile d'Amour*, à Belleville, offre sa verdure et ses tonnelles.

Tous ces restaurants conservent leur vogue dans la période suivante (1815 à 1830) malgré l'importance que prennent certains établissements comme les *Vendanges de Bourgogne*.

Quelques cafés — *Café Turc*, avec ses bosquets, *Hollandais*, des *Mille Colonnes*, des *Circassiennes* — se contentent d'être pittoresques, mais la plupart se croient obligés de devenir politiques. Les *cafés de Valois* et de *Chartres* sont passionnément royalistes, tandis que les *Cafés Lemblin* et *Montausier* conservent leur clientèle bonapartiste. Entre les habitués, gardes du corps ou officiers en demi-solde, les duels sont fréquents et une paire de fleurets reste à poste fixe sous le comptoir du café Lemblin.

La révolution de 1830 va mettre, pour quelque temps, d'accord ces adversaires qui n'ont eu de commun que le courage.

Il y a à cette époque près de sept mille cafés. La vie parisienne s'écarte peu à peu du Palais-Royal et c'est sur les boulevards que nous trouverons désormais les établissements les plus élégants, les plus fréquentés par les dandys ou les gens de lettres arrivés : le *Café Tortoni*, célèbre par ses déjeuners froids et ses glaces; le *Café Riche ;* le *Café du Divan*, installé rue Lepelletier, n° 3, au-dessous des bureaux du *National*, et qui a pour habitués Balzac, Gozlan, Théophile Gautier, Henry Monnier, Berlioz, Gavarni, Gérard de Nerval.

La Bohème, qui en est à sa période héroïque et qui compte parmi ses chefs Mürger, Champfleury, Courbet, Bonvin, se donne rendez-vous — vers 1840 — au *Café Momus*, rue des Prêtres-Saint-Germain-l'Auxerrois. Elle a su rendre ce malheureux établissement inhabitable pour les bourgeois qui ont la déplorable habitude de payer leurs consommations.

Les cafés de conspirateurs sont nombreux. Un des plus importants est l'*estaminet de la rue Jean-*

UN RESTAURANT A 16 SOUS
(Musée Carnavalet.)
D'après une gravure de l'époque.

Jacques-Rousseau, près de l'hôtel de la Poste, fréquenté par Lagrange, Louis Blanc et Caussidière.

Une population interlope grouille dans le *Cabaret du Lapin blanc*, décrit par Eugène Sue, ou dans le *Cabaret de l'Épi scié*, non moins sinistre.

Aux restaurants en vogue de la première partie du siècle s'ajoutent, nouvellement créés ou devenus célèbres, *Véfour* et *Douix*, au Palais-Royal; le *Café de Paris*, la *Maison Dorée*, le *Café Anglais*, sur les boulevards; *Lemardelay* (banquets et noces).

Les restaurants à prix fixe (d'un franc soixante à quatre-vingts centimes) prennent une grande extension. *Courieux* fonde en octobre 1830, au passage Choiseul, son restaurant à trente-deux sous qui aura pour client fidèle Paganini, plusieurs fois millionnaire. A la *Taverne Anglaise*, chez *Katkomb*, rue Neuve-des-Petits-Champs, on a pour vingt-deux sous un énorme bifteck, des pommes de terre en robe de chambre et un carafon de vin. *Nicolet* fait rapidement fortune avec son restaurant populaire de la chaussée Clignancourt. Au Quartier latin, les estomacs peu exigeants trompent la faim plutôt qu'ils ne l'apaisent, rue Saint-Jacques, chez *Flicoteaux* :

Où jamais on ne vit poulardes ni perdreaux,
Mais pour biftecks des semelles de bottes,
Et pour gibier des chats en gibelottes.

Au-dessous de Flicoteaux, il n'y a que l'*Azar de la fourchette*, dans le quartier des Halles, où chaque coup de fourchette, dans une mystérieuse chaudière, coûte un sou, qu'on rapporte un morceau de viande ou un vieux bouton de culotte.

Sous le second Empire, des groupements politiques ou littéraires, qui n'ont plus aujourd'hui leur raison d'être, donnent à la vie de café une activité remarquable.

Le *Café de la Paix*, construit au coin de la place du nouvel Opéra, devient rapidement un café gouvernemental et en quelque sorte officiel.

La plupart des cafés du boulevard se changent en annexes des bureaux de rédaction. Tels le *Café de Mulhouse*, le *Café de Suède*, le *Café des Variétés*, fréquenté par Jules Noriac, Roger de Beauvoir, Rochefort, Albert Wolff, Monselet, Banville, Catulle Mendès, et dont la clientèle se transportera en 1862 au *Café de Madrid*.

Dans les dernières années de l'Empire, le *Café de Madrid*, le *Café de la Renaissance* (place Saint-Michel) et le *Café Procope*, qui retrouvera une importance imprévue, seront presque exclusivement politiques. Les organisateurs de la Commune et les fondateurs de la République y voisineront, unis contre les mêmes adversaires.

Si la Bohème a perdu le *Café Momus*, transformé en restaurant, — le premier restaurant qui ait affiché à la porte son menu et ses prix, — elle règne dans un grand nombre d'établissements dont l'histoire serait curieuse, mais dont il faut se borner ici à indiquer seulement les noms : *Brasserie Andler*, rue Hautefeuille ; *Café de Buci*, dans la rue du même nom; *Café Racine*, le *Beuglant*, rue Contrescarpe-Dauphine ; *Café Genin*, rue Vavin, qui eut pour dame de comptoir l'ancienne maîtresse de Fieschi, Nina Lassave; *Caboulot de la rue des Cordiers*, ouvert en 1852 et où se réunit la rédaction du journal la *Bohème*.

Ces fantaisistes incurables et ces littérateurs intermittents escaladent peu à peu les hauteurs de Montmartre où ils trouveront vingt ou trente ans plus tard un dernier asile. Ils y possèdent comme fiefs, vers 1865, la *Brasserie des Martyrs*, dans laquelle se groupèrent, autour de Mürger, Pierre Dupont, Gustave Mathieu, Carjat, Monselet ; la *Brasserie Fontaine* ou *Café Jean-Goujon*, ouvert vers 1861, au coin de la rue Fontaine et de la rue Pigalle ; la *Nouvelle Athènes*, place Pigalle; le *Café du Théâtre Montmartre*, sur la place Dancourt, tenu

LE RESTAURANT CHEZ SOI
(Bibliothèque nationale.)

LE CONCERT DE LA BRASSERIE

D'après une gravure sur bois. (Bibliothèque nationale.)

par la mère Bontemps et fréquenté par André Gill, Alfred Dreux et Villebichot, auteur de la musique des *Sapeurs* chantés par Thérésa.

Les cafés dans lesquels on offre à l'admiration des clients des virtuoses, des chanteurs ou des phénomènes sont nombreux. Parmi les plus connus, citons le *Café du Géant* où on exhibe, en 1858, le géant Jean-Joseph Brice; le *Café de la Lune*, où débute Mlle Agar, comme chanteuse.

Deux hommes, pendant cette période, obtinrent le titre de « restaurateurs des lettres » : *Brébant*, au coin du boulevard et de la rue Montmartre, et *Dinochaux*, rue Bréda, qui, victime d'un crédit trop largement ouvert, fera faillite après la guerre.

Deffieux (noces et banquets) s'installe en 1853 rue de Bondy, près de la Porte-Saint-Martin. Son établissement sera brûlé en 1871.

Au Quartier latin, deux restaurants ont une égale célébrité : la *pension Laveur*, rue des Poitevins, et la *Rôtisseuse*, rue Dauphine.

Les restaurants populaires sont innombrables. Un des plus curieux est celui de la *Californie*, à Montparnasse.

Depuis 1870, pour des raisons très diverses, le restaurant de luxe semble convenir de moins en moins aux goûts et aux habitudes du public. *Brébant* disparaît en 1888. *Cubat*, aux Champs-Élysées, ne réussit pas. On dirait que le siècle qui a commencé par la gourmandise veut finir par la sobriété. Les cafés ne sont plus des cercles un peu moins fermés que les autres et où se réunissent des gens d'esprit. On ne peut guère citer, comme faisant exception, après la guerre, que le *Café de Naples*, la *Brasserie Frontin*, boulevard Poissonnière ; la *Brasserie Saint-Séverin*, le *Café Guerbois*, aux Batignolles (fréquenté par Manet) ; le *Café Pigalle*, fondé vers 1860 et auquel un rat mort trouvé sous une banquette donnera son nom nouveau. Ce rat mort sera peint par Louis Goupil au pla-

fond de l'établissement. Héritier d'une partie de la clientèle de la Nouvelle Athènes, fréquenté d'abord par Delvau, Duchesne, Castagnary, puis par Pelloquet, Potrel, le père Montjoye, le *Café du Rat-Mort* restera artistique et littéraire pendant une vingtaine d'années.

Fréquenté par des escarpes et des biffins, le *Château-Rouge*, non moins célèbre que le *Cabaret du père Lunette*, disparut en 1899. Les quinze ou vingt dernières années du siècle sont caractérisées, au point de vue qui nous occupe, par la vogue des cabarets « artistiques » de Montmartre.

Un industriel très avisé, Rodolphe Salis, fonde, au n° 84 du boulevard Rochechouart, le *Chat-Noir*, qui est transféré en 1885 rue Victor-Massé.

Quelques années plus tard, *Aristide Bruant* ouvre son cabaret dans lequel des chansons d'un cynisme artificiel et la grossièreté d'un accueil tumultueux plaisent à l'âme naïve des snobs, épris de cabotinage.

D'autres cabarets, avec des décors plus ou moins réussis, se fondent, après le Chat-Noir et le « gueuloir » de Bruant, dans toutes les rues, dans toutes les ruelles, dans toutes les impasses de Montmartre : les *Quat'z-Arts*, qui succède au *Tambourin*, boulevard de Clichy ; le *Carillon*, rue de la Tour d'Auvergne ; l'*Ane-Rouge*, le *Clou*, place Trudaine ; le *Ciel*, l'*Enfer*, le *Néant*, etc.

Au moment où se termine le siècle, le nombre des cabarets et des chansonniers est devenu exagéré, formidable. La quantité remplace la qualité et le public, qui est moins bête qu'on ne croit, commence à demander grâce. Quel contraste avec le commencement du siècle ! En 1800, le café, le restaurant ne connaissaient qu'une clientèle de choix. Aujourd'hui le café est cosmopolite. Il n'a plus guère de café que le nom.

Henri D'ALMÉRAS.

LES CONCERTS EN PLEIN VENT EN L'AN 1800

XVIII. — LES BALS PUBLICS.

Les danses, qui sont de tous les temps et de tous les peuples, semblent avoir été l'objet d'une prédilection particulière de la part des Parisiens. Aussi l'histoire des bals publics de Paris, durant le dix-neuvième siècle, formerait-elle un volume, si on la voulait faire complète.

Les bals masqués de l'Opéra ont un renom si universel que nous devons leur donner la place d'honneur. Ils datent seulement du dix-huitième siècle et le premier d'entre eux eut lieu sous le Régent, le 2 janvier 1716. Interrompus pendant la Révolution, ils furent autorisés de nouveau par Bonaparte qui aimait voir le peuple s'amuser, ne fût-ce que pour le détourner de la politique.

Donc, le 25 février 1800, le théâtre de l'Opéra — devenu depuis 1794 le Théâtre des Arts — ouvrait ses portes au public parisien pour la modique somme de 6 francs. Ce fut une cohue énorme; les dominos se louèrent jusqu'à 50 francs pièce; les voitures vinrent à manquer pour conduire les amateurs.

UN BAL DE L'OPÉRA
D'après une estampe. (Bibliothèque nationale.)

L'on s'amusa beaucoup, mais, contrairement à ce qui se passait sous l'ancien régime, les danses ne furent pas autorisées.

Cela dura ainsi jusqu'en l'année 1837. Ce fut l'époque des intrigues de bon aloi; les femmes du monde, cachées sous le masque, se plaisaient à intriguer les hommes; le bal gardait ce cachet de bon ton digne d'une société aimable et polie.

Cependant, comme on se lasse de tout en ce monde, les bals de l'Opéra perdirent peu à peu de leur prestige. En vain d'habiles directeurs, comme le Dr Véron, essayèrent-ils d'attirer la foule par des attractions nouvelles : la foule n'y vint pas. L'autorité restait sourde aux sollicitations des directeurs, qui demandaient l'autorisation de danser à l'Opéra.

A force de démarches, toutefois, Mira, entrepreneur de ces bals en 1837, obtint enfin cette autori-

sation tant désirée, et des affiches apposées dans tout Paris annoncèrent un bal masqué et dansant, à l'Opéra, pour le 7 février 1837. L'autorité alarmée voulut, en vain, au dernier moment, revenir sur sa décision. Une foule surexcitée avait envahi les abords du théâtre et, crainte de troubles, la préfecture de police céda et permit les danses.

Ce fut une nuit mémorable. Musard, le célèbre Musard, dont les quadrilles entraînants auraient réveillé les morts, était à son poste. Sous son archet magique, une folie irrésistible s'empara de la foule; un cancan échevelé entraîna hommes et femmes; la décharge d'un mortier, clôturant un quadrille, acheva de griser la foule, et Musard fut promené en triomphe, porté sur les épaules de pierrots en délire. A six heures du matin, on dansait encore à l'Opéra. Dès lors, le quadrille échevelé agita les grelots de la folie; le cancan prit la place des aimables intrigues, et les femmes du monde cessèrent, par leur présence, d'apporter cette galanterie de bon ton, qui faisait le charme des bals masqués.

L'ouverture du nouvel Opéra, dont la splendeur était un cadre sans rival pour les riches travestissements, fit espérer un moment le retour aux anciennes traditions. Il n'en fut rien. Les bals de l'Opéra gardèrent leur cohue grouillante et leur public panaché. Aujourd'hui, la salle proprement dite, réunie à la scène par un immense plancher, nous montre une multitude de pierrots et de pierrettes, de titis et de bébés, de débardeurs et de bergères, de faux seigneurs et de marquises mauvais teint, s'agitant fiévreusement aux sons d'un orchestre entraînant. Dans les couloirs, se coudoie une masse compacte d'habits noirs, entremêlée de femmes de vertu plus que douteuse, souvent l'objet de taquineries brutales. Seuls, le grand foyer et les loges gardent encore une certaine correction.

Les recettes des bals masqués de l'Opéra ont naturellement varié beaucoup. Le premier bal

12

LE CHICARD
D'après Gavarni. (Bibliothèque nationale.)

donné après la Révolution — celui du 25 février 1800 — produisit 26,000 francs, chiffre énorme pour l'époque. Aujourd'hui, les recettes évoluent entre 20,000 et 40,000 francs.

Ces bals qui, au siècle passé, avaient lieu une fois par semaine pendant toute la période du Carnaval et souvent au delà, ne sont plus maintenant qu'au nombre de quatre par an. Les deux premiers se donnent pendant les premières semaines du Carnaval; le troisième a lieu le samedi gras et le dernier — le plus couru et le plus fou — le jour de la Mi-Carême.

Passons maintenant en revue les principaux établissements dausants qui ont laissé un souvenir dans l'histoire de Paris au dix-neuvième siècle.

Le plus important de tous fut Tivoli, situé sur l'emplacement actuel de la rue de Londres. Jadis, c'était un jardin superbe qui porta longtemps le nom de jardin Boutin, son fondateur. Boutin était un riche fermier général qui avait voulu avoir, aux portes mêmes de Paris, un parc digne d'un roi. Acquis par les frères Ruggieri en 1796, les célèbres artificiers eurent l'idée d'ouvrir leur jardin au public,

qu'ils cherchèrent à y attirer par des attractions diverses. C'était l'époque, du reste, où une frénésie de danse s'était emparée de la population parisienne, délivrée enfin du spectre de la Terreur. La foule se porta en masse au jardin Boutin, devenu — par la grâce des Ruggieri — le jardin de Tivoli.

En 1815, les empereurs d'Autriche, de Russie, et le roi de Prusse honorèrent de leur présence l'établissement des Ruggieri. La duchesse de Berry ne craignit pas de s'y montrer à plusieurs reprises : « L'élite de la société parisienne, dit un ouvrage de l'époque de la Restauration (1), fréquente cet établissement qui se recommande, non seulement par son local, mais encore par la diversité des amusements ; le jardin est vaste et les allées ingénieusement tracées. C'est dans les fêtes extraordinaires qu'il faut s'y rendre. Le feu d'artifice, les ballons, les voltiges aériennes, les tours les plus curieux de gobelets et de cartes, montagnes anglaises, montagnes en bateaux, balançoires, illuminations, tout vous invite à fréquenter Tivoli. »

Lorsque l'extension de la population parisienne amena la transformation du quartier de la rue de Clichy, Tivoli — le Tivoli de la Restauration — disparut, mais le nom fut vite relevé par d'autres établissements du même genre, qui crurent que la vogue allait venir à eux pour ce seul motif. Calcul inexact.

Cependant, rue Saint-Honoré, non loin du passage Véro-Dodat, une vaste salle, qui portait le nom de Tivoli d'hiver, resta longtemps fréquentée par les jeunes commis et les modistes et couturières de ce quartier populeux.

Après Tivoli, la Grande Chaumière mérite d'être inscrite en tête des bals publics célèbres de Paris.

Fondée en 1787, la Grande Chaumière eut, sous la Restauration et le gouvernement de Juillet, un

(1) Promenade à tous les bals publics. Paris, 1830.

LES BALS DE CARNAVAL
D'après une gravure sur bois (Bibliothèque nationale.)

succès immense. Elle était située boulevard Montparnasse, rempli, à cette époque, de jardins et de
guinguettes
fleuries, et
offrait l'at-
trait de ber-
ceaux de ver-
dure où la lu-
mière ne ve-
nait jamais
gêner les
amoureux.
Les allées ser-
pentaient au
milieu d'é-
paisses char-
milles ; de
distance en
distance, des
bancs cachés
dans des nids
ombreux in-
vitaient aux
conversations
intimes ; une

AU BAL MABILLE
D'après une lithographie. (Musée Carnavalet.)

estrade s'élevait, pour l'orchestre,
au milieu des ombrages. Devant les
musiciens, un carré long, fortement
battu, entouré de balustrades, servait de salle de danse.

La Chaumière resta longtemps le
lieu de prédilection de la grisette, la
grisette chantée par Béranger et
Paul de Kock. Une petite robe d'indienne, un tablier de soie, un bonnet, un fichu, formaient sa toilette ;
jamais une femme en chapeau n'aurait osé se risquer dans ce lieu réservé
aux Lisettes.

Dans un de ses spirituels dessins,
Gavarni prétend que la Chaumière

« est un grand jar-
din où les jeunes
gens se réunis-
sent le dimanche
pour entendre de
la musique reli-
gieuse, après vê-
pres ». Gavarni
cultivait l'ironie,
comme on le
voit. La Chau-
mière ne fut ja-
mais le jardin
des rosières, mais
elle n'avait pas
le caractère de
nos bals publics
d'aujourd'hui et,
le dimanche, les
familles honnê-
tes pouvaient s'y
risquer, pour
aller respirer l'air
frais et avoir la
sensation verti-

LA VALSE
Dessin de Traviès (Collection Debenot.)

UNE INVITATION
pour le prochain bal
(Bibliothèque de la Ville de Paris.)

gineuse des montagnes russes. Le
directeur de cet établissement, le
père Lahire, comme on l'appelait
familièrement, faisait lui-même la
police, et, s'il ne protégeait pas l'in-
nocence, il ne tolérait cependant
pas les graves incartades et mettait
à la raison — je veux dire à la
porte — les fauteurs de scandales.

En 1845, la Chaumière voulut se
transformer à l'instar de Mabille.
Ce fut son glas. Les couples, dé-
rangés par le brillant éclairage que
le père Lahire y prodigua, s'enfui-
rent et ne revinrent plus.

Non loin de la Grande Chaumière,
sur le même boulevard Montparnasse, se trouvait
un autre établissement du même genre, mais

L'ENTRÉE AU BAL
(Bibliothèque nationale.)

LA SORTIE DU BAL
(Bibliothèque de la Ville de Paris.)

LA DANSE A L'OPÉRA
(D'après une photographie instantanée.)

l'ancienne église subit une dernière transformation et devint le Prado. Ce fut longtemps le rendez-vous des étudiants et de leurs amies, jusqu'au jour où l'expropriation, pour cause d'utilité publique, y fit établir le Tribunal de Commerce.

Le Prado était un bal d'hiver, la Closerie des Lilas un bal d'été; l'un ouvrait quand l'autre se fermait. Du reste, même public d'étudiants et de grisettes lancées. La Closerie des Lilas fut établie sur l'emplacement de l'ancienne Chartreuse et est devenue aujourd'hui le bal Bullier.

Revenons maintenant sur la rive droite où les bals publics ont toujours été plus nombreux et plus importants.

Les Champs-Élysées possédèrent le plus ancien établissement de ce genre. Quoique datant du siècle passé, il mérite d'être signalé, car il fut le précurseur de Tivoli et de la Chaumière; nous voulons parler du Colisée. Situé aux Champs-Élysées, près du carré Marigny, il coûta plusieurs millions aux entrepreneurs qui ne tardèrent pas à faire faillite. Il comprenait une superbe rotonde éclairée par quatre-vingts lustres chargés de bougies, non compris quantité de girandoles, et un magnifique jardin. On y dansait, on y dînait et l'on y donna même de très beaux bals masqués. Ouvert le 1er mai 1771, le Colisée n'eut qu'une durée éphémère et fermait ses portes en 1778.

Ce nom de Colisée fut repris, au dix-neuvième siècle, par un établissement situé boulevard Saint-Martin, non loin du Château-d'Eau. Il comprenait salle de danse pour l'hiver, jardin pour l'été, mais ne rappelait que de très loin l'ancien Colisée des Champs-Élysées, surtout au point de vue du public.

Un autre nom célèbre de l'Italie, Frascati, fut porté par un établissement dansant situé rue de Richelieu et boulevard Montmartre. Ouvert en 1800 par Garchi, glacier italien, il eut une longue vogue, qu'explique sa merveilleuse situation.

Une des villes de Chypre consacrées jadis à

moins célèbre : l'Ermitage. L'entrée en était modeste; une petite maison couverte en paille offrait un refuge en cas de pluie; mais le jardin était immense et l'on pouvait se croire en pleine campagne. L'Ermitage était surtout le rendez-vous des clercs de notaires et d'avoués.

La rive gauche possédait encore deux établissements dignes tout au moins d'une courte mention : le Prado et la Closerie des Lilas. Le premier fut créé sur l'emplacement d'une ancienne église, transformée en salle de théâtre sous la Convention, d'abord sous le nom de théâtre de la Cité, puis sous celui de Cité-Variétés. A l'époque du Directoire, une autre transformation s'opéra. Un spéculateur y créa un vaste établissement où l'on pouvait manger, chanter, danser, écouter la musique, boire même du lait frais. Mais la Veillée — ce fut son nom — n'eut pas la brillante destinée rêvée par son créateur, qui y fit faillite. D'autres banqueroutes suivirent et, vers la fin de l'Empire,

LES MONTAGNES RUSSES
D'après une estampe en couleurs.
(Collection G. Hartmann.)

Vénus, Idalie, donna aussi son nom à deux établissements dansants. L'un d'eux, fondé en 1797 par les frères Ruggieri, était situé à l'extrémité des Champs-Élysées. C'était un immense jardin où l'on dansait et où, dans les entr'actes, on faisait partir des feux d'artifice. Grâce aux merveilleux tableaux de pyrotechnie donnés par les Ruggieri, la recette atteignait parfois des chiffres énormes. Elle ne fut pas moindre, certain soir, de 36,000 francs.

Le second établissement, décoré du nom poétique d'Idalie, n'avait pas un public trié sur le volet, si j'en crois l'ouvrage déjà cité : *Promenade à tous les bals publics.* « De tous les bals publics de Paris, y lisons-nous, c'est sans contredit celui qui offre ce qu'il y a de plus dégradant dans l'espèce humaine : femmes laides et vieilles, faibles et hideux soutiens d'une maison mal famée, êtres misérables et plus à plaindre qu'à blâmer, voilà ce qu'on peut rencontrer à Idalie. A côté de ces Messalines, quelques hommes plus vils encore... » Ce bal était placé passage de l'Opéra.

Signalons encore rapidement quelques autres établissements dansants :

L'Élysée-Montmartre, dont le jardin spacieux attirait, trois fois par semaine, un public très varié.

Valentino, situé faubourg Saint-Honoré, célèbre par les bals masqués qu'y donna Musard et qui commencèrent sa réputation.

Le Château-Rouge, ancienne résidence de la belle Gabrielle, devenu en 1845 un bal public,

dont les frais ombrages attirèrent longtemps une clientèle nombreuse et où brillèrent quelques célébrités chorégraphiques : Chicard, Rigolette, Frisette, Brididi.

La Reine-Blanche, située faubourg Saint-Antoine, rendez-vous des artistes et des modèles. On y vit longtemps la magnifique juive qui servit de modèle à Delaroche pour la Renommée distribuant les couronnes, dans la belle fresque de l'hémicycle des Beaux-Arts. Le samedi était le jour choisi par les modèles pour s'exhiber, et les curieux s'y rendaient exprès pour admirer les célébrités de l'atelier. Il y eut aussi un bal de la Reine-Blanche, boulevard de Clichy.

Il faudrait signaler encore, pour être complet, quelques bals de barrière : mais nous avons hâte d'arriver au bal célèbre qui fut la grande vogue de la seconde moitié du dix-neuvième siècle, comme la Chaumière et Tivoli le furent pour la première moitié : nous voulons parler de Mabille.

Mabille évoque encore d'agréables souvenirs chez les hommes de la précédente génération. Pas un étranger, pas un provincial de passage à Paris n'auraient manqué d'inscrire sur leur programme une soirée au bal de l'avenue Montaigne.

Fondé en 1840 par un professeur de danse du nom de Mabille, il fut transformé en 1843. D'éblouissantes rampes de gaz remplacèrent les quinquets fumeux; un excellent orchestre jouait les morceaux les plus brillants du répertoire dansant; des affiches annonçaient au Paris viveur les attractions du soir : « Suivez une galerie tapissée de plantes grimpantes éclairée au gaz, écrivait un journaliste en 1845, le jardin s'ouvrira devant vous. Au centre, un kiosque élégant, une espèce de pavillon chinois abrite l'orchestre ; plus loin, dans le clair obscur, s'étendent de véritables bosquets. Un vaste hangar sert de refuge au bal en cas de pluie. »

Mabille vit les éphémères royautés de quelques femmes célèbres en leur temps, pour lesquelles la science du cancan n'avait pas de secrets : la reine Pomaré, Céleste Mogador, Rose Pompon, Louise la Balocheuse.

Le jour où Mabille n'ouvrait pas ses portes, son public habituel se retrouvait au Château des Fleurs qui, créé par l'éditeur Bernard Latte, ne tarda pas à tomber entre les mains des frères Mabille.

Aujourd'hui, les bals publics n'ont plus à Paris leur vogue de jadis. Les établissements, comme Tivoli ou la Grande Chaumière, n'existent pas. Mabille et le Château des Fleurs ont disparu. Les bals dansants de la fin du vingtième siècle ont un tout autre caractère.

Deux d'entre eux sont fréquentés par les femmes du demi-monde : le Jardin de Paris et le Moulin-Rouge. Ils sont, tous deux, entre les mains d'un homme entreprenant et intelligent, M. Oller. Le Jardin de Paris, sis aux Champs-Élysées, est un jardin d'été, fréquenté par la fine fleur du demi-monde et par des clubmen ou des étrangers en quête de bonne fortune. Il n'est ouvert que l'été. Le Moulin-Rouge reçoit un public moins élégant et ses éléments sont plus mélangés ; il est situé boulevard de Clichy, où ses grandes ailes rouges offrent le plus pittoresque aspect. Dans l'un et dans l'autre, le public payant ne danse pas. Il se contente d'applaudir aux excentricités chorégraphiques de quelques femmes payées pour amuser la galerie. Certaines d'entre elles se sont fait un nom en ce genre : la Goulue, Grille-d'Égout, la Môme Fromage, etc.

Le jardin Bullier, qui remplace l'ancienne Closerie des Lilas, est le rendez-vous des étudiants et de leurs jeunes amies, dont les bonnets ont, depuis longtemps, disparu par-dessus les moulins de la capitale. Parfois, une part turbulente et répugnante essaie de se mêler aux ébats des étudiants et des querelles assez vives ont eu lieu. Ces derniers sont restés maîtres de la place.

En dehors de ces trois établissements, le reste ne compte pas. Il existe bien, çà et là, surtout du côté des boulevards extérieurs, des salles et des jardins publics où l'on danse, mais ils sont fréquentés par des gens du quartier, mélangés à cette population de filles et de personnages louches que l'on retrouve un peu partout aujourd'hui à Paris. Des établissements comme la Chaumière, où les familles honnêtes pouvaient entrer sans de désagréables compromissions, ne se rencontrent plus à Paris. Il faut aller les chercher au dehors de la capitale.

Georges DE DUBOR.

XIX. — LA RUE A PARIS.

LA vraie vie de Paris, la vie vécue, c'est la vie de la rue. Là se rencontrent, s'entrecroisent, se heurtent et peuvent s'observer par des Labruyère ou des Saint-Simon, des Fournel ou des Privat d'Anglemont toutes les manifestations de la vie parisienne. C'est en effet la rue qui est le cœur de Paris. Le sang parisien y afflue, y bat, y circule dans de multiples artères. L'atmosphère parisienne, cette atmosphère spéciale et le plus souvent si indéfinissable, y dégage ses plus subtils effluves. La politique y exerce aussitôt ses répercussions : à peine un discours est-il prononcé à la Chambre ou au Sénat, — et parfois même il n'est pas achevé — que déjà les échos en retentissent sur les boulevards et jusque dans les quartiers les plus éloignés du Palais-Bourbon ou du Luxembourg ; on le crie, on le commente, et l'orateur, pendant qu'il est encore à la tribune, est glorifié ou bafoué par la rue. De même l'événement du jour y fait traînée de poudre : incident mondain, scandale d'alcôve, potin de coulisse, racontar de bureau de journal, médisances de ces salons où les langues s'empoisonneraient assez fréquemment si elles ne se mordaient elles-mêmes. Paris qui sait tout à l'instant et surprend tout en flagrance, Paris qui a mieux encore que l'écolier d'Alcala, libérateur du diable Asmodée, le don de voir à travers les toits et les murs de ses milliers de maisons, Paris qui est resté le plus gaulois des héritiers de ceux dont César disait qu'ils étaient bavards, Paris loquace, Paris badaud, Paris touchatout donne carrière à ses élans cancaniers là où le cancan, ce *much ado about nothing*, est sur son terrain et jouit librement de son privilège : dans la rue. Et c'est également la rue qui est témoin des enthousiasmes de Paris comme de ses deuils, de ses explosions de colère comme de ses profonds recueillements, de ses héroïsmes comme de ses veuleries. Qui veut écrire l'histoire de Paris ne peut oublier et pourrait se contenter à la rigueur de l'histoire de la rue où tout aboutit, où tout confine, où tout se résume, se juge, se débat, s'applaudit ou se conspue.

Elle est d'ailleurs ou amusante ou édifiante, cette histoire. On pourrait en faire autant de chapitres que ceux de ces *Centennales parisiennes* et même davantage. La politique y tint à travers le siècle ses assises, y joua des scènes tragiques ou comiques, y promena ses victoires ou y alluma ses révoltes. Les architectes y mirent à la besogne, sans interruption, leurs maçons ; les bâtisseurs y eurent gain de cause autant que les démolisseurs ; l'administration préfectorale y exerça son autorité et y réalisa ses plans ; les divers services de l'Hôtel de Ville y firent leur œuvre, quelquefois avec ardeur, en d'autres occasions avec quelque rudesse dont les Parisiens s'empressèrent de se plaindre véhémentement, en se livrant à des démonstrations qui, dans cette même vue, amenèrent les charges de la police, par moments animée d'une belle furie, ou les charges de cavalerie de la garde ; les régimes qui firent ce que l'on pourrait appeler la course au pouvoir et se remplacèrent tour à tour y affirmèrent leur durée, plus ou moins longue, par des fêtes et des largesses ; des cortèges, qui de joie, qui de douleur, y virent se masser les foules sur leur passage ; les drapeaux y flottèrent aux fenêtres ; il y eut des jours où le retentissement des victoires remportées au delà des frontières y fut superbe, et il y en eut aussi où la morne attitude de la population trahit les défaites subies à l'intérieur du pays ; il y eut des heures où le soleil illumina tout, rayonna partout, au front des édifices comme au front des passants ; d'autres où tout

intéressant que la reproduction des images multiples et toujours nouvelles de ce kaléidoscope sur la toile sans fin d'un panorama mouvant.

On verrait d'époque en époque renaître Paris tel qu'il fut dans la réalité. Voilà le Consulat, en 1800, après la journée de Brumaire, Bonaparte allant de la rue Chantereine au Luxembourg, et du Luxembourg aux Tuileries, escorté par les badauds qui emboîtent le pas aux soldats ; voici les grenadiers qui rentrent dans la capitale chargés de drapeaux ennemis et de lauriers ; voici les splendides processions qui accompagnent à Notre-Dame le premier consul, après la signature du Concordat, ou, deux années après, pour le Sacre.

LA RUE A PARIS. — LE BUREAU DES NOURRICES EN 1800
D'après une estampe de l'époque. (Collection G. Hartmann.)

s'enveloppa de ténèbres parce que la tristesse régnait sur les visages comme dans les âmes ; puis l'épanouissement des physionomies reparut, car le Parisien chasse aussi vite qu'il le peut le chagrin et compte sur le lendemain pour oublier les soucis de la veille.

La rue à Paris est le livre où s'est écrite la chronique de Paris de page en page, et chacune de ces pages est pleine d'impromptu. L'une ne ressemble pas à l'autre, et quand les mêmes événements s'y reproduisent par aventure, c'est sous un autre aspect, sous une impulsion toute différente de la précédente. Comme en un kaléidoscope où les combinaisons des verres colorés se diversifient à l'infini, les événements de la rue parisienne semblent nés de la baguette de quelque Protée enchanteur leur communiquant sa propre faculté d'intarissable changement. Aussi rien ne serait plus

Et ce sont ensuite les parades militaires, les ovations, ou ailleurs les exécutions des conspirateurs et des adversaires gênants du maître. Et ce sont, plus tard, les carrosses dorés qui mènent aux palais la nouvelle impératrice lorsque la première aura été répudiée. Voici — les années continuant de se marquer sur le cadran du siècle — la défense de Paris en 1814, puis le retour des Bourbons, puis celui de l'Empereur, puis encore, entre les baïonnettes étrangères, la seconde entrée de Louis XVIII. Voici le convoi de ce même roi, à qui la couronne et le sceptre n'avaient épargné ni les souffrances physiques ni les préoccupations politiques, et voici l'éphémère règne de Charles X, qui prendra bientôt le chemin de Holyrood, ce lugubre château que la fatalité avait, depuis Marie Stuart, marqué de son sceau.

La rue entend les cris de liberté de Paris en

LA RUE A PARIS. — LE CANON DU PALAIS-ROYAL
D'après une estampe du Consulat. (Collection G. Hartmann.)

LA RUE A PARIS. — LES PETITS MÉTIERS
Le marchand de coco.

1830, elle répercute les clameurs de malédiction contre Louis-Philippe avant 1840, et ces clameurs font encore des échos quand vient 1848. Les pavés s'y entassent en barricades, ils se teignent de sang pendant les journées de juin, ils frémissent sous les sabots des chevaux qui se ruent sur le peuple au coup d'État de 1851 ; mais le silence y reviendra quand l'ordre sorti de l'illégalité y aura prévalu, grâce à la force. L'oubli effacera les traces de ces collisions encore plus complètement quand Napoléon III, devenu empereur, fera naître le luxe et le plaisir sous tous les pas, quand le préfet Haussmann aura édifié le Paris féerique où tout est source de richesses pour toutes les classes, où le commerce fleurit, où l'aisance abonde, où l'on croit à l'éternité des jouissances matérielles. Et voici, comme en un châtiment de rêve, l'année terrible qui renversera tout ce brillant échafaudage et abattra toutes ces espérances d'inaltérable sérénité. La rue de Paris connaîtra alors les angoisses du siège, les stations des affamés aux portes des bouchers et des boulangers, les terribles anxiétés de l'incertitude, les désespoirs de l'inéluctable dénouement. Un voile épais et sombre descendra sur elle, s'appesantissant sur les ruines et les désastres ; puis, peu à peu, l'éclaircie se fera dans ces ténèbres ; la rue assistera au sursaut des cœurs. Elle verra les courages s'affirmer, les efforts persévérer, les âmes se redresser. En trente ans, — l'espace dont parle Tacite, — elle assistera, d'étape en étape, à la reprise de possession de la grandeur française. Et, avant que le siècle n'ait achevé son cycle, elle pourra constater la renaissance de la prospérité, de la tranquillité. Que de choses pourraient ainsi passer

LA RUE A PARIS. — LES PETITS MÉTIERS
Le cureur de puits.
D'après Carle Vernet. (Biblioth. de la Ville de Paris.)

LA RUE A PARIS. — LES PETITS MÉTIERS
La tireuse de cartes.
D'après Carle Vernet. (Biblioth. de la Ville de Paris.)

sous les yeux dans ce panorama de la rue de Paris, et comment se fait-il que personne n'ait songé à en offrir le spectacle au monde entier dans cette exposition universelle de 1900, où nul ne se serait étonné que Paris réclamât le droit de faire voir à tous ce qu'il fut et ce qu'il fît!

Ç'a été une occasion perdue, et qui peut dire quand elle se retrouvera? Combien on aurait aimé à mettre en scène ce Paris pittoresque, dont les estampes de ces *Centennales parisiennes*, forcément limitées, font saisir

la curiosité : la rue, avec ses transformations successives d'animation et de circulation, ses types accoutumés, ses petits métiers, ses voitures, ses magasins, ses cris et ses chants. Tout cela devrait revivre. Et il serait possible de faire coopérer à cette reconstitution les documents que possèdent par milliers les bibliothèques, les musées comme Carnavalet, les collectionneurs particuliers. Il serait souhaitable que la rue à Paris eût son historien; il le serait encore mieux qu'elle eût son Poilpot, son peintre évo-

LA RUE A PARIS. — LES JEUX DU JARDIN DES TUILERIES
D'après une gravure du premier Empire. (Collection G. Hartmann.)

LA RUE A PARIS. — UNE FÊTE MILITAIRE SOUS LE PREMIER EMPIRE
D'après une estampe du temps. (Bibliothèque nationale.)

cateur. N'en désespérons point. Nos édiles, dans les entr'actes de la politique ou de l'administration, auront peut-être le loisir de réaliser une semblable entreprise, qui n'est point — nous en sommes convaincus — pour déplaire aux Parisiens, car Paris a un livre d'or qu'il met une légitime fierté à ouvrir et à montrer de feuillet en feuillet.

Lisez avec soin et étudiez attentivement la carte

LA RUE A PARIS. — UNE REVUE DE TROUPES
D'après une estampe du temps. (Bibliothèque nationale.)

LES PARISIENS DANS LA RUE
D'après une estampe de l'époque. (Collection G. Hartmann.)

de Paris. C'est tout un poëme et il n'y en a point qui vous captivera davantage. Chaque nom y dit un fait ou une vie. Interrogez les dix-huit cents noms environ de rues, places, squares, boulevards, avenues, édifices, ponts, quais, statues, les unes isolées, les autres décorant des monuments publics comme le Louvre ou l'Hôtel de Ville. Chacun d'eux raconte un événement ou une existence presque toujours chère à Paris et digne de sa mémoire. Chacun a marqué — sauf peu d'exceptions — une date le plus souvent, glorieuse ou au moins intéressante. Écoutez ce que ces noms rappellent, représentez-vous dans leur activité telle qu'elle fut de leur vivant ceux qu'ils désignent parmi les centaines de personnages ainsi choisis à des titres divers et reconnaissez qu'il n'y a pas de narration plus attachante, plus remplie de

LA RUE A PARIS. — LA PLANTATION DE L'ARBRE DE LA LIBERTÉ DE 1848
D'après une estampe du temps. (Musée Carnavalet.)

LA RUE A PARIS. — LES OMNIBUS
D'après une estampe en couleurs.
(Bibliothèque nationale, cabinet des estampes.)

LA RUE A PARIS. — LES OMNIBUS
D'après une estampe en couleurs.
(Bibliothèque nationale, cabinet des estampes.)

LA RUE A PARIS. — LA VOITURE DES CHAMPS-ÉLYSÉES

D'après une estampe en couleurs.

Bibliothèque nationale, cabinet des estampes.

tout ce qui excite la curiosité, de tout ce qui peuple le souvenir de visions ou de spectacles d'hommes remarquables, d'épisodes de tout genre propres à composer dans leur ensemble l'œuvre épique la plus grandiose et la légende des siècles la plus merveilleuse, la plus prodigieusement variée.

Regardez et suivez de distance en distance l'enceinte de Paris déroulant sa ligne de boulevards qui délimitent le long circuit de ses fortifications. L'épopée impériale y trouve réunis les maréchaux de France qui promenèrent nos drapeaux à travers l'Europe de victoire en victoire. Ils sont les superbes vigies de Paris : Murat, Suchet, Lannes, Gouvion Saint-Cyr, Berthier, Bessières, Ney, Macdonald, Sérurier, Mortier, Davout, Soult, Poniatowski, Masséna, Jourdan, Kellermann. D'autres illustrations militaires se groupent aux alentours du Champ de Mars : Bosquet, Lowendal, Pérignon, Lecourbe, Lourmel, Ségur, Duroc, Villars, Latour-Maubourg, ou autour de l'arc de l'Étoile, Kléber, Hoche, Marceau, Mac-Mahon. A côté de ces héros, nos chefs d'armée, brillent nos immortels marins, Suffren, Tourville, Duquesne, Labourdonnais. Ailleurs, autour des sanctuaires de la science et des temples de l'intelligence, Observatoire, Sorbonne, Collège de France, Jardin botanique, facultés de droit ou de médecine, grandes écoles, paraissent les maîtres qui firent resplendir tous les flambeaux du progrès : ici les astronomes et les mathématiciens : Cassini, Laplace, Sophie Germain, Delambre, Méchain, Poncelet, Poisson ; les physiologistes Claude Bernard, Paul Bert,

Pasteur, Broca : là les médecins Dupuytren, Corvisart, Velpeau, les chimistes, Lavoisier, Berthollet, Boussingault, Fourcroy, Payen, Dumas : là les physiciens Gay-Lussac, Ampère, Hallé, les naturalistes Buffon, Cuvier, Lacépède, les botanistes Linné, Brongniart, de Jussieu, Daubenton ; là, les magistrats, avocats, jurisconsultes, Ortolan, Cujas, Toullier, les philosophes Pascal, Nicole, Jouffroy ; là les grands écrivains, Racine, Corneille, ou ailleurs Balzac, Renan, Victor Hugo, Lamartine, de Musset, Alexandre Dumas, Eugène Sue, Sévigné, Fléchier, Fénelon, Bossuet, La Fontaine, Molière, Montesquieu : là les artistes, Poussin, Greuze, Eugène Delacroix, David, Meissonnier, Ingres, Carpeaux, Chapu, Etex, Rude, les musiciens Berlioz, Félicien David, Rossini, Meyerbeer, Halévy, les architectes Ballu, Soufflot, Baltard, les héros populaires Bobillot, Bara, Viala, les voyageurs Dumont d'Urville, La Pérouse, les hommes politiques, grands ministres ou grands orateurs, de Colbert à Gambetta, là les grands étrangers comme Gœthe et Leibniz : là ceux qui firent vibrer l'âme parisienne dans la chanson comme Désaugiers ou Béranger, ou bien sous leur crayon comme Daumier et Gavarni, tant d'autres enfin admis en ce Panthéon plus vaste que l'autre et où la reconnaissance du peuple de Paris accueille quiconque mérite d'échapper à l'oubli.

Et de tous ces noms viennent des échos qui s'unissent en un concert harmonieux célébrant la Ville Lumière et justifiant sa place immense dans le monde.

CHARLES SIMOND.

XX. — LES CENTENNALES PARISIENNES.

Dans les trois volumes que nous avons consacrés à la vie parisienne au dix-neuvième siècle, étudiée année par année, les bruits et les démonstrations de la rue, en toute son exubérance, ont eu leur large place. Dans ces *Centennales* où nous présentons Paris sous ses divers aspects d'activité, d'animation, de création, l'aspect de la rue donne en quelque sorte la synthèse du dix-neuvième siècle que nous avons essayé d'y faire passer sous les yeux du lecteur. Chacun de nos articles en relate un épisode, une phase distincte. Le tableau n'est évidemment pas complet, et il était impossible de le rendre tout entier, parce qu'il est trop changeant, parce que ce qu'il fut en 1800 ne ressemble à rien de ce qu'il est devenu en 1900. Quelle ne serait pas la stupéfaction d'un contemporain du Consulat s'il se trouvait tout à coup ressuscité au milieu de notre Paris actuel ! Quelle différence entre le geste d'alors et celui d'aujourd'hui, entre l'allure des dernières merveilleuses et celle de nos chauffeuses du Bois de Boulogne ! Et qui des promeneurs du boulevard de Gand se reconnaîtrait dans les spectacles offerts maintenant aux regards par le boulevard des Capucines ou des Italiens ? Qui des derniers fidèles de Barras et de Mme Tallien comprendrait l'invasion allemande des brasseries cosmopolites débordant sur les trottoirs de ces mêmes boulevards, où l'élégance des attitudes de 1802 a fait place au sans-gêne des habitués de la terrasse ? Qui des amies de Mme de Staël ne se croirait transplantée en quelque pays de rêve ou de féerie en s'arrêtant avec ébahissement au coin de la vieille rue du Bac devant le Bon Marché, ou vers le milieu de cette même rue devant le Petit Saint-Thomas ? Qui de toute cette foule courant aux parades militaires du Carrousel, quand c'était Napoléon qui passait la revue des vainqueurs de Marengo ou d'Austerlitz, ne se croirait transporté en quelque autre partie du monde, en assistant sur cette même place du Carrousel, entièrement changée, à quelque défilé de réservistes allant faire leurs vingt-huit jours ou à quelque club popu-

laire de champions de la course à pied ? Qui enfin de ceux que l'on considérait comme des devanciers de leur temps, — tel Sébastien Mercier — sous ce même Napoléon Ier ou sous Louis XVIII, Charles X, Louis-Philippe, ne serait pas ahuri au vacarme des teufteufs, des véhicules de tout genre, qui sillonnent sans interruption toutes les voies.

Ces Cent ans de la vie de la rue parisienne constituent une période tellement remplie que les plus consciencieux annalistes y laisseraient forcément des lacunes. Notre ouvrage n'en a donné qu'un reflet, et nous ne pouvions avoir d'autres prétentions. Nous avons tâché, avec nos collaborateurs, de rendre la vie à ce passé qui va s'effaçant de plus en plus, car la vie de Paris marche encore plus vite que les morts de la ballade. Les documents que nous avons recueillis et réunis, et que complètent ceux illustrant les *Centennales*, gagneront en valeur à mesure que ce passé reculera dans le lointain. Le vingtième siècle s'est ouvert sur un Paris nouveau dans lequel l'ancien Paris n'a plus qu'un coin très petit qui lui est vivement disputé par les édiles et leurs architectes. Dans quelque quart de siècle ou demi-siècle tout au plus le vieux Paris — et sous ce mot vieux nous comprenons non seulement les périodes très distantes dans la rétrospectivité, mais même celles du lendemain de la guerre de 1870 — le vieux Paris ne sera plus qu'un souvenir historique. Il faudra recourir, pour le retrouver, aux estampes, aux textes, aux témoignages de ceux qui connurent la rue parisienne d'antan. Peut-être notre travail offrira-t-il alors quelque attachant intérêt et quelque utilité. Tout disparaît dans ce Paris qui reste lui-même en ses successives métamorphoses.

Donner de cette disparition quelques vestiges, quelques remembrances, comme disaient nos aïeux, telle est la tâche assurément difficile et longue que j'ai personnellement entreprise, avec des concours dévoués, et je ne me dissimule pas qu'en acceptant de la diriger, j'ai sans doute trop présumé de mes forces.

Grav. de Raymond.

LA RUE A PARIS. — PLACE DE BRETEUIL
Cliché obtenu avec la jumelle Mackenstein.

Ch. SIMOND.

LE MATIN DE LA REVUE
Tableau de Paul GROLLERON. — Salon des Champs-Élysées.

TABLE DES MATIÈRES

Grav. de Raymond.

LA RUE A PARIS

Cliché obtenu avec la jumelle Mackenstein.

PARIS. TYP. PLON-NOURRIT ET Cⁱᵉ, 8, RUE GARANCIÈRE. — 3272.